Olympia der Reiter
Hongkong 2008

Herausgeber
Deutsche Reiterliche Vereinigung e.V. (FN)

Autoren
Sabine Abt, Dr. Teresa Dohms, Dr. Hanfried Haring,
Dr. Klaus Miesner, Sylvia Sánchez, Holger Schmezer,
Reinhard Wendt

Fotografen
Tammo Ernst, Julia Rau
u.a.

FNverlag
der Deutschen
Reiterlichen Vereinigung GmbH
Warendorf

IMPRESSUM

Bibliographische Information der deutschen Bibliothek
Die Deutsche Bibliothek verzeichnet diese Publikation in der Deutschen Nationalbibliografie;
detaillierte bibliografische Daten sind im Internet über http://dnb.ddb.de abrufbar.

Herausgeber
Deutsche Reiterliche Vereinigung e.V. (FN), Warendorf

Autoren
Reinhard Wendt (Vielseitigkeit, Licht und Schatten in Hongkong,
Hinter den Kulissen)
Sylvia Sánchez, Holger Schmezer (Dressur)
Sabine Abt (Springen)
Dr. Hanfried Haring, Dr. Klaus Miesner, Dr. Teresa Dohms
(Deutsche Pferde in Hongkong)

Korrektorat
Marlies Jüttner, Dr. Carla Mattis, Eva-Maria Seggelmann
alle **FN**_verlag_, Warendorf

Titelfotos
Tammo Ernst, Ganderkesee
Julia Rau, Mainz

Fotos Hongkong 2008
Tammo Ernst, Ganderkesee: Seiten 8 o., 9 (2), 11 o. (2), 14 m., 15 o.li.,
18 o., 19 u., 20 u., 21 li. (2), 25 u.re., 26 (3), 27 u., 30 o.li., 31 u., 35,
39 u., 40 u., 41 o.+u. (2), 42 o.li., 43. o.+re. (2), 45, 47 o. (2), 48,
50 u., 51, 52, 53, 54, 55 (2), 60o., 63 o., 67 re., 69 (3), 71o. (2),
74 (2), 75 (2), 82 m. (2), 83 u., 84 o.li., 87 (3), 88 (2), 89 (4), 90 (5),
91 (2), 92 (4), 93 (7), 94 (7), 95 (5), 96 (2), 128
Julia Rau, Mainz: Seiten 9 m., 10 (3), 11 u. (2), 15 o.re.+u. (4), 18 u., 19 o.,
20 o., 21 re. (2), 24, 25 li. (2), 27 o., 30 u.re., 31 o.li., 36, 37 (3), 39 o.
(2), 40 o., 41 re., 42 u., 43 m., 44 (2), 46, 47 u., 49 (2), 50 o., 56, 57 o.,
59 (3), 60 u., 62, 63 u., 64, 65, 67o.+u. (2), 68, 71u. (2), 72, 76, 77, 78,
82 o., 85 (4), 87 o.re., 89 m.li., 90u., 91 (4), 93 m.li., 94 m.li., 95 m. (2),
André Schoppmann, Ennigerloh: Seiten 14o., 16/17 (40), 81 (3),
82 u. (4), 83 (4), 84 (4), 85 (2)
Tomás Holcbecher, Prag/CZE: Seiten 29 (3), 30 u.li., 33 u., 34 o.re.,
42 o.re., 43 u., 57 u., 61, 93 m.li.,

Stephan Hellwig, Warendorf: Seiten 33 o., 83 m.li., 84 (2), 85 (2)
Fotostudio Kaup, Warendorf: Seite 33 o.re.
Manfred Mense, Marienfeld: Seite 85 u. (3)
Karsten Huck, Borstel: Seiten 34
Archiv Menzendorf, Berlin/Deutsches Pferdemuseum Verden:
Seite 31 o.re.
Kirsten Thomsen, Lindewitt: Seite 83 u.li.,

Fotos zu den Kapiteln „Zwischen Athen und Hongkong"
(Seiten 98 bis 122)
Karl-Heinz Frieler Presse- und Fotoservice, Gelsenkirchen: Seiten 106
li.+m., 107 (2), 108 o.+re. (2), 111 (3), 112 o. (2), 113 m.+u. (2),
114 o.+u. (2), 116 (3), 117 (3), 118 (3), 119 (2), 120 (4), 122 (3)
Werner u. Tammo Ernst, Ganderkesee: Seiten 101 re., 104 (2), 105 (2),
112 m.+u. (2), 113 o. (2), 114 li., 121 (3),
Julia Rau, Mainz: Seiten 98u. (2), 99 (5), 102 m+re. (2), 103 o.,
Jacques Toffi, Hamburg: Seiten 100 (3), 101 li. (2), 106 u., 115 (2),
Barbara Schnell, Krefeld Seiten 108 re., 109 (2), 110 (2)
MaWe Bilderdienst, Brohl-Lützing: Seiten 98 m.,
Archiv Hong-Kong-Jockey-Club: Seite 102 li.
Maximilian Schreiner, Unterstall, Seite 103 m.

Gesamtgestaltung
mf-graphics, Marianne Fietzeck, Gütersloh

Lithographie
Köster+Gloger GmbH, Osnabrück

Herstellungskoordination
Beate Kreienbaum und Siegmund Friedrich, **FN**_verlag_, Warendorf

Druck und Verarbeitung
Media-Print Informationstechnologie, Paderborn

ISBN 978-3-88542-453-6

Eine Besonderheit Olympischer Spiele ist es, dass große sportliche und menschliche Erfolge und Triumphe dicht beieinander liegen mit Niederlagen und Enttäuschungen. Dieses Wirkungsgefüge zeigte sich einmal mehr bei den Olympischen Reiterspielen in Hongkong.

Triumphal waren die Ergebnisse der deutschen Vielseitigkeitsreiter in Hongkong. Gold in der Mannschaftswertung und Gold für Hinrich Romeike und seinem legendären Marius in der Einzelwertung waren die gerechte Antwort auf die am „grünen Tisch" aberkannte Goldmedaille von Athen. Dem Vielseitigkeitssport in Deutschland werden diese beiden Goldmedaillen den längst verdienten Auftrieb geben.

Großartige Erfolge erzielten auch die deutschen Dressurreiter in Hongkong. Im Vorfeld als Goldkandidaten bereits abgeschrieben, bewiesen Isabell Werth, Heike Kemmer und Nadine Capellmann, dass Deutschland noch immer die Dressurnation Nummer eins ist. Silber in der Einzelwertung durch Isabell Werth und Bronze durch Heike Kemmer unterstrichen diesen Status einmal mehr.

Wer das Abschneiden der deutschen Springreiter als Misserfolg wertet, sollte nicht vergessen, dass es keine Nation außer unserer gibt, die seit mehr als 70 Jahren mit mindestens einer Medaille von Olympischen Spielen zurückkehrte. Wie auch immer die aus den positiven Medikationskontrollen in Hongkong re-sultierenden Verfahren ausgehen werden, bleibt festzustellen, dass die Maßnahmen, die getroffen wurden, um die Sauberkeit unseres Sports zu manifestieren, noch nicht effizient genug waren. Aber die Botschaft, die aus den Geschehnissen in Hongkong zu ziehen ist, lautet: Wer sich nicht an die bestehenden Regeln hält, der wird über kurz oder lang identifiziert und entsprechend sanktioniert. So gesehen, sind die Ereignisse von Hongkong ein Zeichen dafür, dass die Selbstreinigungskräfte des Sports funktionieren. Und nur so lässt sich eine dauerhafte Akzeptanz unseres Sportes in der Öffentlichkeit realisieren.

Breido Graf zu Rantzau
Präsident der Deutschen
Reiterlichen Vereinigung e.V. (FN)

INHALT

Licht und Schatten in Hongkong

Schade, dass wir so weit weg waren vom olympischen Zentrum. Respekt aber vor dem, was für die Reiter geschaffen wurde. Eine fiebrige Weltstadt hat sich für etwas ins Zeug gelegt, das sie gar nicht kannte. Und es ist ihr gelungen, Atmosphäre zu schaffen.

Das Klima war nicht zu ändern, aber es hatte genauso Verständnis für den Pferdesport entwickelt wie die Bevölkerung. Während der Wettkampftage zeigte es sein mildes Antlitz. Nur am Anfang und am Ende der vier Wochen zeigten zwei Taifune, was auch passieren kann. Die Infrastruktur mit Stallungen, Trainingsstätten, Veterinärklinik, Stadion, Gelände, Ausreit- und Weidemöglichkeiten war perfekt. Gleiches gilt für die Bodenqualität an allen Orten.

Die Organisatoren sparten nicht an Personal. Organisations-, Ordnungs- und Sicherheitskräfte boten zunächst das Bild menschlicher Gummiwände. Sie waren gut eingewiesen und versahen ihre Aufgabe mit Enthusiasmus. Mit allem, was nicht genau lief wie ein-

geübt, waren sie zunächst überfordert; und entschieden wurde nur in Peking. Das war ein langer Weg. Später, als Improvisationssignale aus Peking kamen und die Wettkämpfe begannen, ging vieles viel geschmeidiger.

Der Auftakt gelang nach Maß. Die Eröffnungsfeier war in Peking. Hongkong zelebrierte eine Willkommensparty, die Herzlichkeit und Lockerheit ausstrahlte. Ein gelungener, stimmungsvoller Abend im beeindruckenden Führring der Rennbahn von Sha Tin.

155 000 Zuschauer füllten an elf Wettkampftagen das Stadion beträchtlich. Es herrschte gute, heitere Stimmung und das Verständnis für den Pferdesport wuchs von Tag zu Tag. Anfängliche Berührungsängste wichen staunendem Interesse und herzlicher Hilfsbereitschaft. Am Ende spürte man gar Wehmut, dass alles schon vorbei war.

Hat sich das Ganze nun gelohnt? Nach akribischer Vorbereitung, Quarantäne, Transportstrapazen und Wetterkapriolen? Der Pferdesport war trotz der Distanz zu Peking deutlich wahrnehmbarer Bestandteil von Olympia.

Er produzierte spannende Wettkämpfe und begeisternde Bilder. Das hat sich gelohnt. Am Ende schaffte er sich seinen eigenen Skandal. Als müssten einige Personen längst gemachte Erfahrungen höchstpersönlich selbst erleben, um sie zu kapieren. Ignoranz kann eine ganze Sportart an den Abgrund bringen.

Trotzdem Dank an den Hong Kong Jockey Club, die Equestrian Company und die vielen Helfer. Dem Pferdesport wurden beste, olympische Bedingungen geboten. Dass sich am Ende nicht alle ihrer würdig erwiesen, wird leider lange Schatten werfen.

Reinhard Wendt

Vielseitigkeit

Goldenes Hongkong

> „Irgendwo liegt noch eine Goldmedaille
> von mir. Die will ich mir hier abholen."
> HINRICH ROMEIKE

Das ist das Motto für Hinrich Romeike und für die Mannschaft. Nach reibungslosem Hinflug, leichter Bewegung in den ersten Tagen und langsam forciertem Aufbautraining wurde es allmählich ernst. Geländesprünge, Parcourstraining, Aufgabe reiten, alles war mal dran. Meist bei strömendem Regen, unterbrochen von Sturm- und Taifunwarnungen. Fast einen Tag lang ging nichts. Man wartete im Hotel auf Besserung.

Chris Bartle gab die Mannschaftsorder. Peter Thomsen ist erster Mannschaftsreiter mit einer soliden Dressur, sicherem und schnellem Gelände als Motivator für den Rest des Teams und fehlerfrei im Springen. Dann kommt Frank Ostholt, die Dressur am Vormittag — nicht unter Flutlicht, weil Mr. Medicott hierdurch leicht irritiert wird, im Gelände je nach Abschneiden von Peter Thomsen möglichst alles auf geradem Weg, ggf. auch mit Sicherheitsvorgaben ohne Fehler im Springen. Dritter Reiter ist Hinrich Romeike; seine Dressur am Abend unter Flutlicht mit besonderer Wirkung des imposanten Schimmels, im Gelände sicher und schnell und dann gut vorbereitet ins Springen. An vierter Stelle Ingrid Klimke mit einer Spitzendressur am zweiten Dressurtag, schnell und auf direktem Weg im Gelände; hier soll nur dann ein leichterer Umweg gewählt werden, wenn vorher etwas schiefgegangen ist; zum Abschluss sorgfältige Vorbereitung für das Springen. Als letzter dann Andreas Dibowski mit einer guten Dressur, möglichst ohne jegliche Belastung sicher durchs Gelände und fehlerfrei im Springen.

Trainer Chris Bartles Ansprache an die Mannschaft: Vor vier Jahren in Athen habe ich gesagt, „Wir können es" und ich habe Euch gebeten, die Augen zu schließen und zu träumen. Heute bitte ich Euch, das nicht zu tun, weil ich weiß, dass Ihr an Eure Stärke glaubt. Bleibt im Hier und Jetzt. Guckt nicht, was die Richter tun, was andere Mannschaften tun, was Stewards und Offizielle tun; das ist außerhalb unserer Kontrolle. Jeder muss sich auf seinen Job, sein System, seine Vorbereitung konzentrieren, vor und während jeder Phase.

Der römische Philosoph Seneca hat einmal gesagt:

Luck is where preparation meets opportunity.
Glück ist, wo Vorbereitung auf eine Chance trifft.

„Jetzt kommt unsere Chance. Gebt alles und habt Spaß".

Hinrich Romeike, Andreas Dibowski, Ingrid Klimke, Peter Thomsen, Frank Ostholt (v.l.n.r.)

Dressur

Endlich ein Tag ohne Regen. Erstaunlich viele Zuschauer haben es gemerkt und sind als Frühaufsteher nach Sha Tin gepilgert.

Der reaktivierte zweifache Olympiasieger Mark Todd aus Neuseeland eröffnet um 6.30 Uhr den Reigen. Die neue, verkürzte Olympiaaufgabe erfährt öffentliche Premiere. Mark Todd gelingt eine solide, aber keine hinreißende Vorstellung: 49,4 Punkte befanden die Richter.

Equipechef Hans Melzer hatte für unsere Mannschaft Startnummer 3 gezogen. Zu früh diese Startposition? Man wird sehen. Vielleicht auch ein Vorteil.

Dritter Starter, 6.44 Uhr, für Deutschland: **Peter Thomsen**. Sein 12-jähriger Vollblüter **The Ghost of Hamish** ist nicht sehr geschmeidig und bewegungsstark. Der Reiter gleicht dies durch Präzision im Ablauf der Aufgabe aus. Die Richter vergeben 53,3 Punkte. Ein zufriedener Peter Thomsen hat das vom Bundestrainer vorgegebene Soll erfüllt.

Peter Thomsen und The Ghost of Hamish

Die Konkurrenz trumpft auf. Vor allem die Australier Clayton und Lucinda Fredericks demonstrieren Vorstellungen höchster dressurlicher Kultur. Vom früheren Dressur-Bundestrainer Harry Boldt trainiert geben sich die Australier mit schwungvollen, eindrucksstarken Ritten fast keine Blößen. Mit 30,4 und 37,0 Punkten gehen Lucinda und Clayton Fredericks in Front.

8.37 Uhr ist die Startzeit für **Frank Ostholt** mit seinem 9-jährigen Iren **Mr. Medicott**. Alles, was das Pferd an Schwung zu bieten hat, wird herausgeritten. Der Schritt gebunden und die fliegenden Galoppwechsel etwas flach, honorieren die Richter eine sichere, durch reiterliches Können geprägte Vorstellung mit 44,3 Punkten.

Frank Ostholt und Mr. Medicott

Die deutsche Mannschaft

Reiter	Alter	Pferd Pfleger	Alter	Zuchtgebiet	Züchter Besitzer
Andreas Dibowski	42	Euroridings Butts Leon Kristine Hedder	11	Hannover	Friedrich Butt Anne-Kathrin Butt/Andreas Dibowski
Ingrid Klimke	40	FRH Butts Abraxxas Carmen Thiemann	11	Hannover	Friedrich Butt Thomas Holtrop/Ingrid Klimke
Frank Ostholt	33	Mr. Medicott Insa Kristina Weddige/ Jessica Rauers	9	Irland	Hermann Horst D. Geaney, Irland
Hinrich Romeike	41	Marius Voigt-Logistik Svantje von Alwörn	14	Holstein	Hans Werner Ritters Susanne Romeike
Peter Thomsen	47	The Ghost of Hamish Petra Lühmann	12	-	- FORS e.V., Warendorf/Harald Salomon

Equipechef	Trainer	Tierarzt	Hufschmied
Hans Melzer	Christopher Bartle	Dr. Carsten Rohde	Dieter Kröhnert

Imposante Vorstellung von Hinrich Romeike mit Marius Voigt-Logistik.

Nach dem dritten australischen Mannschaftsreiter, Megan Jones/ Irish Jester, die Dank Harry Boldts Hilfe unter 40 Punkten blieb, schloss die belgische Einzelreiterin **Karin Donckers** mit **Gazelle de la Brasserie** nach guten britischen und amerikanischen Vorstellungen gegen 22 Uhr den ersten Dressurtag ab. Eine tolle, schwungvolle und in allen Teilen korrekte Vorstellung wurde zurecht mit 31,7 Punkten und dem zweiten Platz belohnt.

Nach einer kurzen Nacht ging es am nächsten Morgen um 6.30 Uhr weiter. Das Stadion war wieder gut gefüllt. **Ingrid Klimke** mit **FRH Butts Abraxxas** präsentierten um 6.44 Uhr den ersten Höhepunkt. Alles Potential des Pferdes herausreitend, lehrbuchgenau in allen Aufgabenstellungen und routiniert auch bei einer kleinen Schrecksekunde vor dem Angaloppieren reihte sie sich mit 33,5 Punkten ganz vorne in der Phalanx der Besten ein.

Chris Bartle, Andreas Busacker und Carmen Thiemann verfolgen den Ritt von Ingrid Klimke.

Die Amerikaner liegen mit Amy Tryon/Poggio und 46,5 Punkten sowie Gina Miles/McKinlaigh und 39,6 Punkten gut im Rennen. Englands Reiter agierten dagegen nicht so glücklich. Daisy Dick erhielt trotz deutlicher Spannung immerhin 51,7 Punkte. William Fox-Pitt mit Parkmore Ed konnte wegen eines Blutergusses dicht hinter der Gurtlage in Hongkong kaum trainieren. Dies merkte man seiner Vorstellung an, die beim Einreiten schwankend und mit zwei fliegenden Galoppwechseln begann. Am Ende erstaunten 50,2 Punkte. Ähnlich erstaunlich waren 42,8 Punkte für den Franzosen Didier Dhennin, der sich nach deutlichen Taktstörungen in der gesamten Trabtour auch noch verritt. Die Franzosen waren von besonderem Pech verfolgt. Das Pferd des ehemaligen Weltmeisters Jean Teulere, Espoir de la Mare, fiel schon kurz nach der Ankunft in Hongkong verletzungsbedingt aus. Und Europameister Nicolas Touzaint bereitete seinen imposanten Schimmel Galan de Sauvagere zwar noch auf die Dressur vor, musste ihn aber kurz vor dem Einreiten wegen Lahmheit zurückziehen.

Am Abend ging es unter Flutlicht weiter. **Hinrich Romeike** und **Marius Voigt-Logistik** wurden 20 Minuten vorm Start noch empfindlich gestört. Ein Steward beanstandete die Größe des Kentucky-Schriftzuges als Produktkennzeichnung auf seinem Frack. Nach organisationsüblichem Palaver wurde der Schriftzug zugeklebt. Nachträgliches Messen bestätigte, dass unser langbewährter Ausstatter Kentucky alles richtig gemacht hatte. Der Schriftzug war im olympisch vorgegebenen Maß.

Um 20.57 Uhr war es dann soweit. Die erhoffte imposante Vorstellung gelang. Trabverstärkungen fast wie ein Dressurpferd, Präzision in allen Lektionen, super Schritt. Am Ende der Galopptour war Marius Voigt-Logistik übersensibel und demonstrierte Galoppwechsel im Zweierrhythmus, die gar nicht verlangt waren. Trotzdem Gratulation für 37,4 Punkte!

Lehrbuchgenau: Ingrid Klimke mit FRH Butts Abraxxas

*Karin Donckers (BEL) erzielte mit Gazelle de la Brasserie
das zweitbeste Ergebnis der Teilprüfung Dressur.*

Noch nie erreichte 39,6 Punkte für Andreas Dibowski und Euroridings Butts Leon.

Weiter ging es mit durchweg guten Vorstellungen der Amerikaner und der Engländer. Als besonders gelungen erachteten die Richter den schwungvollen und risikoreichen Ritt von Mary King aus England mit Call Again Cavalier und 38,1 Punkten. Der talentierte Holländer Tim Lips dagegen hatte Pech. Seinem Oncarlos gefiel die Kamera neben dem Richter bei C nicht, was zu deutlichen Uneinigkeiten während der gesamten Aufgabe führte. Bei dieser Vorstellung wie auch bei weiteren weniger geglückten Ritten dieses Tages diagnostizierten auch die Richter manchen Fehler und gaben dies durch ihre Noten bekannt. Ob allerdings die Verhältnismäßigkeit zu vergleichbaren Vorstellungen des Vortages erhalten blieb, ist eine zumindest offene Frage.

Schauen wir lieber auf **Andreas Dibowski**. Ihm gelang, was ihm mit **Euroridings Butts Leon** zuvor noch nicht gelungen ist. In der Trabtour war sein Pferd noch nicht ganz losgelassen, es wurde aber so clever gemanagt, dass Genauigkeit und zunehmender Schwung zu immer mehr Ausstrahlung führten. Am Ende strahlte Andreas Dibowski über 39,6 Punkte.

Nicht die Führung, aber dicht bei den Führenden war Chris Bartles Devise. Die Dressur ist vorbei und Deutschland liegt auf Platz 2, hinter Australien und vor USA und England. Drei Reiter unter 40 Punkten, das haben außer unseren Reitern nur die Australier geschafft. Das Zwischenziel ist erreicht. Auf geht's ins Gelände.

Die Richter diagnostizierten manche Fehler – hier Marcelo Tosi (BRA) und Super Rocky.

*Führung nach der Dressur für Lucinda Fredericks
(AUS) mit Headley Britannia.*

Vielseitigkeit Einzel — Ergebnis nach Dressur

	Reiter	Nation	Pferd	E	(Rk)	C	(Rk)	M	(Rk)	Punkte
1	Lucinda Fredericks	AUS	Headley Britannia	82,22	(1)	78.52	(3)	78.52	(1)	30.40
2	Karin Donckers	BEL	Gazelle De La Brasserie	80,00	(2)	80.37	(1)	76.30	(3)	31.70
3	Ingrid Klimke	GER	Abraxxas	78,52	(3)	78.89	(2)	75.56	(5)	33.50
4	Megan Jones	AUS	Irish Jester	76,30	(5)	78.15	(4)	74.81	(9)	35.40
5	Rebecca Holder	USA	Courageous Comet	75,56	(6)	75.93	(5)	77.04	(2)	35.70
6	Clayton Fredericks	AUS	Ben Along Time	78,15	(4)	72.22	(14)	75.56	(5)	37.00
7	Hinrich Romeike	GER	Marius	75,19	(7)	74.44	(8)	75.56	(5)	37.40
8	Susanna Bordone	ITA	Ava	74,81	(9)	74.81	(7)	74.81	(9)	37.80
9	Mary King	GBR	Call Again Cavalier	74,44	(13)	74.07	(10)	75.19	(8)	38.10
10	Gina Miles	USA	McKinlaigh	74,81	(9)	74.44	(8)	72.22	(13)	39.30
11	Andreas Dibowski	GER	Butts Leon	73,33	(14)	72.59	(13)	74.81	(9)	39.60
12	Roberto Rotatori	ITA	Irham de Viages	74,81	(9)	75.56	(6)	69.63	(20)	40.00
13	Kristina Cook	GBR	Miners Frolic	74,81	(9)	73.33	(11)	71,48	(16)	40,20
14	Phillip Dutton	USA	Connaught	72,22	(15)	70.74	(18)	75.93	(4)	40.60
15	Linda Algotsson	SWE	Stand by Me	75,19	(7)	71.48	(15)	70.37	(19)	41.50
16	Karen O'Connor	USA	Mandiba	71,11	(17)	70.74	(18)	74.44	(12)	41.90
17	Didier Dhennin	FRA	Ismene Du Temple	71,85	(16)	71.48	(15)	71.11	(17)	42.80
18	Sharon Hunt	GBR	Tankers Town	71,11	(17)	69.63	(23)	72.22	(13)	43.50
19	Joe Meyer	NZL	Snip	68,89	(25)	71.11	(17)	72.22	(13)	43.90
20	Selena O'Hanlon	CAN	Colombo	68,89	(25)	73.33	(11)	69.63	(20)	44.10
21	Frank Ostholt	GER	Mr. Medicott	70,00	(20)	69.63	(23)	71.11	(17)	44.60
21	Andrew Nicholson	NZL	Lord Killinghurst	71,11	(17)	70.00	(21)	69.63	(20)	44.60
23	Sonja Johnson	AUS	Ringwould Jaguar	70,00	(20)	70.00	(21)	69.63	(20)	45.20
24	Amy Tryon	USA	Poggio II	69,63	(22)	70.74	(18)	66.67	(32)	46.50
24	Viktoria Carlerback	SWE	Bally's Geronimo	69,63	(22)	68.15	(26)	69.26	(25)	46.50
26	Caroline Powell	NZL	Lenamore	68,52	(28)	65.93	(34)	69.63	(20)	48.00
27	Pawel Spisak	POL	Weriusz	68,89	(25)	68.15	(26)	65.56	(37)	48.70
28	Tiziana Realini	SUI	Gamour	66,30	(32)	68.15	(26)	67.78	(28)	48.90
28	Mike Winter	CAN	King Pin	66,30	(32)	66.67	(32)	69.26	(25)	48.90
30	Mark Todd	NZL	Gandalf	65,56	(40)	67.78	(30)	67.78	(28)	49.40
31	Alex Hua Tian	CHN	Chico	69,63	(22)	68.52	(25)	62.59	(51)	49.60
31	Fabio Magni	ITA	Southern King V	65,56	(40)	65.93	(34)	69.26	(25)	49.60
33	Stefano Brecciaroli	ITA	Cappa Hill	67,04	(29)	65.56	(36)	67.41	(30)	50.00
34	William Fox-Pitt	GBR	Parkmore Ed	65,56	(40)	68.15	(26)	65.93	(35)	50.20
35	Vittoria Panizzon	ITA	Rock Model	66,30	(32)	67.41	(31)	65.19	(40)	50.60
35	Niall Griffin	IRL	Lorgaine	65,93	(37)	66.67	(32)	66.30	(33)	50.60
37	Daisy Dick	GBR	Spring Along	66,30	(32)	65.56	(36)	64.81	(44)	51.70
38	Katrin Norling	SWE	Pandora	65,56	(40)	63.33	(46)	67.04	(31)	52.00
38	Joris van Springel	BEL	Bold Action	66,30	(32)	63.33	(46)	66.30	(33)	52.00
40	Yoshiaki Oiwa	JPN	Gorgeous George	65,93	(37)	63.70	(45)	65.56	(37)	52.40
41	Tim Lips	NED	Oncarlos	66,67	(30)	65.56	(36)	62.59	(51)	52.60
42	Austin O'Connor	IRL	Hobby Du Mee	65,93	(37)	64.44	(42)	64.07	(46)	52.80
42	Jaroslav Hatla	CZE	Karla	66,67	(30)	62.59	(51)	65.19	(40)	52.80
44	Eric Vigeanel	FRA	Coronado Prior	64,44	(46)	65.19	(40)	64.44	(45)	53.00
45	Peter Flarup	DEN	Silver Ray	62,96	(49)	65.56	(36)	65.19	(40)	53.10
46	Peter Thomsen	GER	The Ghost of Hamish	63,70	(48)	64.44	(42)	65.19	(40)	53.30
46	Shane Rose	AUS	All Luck	65,19	(45)	62.59	(51)	65.56	(37)	53.30
48	Magnus Gallerdal	SWE	Keymaster	65,56	(40)	64.81	(41)	60.37	(58)	54.60
49	Heelan Tompkins	NZL	Sugoi	64,07	(47)	60.74	(54)	64.07	(46)	55.60
50	Harald Ambros	AUT	Quick	61,85	(51)	63.33	(46)	63.33	(49)	55.70
51	Jeferson Moreira	BRA	Escudeiro	59,63	(55)	62.59	(51)	65.93	(35)	55.90
52	Samantha Albert	JAM	Before I Do it	62,22	(50)	63.33	(46)	61.85	(55)	56.30
53	Jean Renaud Adde	FRA	Haston D'Elpegere	60,37	(53)	62.96	(50)	62.96	(50)	56.90
54	Artur Spolowicz	POL	Wag	60,00	(54)	64.07	(44)	61.85	(55)	57.00
55	Louise Lyons	IRL	Watership Down	61,11	(52)	60.00	(56)	64.07	(46)	57.40
56	Viachaslau Poita	BLR	Energiya	58,89	(57)	60.74	(54)	62.22	(54)	59.10
57	Andre Paro	BRA	Land Heir	58,52	(58)	59.63	(57)	62.59	(51)	59.60
58	Sandra Donnelly	CAN	Buenos Aires	59,63	(55)	59.63	(57)	60.37	(58)	60.20
59	Geoffrey Curran	IRL	Kilkishen	58,52	(58)	57.04	(60)	61.11	(57)	61.70
60	Sergio Iturriaga	CHI	Lago Rupanco	58,52	(58)	57.78	(59)	57.78	(64)	63.00

Vielseitigkeit Einzel — Ergebnis nach Dressur

Reiter		Nation	Pferd	E	(Rk)	C	(Rk)	M	(Rk)	Punkte
61	Kyle Carter	CAN	Madison Park	58,15	(61)	56.67	(62)	58.15	(62)	63.50
62	Valery Martyshev	RUS	Kinzhal	55,93	(62)	57.04	(60)	58.15	(62)	64.40
63	Marcelo Tosi	BRA	Super Rocky	55,93	(62)	55.19	(64)	59.26	(61)	64.80
64	Igor Atrohov	RUS	Elkasar	55,56	(64)	54.07	(65)	60.00	(60)	65.20
65	Dag Albert	SWE	Tubber Rebel	55,56	(64)	56.67	(62)	56.67	(65)	65.60
66	Samantha Taylor	CAN	Livewire	51,85	(66)	52.96	(66)	53.70	(66)	70.70
67	Alena Tseliapushkina	BLR	Passat	48,52	(67)	45.93	(68)	50.74	(67)	77.40
68	Patricia Ryan	IRL	Fernhill Clover Mist	47,78	(68)	47.04	(67)	47.78	(69)	78.70
69	Saulo Tristao	BRA	Totsie	46,30	(69)	45.56	(69)	48.89	(68)	79.60
	Nicolas Touzaint	FRA	Galan De Sauvagere				zurückgezogen			

Richter H: Christian Landolt (SUI), Chefrichter C: Martin Plewa (GER), Richter M: Marilyn Payne (USA)

Vielseitigkeit Mannschaft — Ergebnis nach Dressur

Nation/Reiter		Pferd	Total
1.	**Australien (AUS)**		**102,80**
	Lucinda Fredericks	Headley Britannia	30,40
	Megan Jones	Irish Jester	35,40
	Clayton Fredericks	Ben Along Time	37,00
	Sonja Johnson	Ringwould Jaguar	45,20
	Shane Rose	All Luck	53,30
2.	**Deutschland (GER)**		**110,50**
	Ingrid Klimke	Abraxxas	33,50
	Hinrich Romeike	Marius	37,40
	Andreas Dibowski	Butts Leon	39,60
	Frank Ostholt	Mr. Medicott	44,60
	Peter Thomsen	The Ghost of Hamish	53,30
3.	**USA**		**115,60**
	Rebecca Holder	Courageous Comet	35,70
	Gina Miles	McKinlaigh	39,30
	Phillip Dutton	Connaught	40,60
	Karen O'Connor	Mandiba	41,90
	Amy Tryon	Poggio II	46,50
4.	**Großbritannien (GBR)**		**121,80**
	Mary King	Call Again Cavalier	38,10
	Kristina Cook	Miners Frolic	40,20
	Sharon Hunt	Tankers Town	43,50
	William Fox-Pitt	Parkmore Ed	50,20
	Daisy Dick	Spring Along	51,70
5.	**Italien (ITA)**		**127,40**
	Susanna Bordone	Ava	37,80
	Roberto Rotatori	Irham de Viages	40,00
	Fabio Magni	Southern King V	49,60
	Stefano Brecciaroli	Cappa Hill	50,00
	Vittoria Panizzon	Rock Model	50,60
6.	**Neuseeland (NZL)**		**136,50**
	Joe Meyer	Snip	43,90
	Andrew Nicholson	Lord Killinghurst	44,60
	Caroline Powell	Lenamore	48,00
	Mark Todd	Gandalf	49,40
	Heelan Tompkins	Sugoi	55,60

Vielseitigkeit Mannschaft — Ergebnis nach Dressur

Nation/Reiter		Pferd	Total
7.	**Schweden (SWE)**		**140,00**
	Linda Algotsson	Stand by Me	41,50
	Viktoria Carlerback	Bally's Geronimo	46,50
	Katrin Norling	Pandora	52,00
	Magnus Gallerdal	Keymaster	54,60
	Dag Albert	Tubber Rebel	65,60
8	**Frankreich (FRA)**		**152,70**
	Didier Dhennin	Ismene Du Temple	42,80
	Eric Vigeanel	Coronado Prior	53,00
	Jean Renaud Adde	Haston D'Elpegere	56,90
	Nicolas Touzaint	Galan De Sauvagere	zurückgezogen
9.	**Kanada (CAN)**		**153,20**
	Selena O'Hanlon	Colombo	44,10
	Mike Winter	King Pin	48,90
	Sandra Donnelly	Buenos Aires	60,20
	Kyle Carter	Madison Park	63,50
	Samantha Taylor	Livewire	70,70
10.	**Irland (IRL)**		**160,80**
	Austin O'Connor	Hobby Du Mee	52,80
	Louise Lyons	Watership Down	57,40
	Geoffrey Curran	Kilkishen	61,70
	Patricia Ryan	Fernhill Clover Mist	78,70
	Niall Griffin	Lorgaine	50,60
11.	**Brasilien (BRA)**		**180,30**
	Jeferson Moreira	Escudeiro	55,90
	Andre Paro	Land Heir	59,60
	Marcelo Tosi	Super Rocky	64,80
	Saulo Tristao	Totsie	79,60

Richter H: Christian Landolt (SUI), Chefrichter C: Martin Plewa (GER), Richter M: Marilyn Payne (USA)

Das Gelände in Beas River

> *Das Wetter in Hongkong ist unbarmher-*
> *zig und unberechenbar, und diesmal hat-*
> *ten wir sehr viel Glück damit. Beten wir*
> *für ähnlich viel Glück im nächsten Jahr.*
> Mark Philipps
> nach der Testveranstaltung 2007

Der Wunsch von Mark Philipps wurde erhört. Wir hatten Glück. Das Wetter war ideal. Vor Beginn der Prüfung Regen. Zu Beginn der Prüfung kurz vor 8 Uhr hörte der Regen auf, die Temperatur blieb aber mild. Ab 8.30 Uhr wurde es merklich wärmer und schwüler. Gegen 9 Uhr setzte wieder leichter Nieselregen ein, sodass die Erwärmung gestoppt wurde. Gegen 11 Uhr

wurde der Regen stärker, aber nicht beeinträchtigend. Und eine halbe Stunde später war die Prüfung schon vorbei.

Auf dem Weg zum Gelände sah man in ein Waldstück hineingepferchte Blechhütten-Wohngebiete, die europäische Vorstellungskraft sprengten. Aber solche Eindrücke blieben flüchtig. In allen Köpfen brannte nur eine Frage: Was bringt uns das Gelände?

Bei der ersten Besichtigung war der Taifun gerade vorbei. Regenmassen durchtränkten alles. Dann hörte es auf. Beas River wurde zur Sauna.

Der erste Eindruck? Hindernis 1 kommt sehr schnell. 2, 3 und 4 auch, bergauf, bergab, rum um die Kurve und schon ist man am ersten Wasserkomplex, 5, 6a, b, c. Und so geht's weiter. Bergig, kurzweilig, schräges Geläuf, kurvig. Hinderniskomplex auf Hinderniskomplex, viele schmale, schräge Elemente. Sehr technisch, das Springvermögen aber nicht bis zum letzten fordernd. Die Aufgabenstellungen sind fast

immer sehr spät erkennbar, weil der Anreitweg meist aus Wendungen bzw. über Hügel erfolgt.

Eine Überraschung gab es: Die Strecke war nicht wie erwartet 5700 m, also 10 Minuten lang, sondern nur 8 Minuten, also 4560 m. Begründung von Parcourschef und Technischem Delegierten: Wir hätten auch 5700 m bauen können. Dann hätten wir wegen der Witterungsverhältnisse vor Beginn der Prüfung eine Schleife herausgenommen. Das voraussehend, haben wir sie gar nicht erst gebaut.

Natürlich warf das Fragen auf. Wird es dadurch leichter? Oder schwerer? Die Hinderniszahl wurde nicht herabgesetzt: 29 Hinderniskomplexe mit 39 Sprüngen. So ist die Strecke sehr kompakt, keine Galoppierstrecken, keine Erholungsphasen. Wie kann die Zeit erreicht werden?

Erster Reiter für Deutschland ist wieder **Peter Thomsen**. Er sollte einen sicheren, schnellen Ritt auf direktem Wege vorlegen und damit der gesamten Mannschaft Sicherheit geben. Alles klappte vorzüglich. **The Ghost of Hamish** machte super mit und meisterte alle Klippen auf direktem Weg. Doch ganz am Ende warteten noch die beiden versetzt gebauten Hecken 27 und 28. The Ghost of Hamish war nicht ganz sicher auf der Spur und verkannte wohl die Aufgabe. Links vorbeigewischt an Nr. 28, 20 Punkte und zusätzliche Zeitfehler. Sehr schade nach einem so tollen Ritt.

Im weiteren Verlauf der Prüfung wurde diese Hindernisfolge zu einem Kriterium. Ein Sturz und sechs Verweigerungen ereigneten sich hier.

Bald nach Peter Thomsen war die Amerikanerin Amy Tryon an der Reihe. Sie stürzte schon an Hindernis Nr. 10 und schied damit aus. Besser erging es dem Australier Clayton Fredericks, der einmal kräftig strauchelte, aber die Situation schadlos überstand.

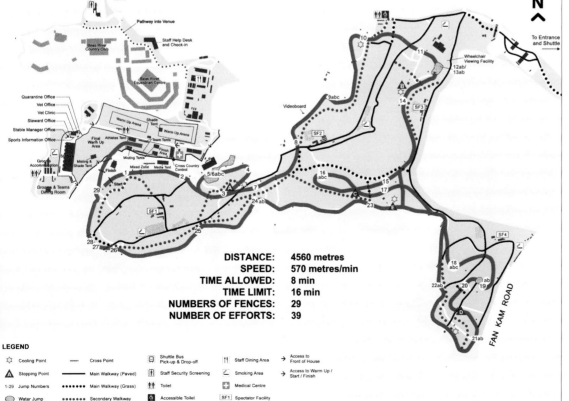

DISTANCE:	4560 metres
SPEED:	570 metres/min
TIME ALLOWED:	8 min
TIME LIMIT:	16 min
NUMBERS OF FENCES:	29
NUMBER OF EFFORTS:	39

LEGEND

☆ Cooling Point	— Cross Point	Shuttle Bus Pick-up & Drop-off	⛩ Staff Dining Area	→ Access to Front of House	
▲ Stopping Point	— Main Walkway (Paved)	Staff Security Screening	Smoking Area	→ Access to Warm Up / Start / Finish	
1-29 Jump Numbers	••••• Main Walkway (Grass)	Toilet	Medical Centre		
Water Jump	••••• Secondary Walkway	Accessible Toilet	SF1 Spectator Facility		

Erster Reiter für Deutschland: Peter Thomsen mit The Ghost of Hamish.

41 Sekunden über der Zeit brachten 16,4 Strafpunkte. Daisy Dick aus England kam auch fehlerfrei ins Ziel, allerdings mit 17,20 Zeitstrafpunkten. Es nahte die Startzeit von **Frank Ostholt** mit **Mr. Medicott**. Nach Peter Thomsens Versehen musste eine sichere Runde her. Daher die Anweisung der Mannschaftsführung, beim zweiten Wasserkomplex nicht den direkten

Weg, sondern die etwas leichtere und weitere Variante zu wählen. Kurz vor dem Start wurde das Pferd noch einmal heruntergekühlt, dann war es soweit. Es begann ein sehr konzentrierter Ritt, deutliche Einstellung des Pferdes auf jeden Hinderniskomplex und der Anweisung der Mannschaftsführung folgend stets auf Sicherheit bedacht. Der Umweg am zweiten Wasser

wurde eingehalten und alles lief nach Plan. Am Ende kam sogar die bis dahin schnellste gerittene Zeit heraus. 8 Minuten und 33 Sekunden erbrachten 13,20 Zeitstrafpunkte. Gratulation für diese wichtige Mannschaftsleistung, die den Rest des Teams aufatmen ließ.

Frank Ostholt mit Mr. Medicott im zweiten Wasserhindernis.

1 Courtyard House (Siheyuan)

2 Panda Playground

3 Flowerbed

4 Tiger Hill Log

5 Five Colored Lake

6 A B C Five Colored Lake

7 Stone Mill Table

8 Yu Hua Tai Rockery

9 A B C Yu Garden

10 The Birdcages

11 Chopsticks

12 A B Big Leap to Success Water

13 A B Big Leap to Success Water

14 Wise man's Grass Hut

15 Over the Ditch (reserve) Writing Table

16 A B C The Great Wall

17 Mushroom

18 A B C Stone Forest

19 A B *Lotus Pond*

20 *Lantern Footbridge*

21 A B *Crouching Dragons*

22 A *Red Cliff Corner*

22 B *Red Cliff Corner*

23 *Kat Hing Wei Brush*

24 A *Shennongjia*

24 B *Shennongjia*

25 *Phoenix's Lair*

26 *Thatched Cottage of Du Fu*

27 *Pagodas*

28 *Pagodas*

Die Hindernisgestaltung ist wunderschön. Viele Elemente heimischer Kultur. 29 kleine Kunstwerke.

29 *Beijing 2008*

Mittlerweile hat es sich herumgesprochen, dass die Hecken ganz am Ende der Strecke zum Verhängnis werden konnten, besonders dann, wenn die Pferde etwas müde waren und nicht mehr ganz auf schnurgerader Linie blieben. Die nach der Dressur führende Lucinda Fredericks aus Australien merkte dies und ritt beide Hecken einzeln an. Sie war dann mehr als eine Minute über der Zeit und kassierte viele Zeitstrafpunkte. Andrew Nicholsen reagierte anders und wollte unbedingt geradewegs ans Ziel kommen. Ein Sturz an der zweiten Hecke hinderte ihn daran.

Dann kam **Hinrich Romeike** mit **Marius Voigt-Logistik**. „Irgendwo liegt noch eine Goldmedaille von mir. Die will ich mir hier abholen". Genauso war der Ritt. Zügig beginnend, unglaublich gleichmäßig galoppierend, das Pferd immer mit gespitzten Ohren die nächste Aufgabe suchend, und obendrauf ein Reiter, der sich nach jeder überwundenen Aufgabe bei seinem Pferd bedankte. Wie selbstverständlich gelang alles auf direktem Wege. Am Ende waren beide noch eine Sekunde schneller als Frank Ostholt und setzten sich an die Spitze des Feldes.

Hinrich Romeike mit Marius Voigt-Logistik –
immer mit gespitzten Ohren die nächste Aufgabe suchend.

Ingrid Klimke und FRH Butts Abraxxas –
schnell, sicher, kämpferisch.

Die in der Dressur so auftrumpfende Belgierin Karen Donckers kam auch ohne Hindernisfehler ins Ziel. Allerdings brauchte sie mehr als 9 Minuten und fiel mit 25,60 Strafpunkten mehrere Plätze zurück.

Dann war **Ingrid Klimke** mit **FRH Butts Abraxxas** dran. Für sie kam es darauf an, ein gutes Mannschaftsergebnis zu sichern. Deshalb gab die Mannschaftsführung die Order, am Schluss der Strecke die beiden Hecken einzeln anzureiten. Ingrid Klimke machte sich auf den Weg und legte ein sehr schnelles Tempo vor. FRH Butts Abraxxas machte mit, verstand jede Aufgabenstellung und zeigte wie seine Reiterin echte Kämpferqualitäten. Am Ende dann der Umweg bei den beiden Hecken. Das kostete natürlich Zeit. Trotzdem reichte das Ergebnis zu Platz 2 in der Gesamtwertung ganz knapp hinter Hinrich Romeike.

Die Amerikaner hatten Pech. Die erste Reiterin ausgeschieden, zwei Reiter mit Verweigerungen. Das warf sie weit zurück. Besser erging es den Australiern, die allesamt hindernisfehlerfrei blieben, jedoch einige deutliche Zeitüberschreitungen zu verzeichnen hatten. Eine Verweigerung bei den Engländern, zwei bei den Italienern, solide Null-Fehler-Ritte bei allen schwedischen Startern, ein Ausgeschieden und zwei Verweigerungen bei den Neuseeländern. So war auch die Rangierung nach dem Gelände, allesamt noch vor den USA. Ganz am Ende landeten die Franzosen, deren Pech sich im Gelände komplettierte. Ein Sturz des Reiters Jean Renaud Adde schon am Hindernis Nr. 4 sprengte die Mannschaft.

Kurz nach 11 Uhr war unser letzter Reiter dran. Es regnete beträchtlich, als **Andreas Dibowski** und **Euroridings Butts Leon** auf die Strecke gingen. Der Regen konnte diesem Paar aber nichts anhaben. Drei Null-Fehler-Ritte hatte unsere Mannschaft schon auf dem Konto. Die Mannschaftsorder lautete nun, auf direktem Weg bei allen Hinderniskomplexen möglichst schnell ins Ziel zu kommen. Dies gelang dem erfahrenen Reiter in bewährter, stets kontrollierter Manier. 17,6 Zeitfehler brachten ihn auf Platz 8 in der Gesamtwertung. Die deutsche Mannschaft schob sich dank vier fehlerfreier Ritte auf Platz 1.

Andreas Dibowski mit Euroridings Butts Leon
immer auf sicherem Weg.

Dieser Vormittag war eine Werbung für die Vielseitigkeit. Tolle Ritte, tolle Bilder, Sport auf allerhöchstem Niveau. Neben über die ganze Strecke verteilten Fehlern und vier glimpflich verlaufenen Stürzen war die Zeit ein mitentscheidender Faktor. Kein Reiter schaffte die Bestzeit. Zeitüberschreitungen zwischen 23 Sekunden und 2 Minuten 54 brachten das Teilnehmerfeld weit auseinander.

oben rechts: Kristina Cook (GBR) und Miners Frolic
links: Clayton Fredericks (AUS) und Ben Along Time
mitte rechts: Megan Jones (AUS) und Irish Jester
unten: Gina Miles (USA) und McKinlaigh.

Gratulation dem Parcourschef und dem Technischen Delegierten. Gratulation den vielfachen Demonstrationen reiterlichen Könnens, Gratulation dem Wettergott. 18 000 Zuschauer in Beas River und Hunderttausende an den Fernsehschirmen waren begeistert.

Vielseitigkeit Mannschaft — Ergebnis nach Dressur und Geländeritt

	Nation/Reiter	Pferd	Dressur	Gelände	Total
1.	**Deutschland (GER)**		**110,50**		**158,10**
	Hinrich Romeike	Marius	37.40	8'32"/0/12.80	50.20
	Ingrid Klimke	Abraxxas	33.50	8'43"/0/17.20	50.70
	Andreas Dibowski	Butts Leon	39.60	8'44"/0/17.60	57.20
	Frank Ostholt	Mr. Medicott	44.60	8'33"/0/13.20	57.80
	Peter Thomsen	The Ghost of Hamish	53,30	9'04"/20/25.60	98.90
2.	**Australien (AUS)**		**102,80**		**162,00**
	Megan Jones	Irish Jester	35.40	8'39"/0/15.60	51.00
	Clayton Fredericks	Ben Along Time	37.00	8'41"/0/16.40	53.40
	Lucinda Fredericks	Headley Britannia	30.40	9'08"/0/27.20	57.60
	Sonja Johnson	Ringwould Jaguar	45.20	8'34"/0/13.60	58.80
	Shane Rose	All Luck	53.30	8'23"/0/9.20	62.50
3.	**Großbritannien (GBR)**		**121,80**		**173,70**
	Mary King	Call Again Cavalier	38.10	8'45"/0/18.00	56.10
	Kristina Cook	Miners Frolic	40,20	8'43"/0/17.20	57.40
	William Fox-Pitt	Parkmore Ed	50.20	8'25"/0/10.00	60.20
	Daisy Dick	Spring Along	51.70	8'43"/0/17.20	68.90
	Sharon Hunt	Tankers Town	43.50	9'09"/20/27.60	91.10
4.	**Italien (ITA)**		**127,40**		**198,40**
	Roberto Rotatori	Irham de Viages	40.00	8'57"/0/22.80	62.80
	Susanna Bordone	Ava	37.80	9'12"/0/28.80	66.60
	Vittoria Panizzon	Rock Model	50.60	8'46"/0/18.40	69.00
	Stefano Brecciaroli	Cappa Hill	50.00	9'45"/20/42.00	112.00
	Fabio Magni	Southern King V	49.60	10'05"/20/50.00	119.60
5.	**Schweden (SWE)**		**140,00**		**200,50**
	Linda Algotsson	Stand by Me	41.50	8'57"/0/22.80	64.30
	Katrin Norling	Pandora	52.00	8'40"/0/16.00	68.00
	Magnus Gallerdal	Keymaster	54.60	8'34"/0/13.60	68.20
	Viktoria Carlerback	Bally's Geronimo	46.50	9'06"/0/26.40	72.90
	Dag Albert	Tubber Rebel	65.60	9'09"/0/27.60	93.20
6.	**Neuseeland (NZL)**		**136,50**		**210,90**
	Joe Meyer	Snip	43.90	8'53"/0/21.20	65.10
	Caroline Powell	Lenamore	48.00	8'53"/0/21.20	69.20
	Mark Todd	Gandalf	49.40	9'08"/0/27.20	76.60
	Heelan Tompkins	Sugoi	55.60	9'28"/40/35.20	130.80
	Andrew Nicholson	Lord Killinghurst	44.60	ausgeschieden	
7.	**USA (USA)**		**115,60**		**234,00**
	Gina Miles	McKinlaigh	39.30	8'42"/0/16.80	56.10
	Phillip Dutton	Connaught	40.60	8'49"/0/19.60	60.20
	Rebecca Holder	Courageous Comet	35.70	8'55"/60/22.00	117.70
	Karen O'Connor	Mandiba	41.90	9'52"/40/44.80	126.70
	Amy Tryon	Poggio II	46.50	ausgeschieden	
8.	**Irland (IRL)**		**160,80**		**265,10**
	Louise Lyons	Watership Down	57.40	9'11"/0/28.40	85.80
	Austin O'Connor	Hobby Du Mee	52.80	9'26"/0/34.40	87.20
	Geoffrey Curran	Kilkishen	61.70	9'16"/0/30.40	92.10
	Niall Griffin	Lorgaine	50.60	9'06"/20/26.40	97.00
	Patricia Ryan	Fernhill Clover Mist	78.70	9'27"/0/34.80	113.50
9.	**Kanada (CAN)**		**153,20**		**287,00**
	Kyle Carter	Madison Park	63.50	8'46"/0/18.40	81.90
	Sandra Donnelly	Buenos Aires	60.20	9'00"/0/24.00	84.20
	Selena O'Hanlon	Colombo	44.10	9'32"/40/36.80	120.90
	Mike Winter	King Pin	48.90	10'22"/20/56.80	125.70
	Samantha Taylor	Livewire	70.70	10'54"/40/69.60	180.30
10.	**Brasilien (BRA)**		**180,30**		**295,10**
	Marcelo Tosi	Super Rocky	64.80	9'02"/0/24.80	89.60
	Andre Paro	Land Heir	59.60	9'38"/0/39.20	98.80
	Jeferson Moreira	Escudeiro	55.90	10'07"/0/50.80	106.70
	Saulo Tristao	Totsie	79.60	ausgeschieden	
11.	**Frankreich (FRA)**		**152,70**		**1135,80**
	Didier Dhennin	Ismene Du Temple	42.80	8'35"/0/14.00	56.80
	Eric Vigeanel	Coronado Prior	53.00	9'05"/0/26.00	79.00
	Jean Renaud Adde	Haston D'Elpegere	56.90	ausgeschieden	
	Nicolas Touzaint	Galan De Sauvagere	zurückgezogen		

Vielseitigkeit Einzel — Ergebnis nach Dressur und Geländeritt

	Reiter	Nation	Pferd	Dressur	(Rk)	Gelände*	Total
1	Hinrich Romeike	GER	Marius	37.40	(7)	8'32"/0/12.80	50.20
2	Ingrid Klimke	GER	Abraxxas	33.50	(3)	8'43"/0/17.20	50.70
3	Megan Jones	AUS	Irish Jester	35.40	(4)	8'39"/0/15.60	51.00
4	Clayton Fredericks	AUS	Ben Along Time	37.00	(6)	8'41"/0/16.40	53.40
5	Gina Miles	USA	McKinlaigh	39.30	(10)	8'42"/0/16.80	56.10
5	Mary King	GBR	Call Again Cavalier	38.10	(9)	8'45"/0/18.00	56.10
7	Didier Dhennin	FRA	Ismene Du Temple	42.80	(17)	8'35"/0/14.00	56.80
8	Andreas Dibowski	GER	Butts Leon	39.60	(11)	8'44"/0/17.60	57.20
9	Karin Donckers	BEL	Gazelle De La Brasserie	31.70	(2)	9'04"/0/25.60	57.30
10	Kristina Cook	GBR	Miners Frolic	40,20	(13)	8'43"/0/17.20	57.40
11	Lucinda Fredericks	AUS	Headley Britannia	30.40	(1)	9'08"/0/27.20	57.60
12	Frank Ostholt	GER	Mr. Medicott	44.60	(21)	8'33"/0/13.20	57.80
13	Sonja Johnson	AUS	Ringwould Jaguar	45.20	(23)	8'34"/0/13.60	58.80
14	William Fox-Pitt	GBR	Parkmore Ed	50.20	(34)	8'25"/0/10.00	60.20
15	Phillip Dutton	USA	Connaught	40.60	(14)	8'49"/0/19.60	60.20
16	Shane Rose	AUS	All Luck	53.30	(46)	8'23"/0/9.20	62.50
17	Roberto Rotatori	ITA	Irham de Viages	40.00	(12)	8'57"/0/22.80	62.80
18	Linda Algotsson	SWE	Stand by Me	41.50	(15)	8'57"/0/22.80	64.30
19	Joe Meyer	NZL	Snip	43.90	(19)	8'53"/0/21.20	65.10
20	Peter Flarup	DEN	Silver Ray	53.10	(45)	8'33"/0/13.20	66.30
21	Susanna Bordone	ITA	Ava	37.80	(8)	9'12"/0/28.80	66.60
22	Katrin Norling	SWE	Pandora	52.00	(38)	8'40"/0/16.00	68.00
23	Magnus Gallerdal	SWE	Keymaster	54.60	(48)	8'34"/0/13.60	68.20
24	Daisy Dick	GBR	Spring Along	51.70	(37)	8'43"/0/17.20	68.90
25	Vittoria Panizzon	ITA	Rock Model	50.60	(35)	8'46"/0/18.40	69.00
26	Caroline Powell	NZL	Lenamore	48.00	(26)	8'53"/0/21.20	69.20
27	Viktoria Carlerback	SWE	Bally's Geronimo	46.50	(24)	9'06"/0/26.40	72.90
28	Tim Lips	NED	Oncarlos	52.60	(41)	8'56"/0/22.40	75.00
29	Mark Todd	NZL	Gandalf	49.40	(30)	9'08"/0/27.20	76.60
30	Eric Vigeanel	FRA	Coronado Prior	53.00	(44)	9'05"/0/26.00	79.00
31	Tiziana Realini	SUI	Gamour	48.90	(28)	9'22"/0/32.80	81.70
32	Kyle Carter	CAN	Madison Park	63.50	(61)	8'46"/0/18.40	81.90
33	Pawel Spisak	POL	Weriusz	48,70	(27)	9'25"/0/34.00	82.70
34	Sandra Donnelly	CAN	Buenos Aires	60.20	(58)	9'00"/0/24.00	84.20
35	Louise Lyons	IRL	Watership Down	57.40	(55)	9'11"/0/28.40	85.80
36	Austin O'Connor	IRL	Hobby Du Mee	52.80	(42)	9'26"/0/34.40	87.20
37	Marcelo Tosi	BRA	Super Rocky	64.80	(63)	9'02"/0/24.80	89.60
38	Sharon Hunt	GBR	Tankers Town	43.50	(18)	9'09"/20/27.60	91.10
39	Geoffrey Curran	IRL	Kilkishen	61.70	(59)	9'16"/0/30.40	92.10
40	Dag Albert	SWE	Tubber Rebel	65.60	(65)	9'09"/0/27.60	93.20
41	Niall Griffin	IRL	Lorgaine	50.60	(35)	9'06"/20/26.40	97.00
42	Samantha Albert	JAM	Before I Do it	56.30	(52)	9'44"/0/41.60	97.90
43	Andre Paro	BRA	Land Heir	59.60	(57)	9'38"/0/39.20	98.80
44	Peter Thomsen	GER	The Ghost of Hamish	53,30	(46)	9'04"/20/25.60	98.90
45	Jeferson Moreira	BRA	Escudeiro	55.90	(51)	10'07"/0/50.80	106.70
46	Stefano Brecciaroli	ITA	Cappa Hill	50.00	(33)	9'45"/20/42.00	112.00
47	Patricia Ryan	IRL	Fernhill Clover Mist	78.70	(68)	9'27"/0/34.80	113.50
48	Rebecca Holder	USA	Courageous Comet	35.70	(5)	8'55"/60/22.00	117.70
49	Joris van Springel	BEL	Bold Action	52.00	(38)	9'56"/20/46.40	118.40
50	Alex Hua Tian	CHN	Chico	49.60	(31)	10'05"/20/50.00	119.60
51	Selena O'Hanlon	CAN	Colombo	44.10	(20)	9'32"/40/36.80	120.90
52	Valery Martyshev	RUS	Kinzhal	64.40	(62)	10'31"/0/60.40	124.80
53	Mike Winter	CAN	King Pin	48.90	(28)	10'22"/20/56.80	125.70
54	Karen O'Connor	USA	Mandiba	41.90	(16)	9'52"/40/44.80	126.70
55	Yoshiaki Oiwa	JPN	Gorgeous George	52.40	(40)	9'31"/40/36.40	128.80
56	Heelan Tompkins	NZL	Sugoi	55.60	(49)	9'28"/40/35.20	130.80
57	Artur Spolowicz	POL	Wag	57.00	(54)	10'16"/20/54.40	131.40
58	Viachaslau Poita	BLR	Energiya	59.10	(56)	10'19"/20/55.60	134.70
59	Alena Tseliapushkina	BLR	Passat	77.40	(67)	10'29"/0/59.60	137.00
60	Samantha Taylor	CAN	Livewire	70.70	(66)	10'54"/40/69.60	180.30

Richter H: Christian Landolt (SUI), Chefrichter C: Martin Plewa (GER), Richter M: Marilyn Payne (USA)   * Zeit/Hindernisfehler/Zeitfehler

Springprüfung für die Mannschaftswertung

> *„Ich liege bei Olympischen Spielen in Führung. Das ist für mich eine ganz neue Situation".*   HINRICH ROMEIKE

Hinrich Romeike und Heimtrainer Jörg Naeve hatten bei der Parcoursbesichtigung schon Spaß.

Dienstag, 12. August 2008. Großes Finale mit zwei Springprüfungen, zunächst für die Mannschaftswertung, dann für die 25 Besten die Einzelwertung. Beim Einzelfinale dürfen allerdings nach olympischem Reglement nur drei Teilnehmer pro Nation an den Start gehen, auch wenn sich vier oder fünf qualifiziert haben sollten.

Die Ausgangsposition für unsere Mannschaft war günstig, aber äußerst knapp. Deutschland führte mit weniger als einem Abwurf vor Australien und mit etwas mehr als drei Springfehlern vor Großbritannien.

Der Parcours war lang, mit einigen technischen Anforderungen und zwei Alternativen, wovon zumeist der längere, freundlichere Weg gewählt wurde.

Zuerst waren die Einzelreiter dran. Auch sie konnten ihre Chance wahren, in das Finale der besten 25 zu gelangen. Die einzige noch aussichtsreich liegende Reiterin war die Belgierin Karen Donckers, die sich mit einem Abwurf für das Einzelfinale qualifizierte.

Für uns waren die australischen und englischen Reiter von Wichtigkeit. Alle anderen Mannschaften waren beruhigend weit weg.

Parcours – Mannschaft

Parcoursdaten

Länge des Parcours	585 m
Geschwindigkeit	375 m/min
Erlaubte Zeit	94 sec.
Hindernisse	13
Sprünge	16

Hindernis	Höhe vorne	Höhe hinten	Weite
1	1,15	1,20	1,15
2	1,25		
3	1,20	1,20	1,30
4 op. r	1,20		
4 op. l	1,25		
5a	1,20	1,20	1,20
5b	1,25		
5c	1,20	1,20	1,35
6	1,25		
7	1,25	1,25	1,40
8 op. r	1,20	1,20	1,35
8 op. l	1,25	1,25	1,40
9	1,25		
10	1,25	1,25	0,80
11	0,90	1,25	1,50
12a	1,20		
12b	1,20		
13	1,25	1,25	1,30

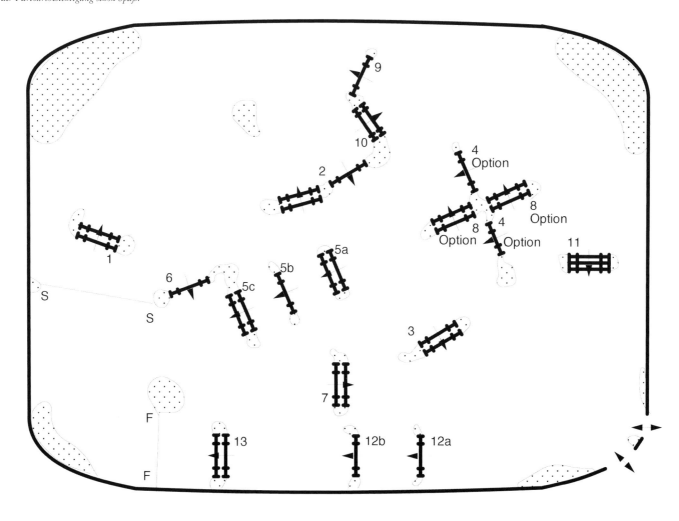

*Peter Thomsen und The Ghost of Hamish
unterlag ein Abwurf.*

Nach den ersten Reitern jeder Mannschaft änderte sich nichts. Fehler für Sharon Hunt aus Großbritannien und dem Australier Shane Rose. Dann legte **Peter Thomsen** mit **The Ghost of Hamish** einen zügigen, Sicherheit ausstrahlenden Ritt vor. Die dreifache Kombination und der Folgesprung waren sicher überwunden. Dann kam der grüne Oxer Nr. 7, der Richtung Ein- und Ausritt gesprungen werden musste. Leider fiel eine Stange, vier Strafpunkte, welche zu einem Endergebnis von 102,90 Punkten führten.

Die Engländerin Daisy Dick patzte zweimal und handelte sich zusätzliche Zeitstrafpunkte ein. Dagegen blieb Sonja Johnson für Australien fehlerfrei und sorgte mit ihrem Endergebnis mit 58,80 Punkten weiterhin für übergroße Spannung. Dann erschienen **Frank Ostholt** und **Mr. Medicott**. Kontrolliert begonnen, stetige Kontrolle auch unterwegs, einmal Holz berührt, aber sicher bis ins Ziel. Hier wurde wieder eine Marke für die Mannschaft gesetzt. Keine Entwarnung im Kampf um Gold, aber einmal kräftig durchatmen.

*Frank Ostholt und Mr. Medicott –
konzentriert und kontrolliert.*

Andreas Dibowski hat mit Euroridings Butts Leon seine Klasse als Parcoursreiter unter Beweis gestellt.

William Fox-Pitt unterlief ein Abwurf. England blieb damit auf Distanz. Lucinda Fredericks wurde mit zwei Zeitfehlern von der Führenden in der Dressur zum australischen Streichergebnis degradiert.

Andreas Dibowski stellte einmal mehr seine Klasse als Parcoursreiter unter Beweis. Sicher steuerte er **Euroridings Butts Leon** über alle Klippen und blieb fehlerfrei. Wieder durfte aufgeatmet werden. Nach drei Reitern pro Mannschaft gab es trotz aller Berechnungen noch keine gesicherte Prognose. Aber immerhin, die Tendenz war positiv.

Kristina Cook aus England blieb fehlerfrei. Der Abstand zu unserem Team war dennoch weiterhin beruhigend. Clayton Fredericks steuerte als vierter Australier vier Strafpunkte zum Ergebnis bei. Dann erschienen **Ingrid Klimke** und **FRH Butts Abraxxas**. Die Reiterin war mit all ihrer Routine und kämpferischen Einstellung bemüht, die Vorsicht des Pferdes zu beflügeln und es bei jedem Sprung zu unterstützen. Zur Wellenplanke Nr. 9 wählte sie den langen Weg, um nicht direkt auf eine große Fernsehkamera zureiten zu müssen. Gut gedacht und doch vergebens. Die Planke fiel. Trotz der vier Strafpunkte änderte sich in der Rangierung nichts. Nach vier Reitern pro Mannschaft lag Deutschland mit den Ergebnissen von Frank Ostholt, Andreas Dibowski und Ingrid Klimke weiterhin in Front. 169,7 Punkte vor Australien mit 175,8 und England mit 201,5 Punkten. Mit angenommenen Null-Fehler-Ritten der jeweils letzten Reiter könnte sich Deutschland auf 162,1, Australien auf 167,2 und England auf 177,7 Punkte verbessern. Die Hochrechnungen sagten uns: Silber ist schon sicher, um Gold bleibt es spannend.

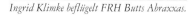

Ingrid Klimke beflügelt FRH Butts Abraxxas.

Hier geht es lang! Ingrid Klimke bei der Parcoursbesichtigung.

Mannschaftsgold ist schon gesichert, dennoch volle Konzentration für Hinrich Romeike: v.l. Andreas Dibowski, Kurt Gravemeier, Peter Thomsen, Dr. Carsten Rohde, Chris Bartle, Jörg Naeve, Hans Melzer und Frank Ostholt.

Die letzten Ritte jeder Nation brachten viele Fehler. Acht für Irland, zwölf für Italien und fünf für Neuseeland. Es gab auch fehlerfreie Runden, so für Brasilien, USA und für die in Deutschland lebende Schwedin Linda Algotsson. Die Engländerin Mary King endete mit zwei Abwürfen bei 64,10 Punkten. Für England war die Bronzemedaille manifestiert. Was geschieht nun mit Gold und Silber? Wie ergeht es der Australierin Megan Jones mit Irish Jester? Null Fehler? Dann bleibt es eng und alles hängt von **Hinrich Romeike** und **Marius Voigt-Logistik** ab. Wenn da nicht der grüne Oxer Nr. 7 wäre, der auch schon Peter Thomsen zum Verhängnis wurde. Eine Stange fällt. Das austra-

lische Ergebnis lautet 171,2. Das bedeutet Gold für Deutschland, bevor der letzte Reiter startet. Frank Ostholt, Andreas Dibowski und Ingrid Klimke hatten es bereits geschafft. Was ein Erfolg und was für ein Jubel. Doch Achtung, volle Konzentration für Hinrich Romeike. Er ritt ja auch noch für sich selbst eine gute Position fürs Einzelfinale.

Kurzfristig wurde sein Heimspringtrainer, Jörg Naeve, eingeflogen. So dicht am Ziel, sollte nichts dem Zufall überlassen werden. Alle Abläufe, alle Vorbereitung wie gewohnt, nur die Spannung war erheblich größer. Der Anfang des Parcours gelang auch gut, dann wurde die dreifache Kombination etwas zu forsch an-

geritten, so dass beim Einsprung, Nr. 5a, eine Stange fiel. Ab da blieb alles sauber und mit vier Fehlern blieb die Führung erhalten. Gold für Deutschland mit der Mannschaft und Platz 1, 2, 5 und 8 für unsere Reiter. In den grenzenlosen Jubel mischte sich auch Wehmut. Trotz Platz 8 durfte Frank Ostholt als vierter deutscher Reiter nicht ins Einzelfinale einziehen. Gold in Händen und doch traurig. Ein olympisches Erlebnis besonderer Art.

Zum Feiern blieb nicht lange Zeit. Der Parcours wurde umgebaut und die Konzentration richtete sich auf den letzten Akt. Finale für die Einzelwertung ab 22.45 Uhr.

Trotz eines Abwurfs weiter in Führung – Hinrich Romeike und Marius Voigt-Logistik.

Vielseitigkeit Mannschaft — Endergebnis nach Dressur, Geländeritt und Springen

	Nation/Reiter	Pferd	Dressur	Gelände*	Springen	Total
1.	**Deutschland (GER)**		**110,50 (2)**	**158,10 (1)**		**166,10**
	Hinrich Romeike	Marius	37,40	8'32"/0/12,80	4	54,20
	Ingrid Klimke	Abraxxas	33,50	8'43"/0/17,20	4	54,70
	Andreas Dibowski	Butts Leon	39,60	8'44"/0/17,60	-	57,20
	Frank Ostholt	Mr. Medicott	44,60	8'33"/0/13,20	-	57,80
	Peter Thomsen	The Ghost of Hamish	53,30	9'04"/20/25,60	4	102,90
2.	**Australien (AUS)**		**102,80 (1)**	**162,00 (2)**		**171,20**
	Megan Jones	Irish Jester	35,40	8'39"/0/15,60	4	55,00
	Clayton Fredericks	Ben Along Time	37,00	8'41"/0/16,40	4	57,40
	Lucinda Fredericks	Headley Britannia	30,40	9'08"/0/27,20	-/2,00	59,60
	Sonja Johnson	Ringwould Jaguar	45,20	8'34"/0/13,60	-	58,80
	Shane Rose	All Luck	53,30	8'23"/0/9,20	8	70,50
3.	**Großbritannien (GBR)**		**121,80 (4)**	**173,70 (3)**		**158,70**
	Mary King	Call Again Cavalier	38,10	8'45"/0/18,00	8	64,10
	Kristina Cook	Miners Frolic	40,20	8'43"/0/17,20	-	57,40
	William Fox-Pitt	Parkmore Ed	50,20	8'25"/0/10,00	4	64,20
	Daisy Dick	Spring Along	51,70	8'43"/0/17,20	8/3,00	79,90
	Sharon Hunt	Tankers Town	43,50	9'09"/20/27,60	4	95,10
4.	**Schweden (SWE)**		**140,00 (7)**	**200,50 (5)**		**230,50**
	Linda Algotsson	Stand by Me	41,50	8'57"/0/22,80	-	64,30
	Katrin Norling	Pandora	52,00	8'40"/0/16,00	4/1,00	73,00
	Magnus Gallerdal	Keymaster	54,60	8'34"/0/13,60	zurückgezogen	93,20
	Viktoria Carlerback	Bally's Geronimo	46,50	9'06"/0/26,40	zurückgezogen	
	Dag Albert	Tubber Rebel	65,60	9'09"/0/27,60	-	
5.	**Neuseeland (NZL)**		**136,50 (6)**	**210,90 (6)**		**240,90**
	Joe Meyer	Snip	43,90	8'53"/0/21,20	20/5,00	90,10
	Caroline Powell	Lenamore	48,00	8'53"/0/21,20	4	73,20
	Mark Todd	Gandalf	49,40	9'08"/0/27,20	-/1,00	77,60
	Heelan Tompkins	Sugoi	55,60	9'28"/40/35,20	8	138,80
	Andrew Nicholson	Lord Killinghurst	44,60	ausgeschieden		
6.	**Italien (ITA)**		**127,40 (5)**	**198,40 (4)**		**246,40**
	Roberto Rotatori	Irham de Viages	40,00	8'57"/0/22,80	12/16,00	90,80
	Susanna Bordone	Ava	37,80	9'12"/0/28,80	16/4,00	86,60
	Vittoria Panizzon	Rock Model	50,60	8'46"/0/18,40	-	69,00
	Stefano Brecciaroli	Cappa Hill	50,00	9'45"/20/42,00	4	116,00
	Fabio Magni	Southern King V	49,60	10'05"/20/50,00	-	119,60
7.	**USA (USA)**		**115,60 (3)**	**234,00 (7)**		**250,00**
	Gina Miles	McKinlaigh	39,30	8'42"/0/16,80	-	56,10
	Phillip Dutton	Connaught	40,60	8'49"/0/19,60	8	68,20
	Rebecca Holder	Courageous Comet	35,70	8'55"/60/22,00	8	125,70
	Karen O'Connor	Mandiba	41,90	9'52"/40/44,80	4/1,00	131,70
	Amy Tryon	Poggio II	46,50	ausgeschieden		
8.	**Irland (IRL)**		**160,80 (10)**	**265,10 (8)**		**276,10**
	Louise Lyons	Watership Down	57,40	9'11"/0/28,40	8/1,00	94,80
	Austin O'Connor	Hobby Du Mee	52,80	9'26"/0/34,40	-	87,20
	Geoffrey Curran	Kilkishen	61,70	9'16"/0/30,40	-/2,00	94,10
	Niall Griffin	Lorgaine	50,60	9'06"/20/26,40	12	109,00
	Patricia Ryan	Fernhill Clover Mist	78,70	9'27"/0/34,80	12/1,00	126,50
9.	**Kanada (CAN)**		**153,20 (9)**	**278,00 (9)**		**321,00**
	Kyle Carter	Madison Park	63,50	8'46"/0/18,40	12/2,00	95,90
	Sandra Donnelly	Buenos Aires	60,20	9'00"/0/24,00	8	92,20
	Selena O'Hanlon	Colombo	44,10	9'32"/40/36,80	12	132,90
	Mike Winter	King Pin	48,90	10'22"/20/56,80	12/8,00	145,70
	Samantha Taylor	Livewire	70,70	10'54"/40/69,60	8	188,30
10.	**Brasilien (BRA)**		**180,30 (11)**	**295,10 (10)**		**334,10**
	Marcelo Tosi	Super Rocky	64,80	9'02"/0/24,80	-	89,60
	Andre Paro	Land Heir	59,60	9'38"/0/39,20	28/7,00	133,80
	Jeferson Moreira	Escudeiro	55,90	10'07"/0/50,80	4	110,70
	Saulo Tristao	Totsie	79,60	ausgeschieden		
11.	**Frankreich (FRA)**		**152,70 (8)**	**1135,80 (11)**		**1138,80**
	Didier Dhennin	Ismene Du Temple	42,80	8'35"/0/14,00	-/3,00	59,80
	Eric Vigeanel	Coronado Prior	53,00	9'05"/0/26,00	-	79,00
	Jean Renaud Adde	Haston D'Elpegere	56,90	ausgeschieden		1000,00
	Nicolas Touzaint	Galan De Sauvagere	zurückgezogen			

Richter: Christian Landolt (SUI), Chefrichter: Martin Plewa (GER), Richter: Marilyn Payne (USA) *Zeit/Hindernisfehler/Zeitfehler

Silbermedaille für Australien: v.l. Equipechef Rob Hanna, Shane Rose, Megan Jones, Sonja Johnson, Lucinda Fredericks, Clayton Fredericks.

Bronzemedaille für Großbritannien: v.l. Daisy Dick, Mary King, William Fox-Pitt, Kristina Cook, Sharon Hunt.

Die Goldmedaillengewinner Deutschland auf der Ehrenrunde: v.l. Peter Thomsen/The Ghost of Hamish, Andreas Dibowski/Euroridings Butts Leon, Hinrich Romeike/Marius Voigt-Logistik, Ingrid Klimke/FRH Butts Abraxxas und Frank Ostholt/Mr. Medicott.

Das Einzelfinale

> „Nach jeder Phase müsst ihr an die nächste Aufgabe denken." CHRIS BARTLE

So war es. Parcoursbesichtigung zum letzten Akt. 180 m kürzer als der Mannschaftsparcours, in Höhe und Breite der Hindernisse aber deutlich zugelegt. Nach Dressur, Gelände und Mannschaftsspringen nicht nur ein Test von Springvermögen und Rittigkeit, sondern im besonderen Maße von Kondition und Konzentration.

Die Amerikanerin Gina Miles sichert sich auf McKinlaigh mit einem Null-Fehler-Ritt die Silbermedaille.

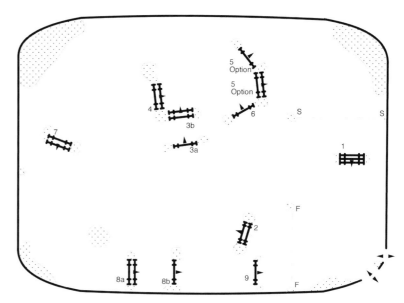

Der Neuseeländer Joe Meyer mit Snip begann mit zwei Abwürfen und vier Zeitstrafpunkten. Weiter ging es bergauf und -ab, mal mit Fehlern, nie aber mit Einbrüchen und oftmals auch mit makellosen Runden. Natürlich wartete alles auf die letzten Starter, bei denen es um Medaillen ging. Platz 1 bis 3 trennte weniger als ein Abwurf. Bis Platz 7 waren es weniger als zwei Abwürfe. Also konnte viel passieren.

Andreas Dibowski lenkte Euroridings Butts Leon sehr behutsam über alle Klippen. Dies gelang bis Sprung 6 fehlerfrei. Aber man bangte um die Zeit. Etwas frischer ging es weiter Richtung Zielgerade. Da fiel eine Stange bei Nr. 7 und auch noch eine bei 8b. Acht Strafpunkte bedeuteten Platzerhalt auf Position Nr. 8, verwehrten aber den möglichen Schritt aufs Treppchen. Bei den nächsten Reitern änderte sich dann die Rangierung. Clayton Fredericks rutschte mit einem Abwurf von Rang 6 auf 7. Der Franzose Didier Dhennin blieb fehlerfrei und arbeitete sich von 11 auf 6 nach vorne. Megan Jones aus Australien warfen vier Straf-

Parcours — Einzelwertung

Parcoursdaten

Länge des Parcours	405 m
Geschwindigkeit	375 m/min
Erlaubte Zeit	65 sec.
Hindernisse	9
Sprünge	11

Hindernis	Höhe vorne	Höhe hinten	Weite
1	0,90	1,20	1,50
2	1,25	1,25	1,35
3a	1,25		
3b	1,30	1,30	1,35
4	1,30	1,30	1,00
5 op. r	1,30	1,30	1,40
5 op. l	1,30		
6	1,30		
7	1,30	1,30	1,45
8a	1,30	1,30	1,30
8b	1,30		
9	1,30		

Durch einen Null-Fehler-Ritt von Platz sechs zur Bronzemedaille: Kristina Cook (GBR) und Miners Frolic.

Zwei Goldmedaillen in zwei Stunden: Hinrich Romeike mit Marius Voigt-Logistik.

Erster Vielseitigkeits-Einzel-Olympiasieger für Deutschland seit Ludwig Stubbendorff 1936: Hinrich Romeike.

Lieber Herr Romeike!
Sicher werden Sie sich nach Ihrem phantastischen Erfolg vor lauter Gratulationen kaum retten können. Aber Sie werden verstehen, dass dieses Ereignis für mich und meine Familie etwas ganz Besonderes ist. Immerhin ist es jetzt 72 Jahre her, dass mein Vater Ludwig (Bild u.) 1936 das letzte Mal Einzelgold mit seinem Pferd Nurmi für Deutschland gewinnen konnte. Wir haben bereits vor vier Jahren mitgezittert. Aber nun ist es endlich geschafft und wir freuen uns besonders, dass es einem so sympathischen Reiter wie Ihnen geglückt ist, den Erfolg meines Vaters zu wiederholen. Eine tolle Leistung und ein wundervolles Pferd!
Natürlich ist auch der Mannschaftssieg für uns eine riesige Freude. Ihnen allen, Ihren Pferden und den Bundestrainern (insbesondere Hans Melzer), auch dafür herzlichste Glückwünsche. Es war phantastisch anzuschauen, wie souverän die Pferde ihre schwierige Aufgabe angepackt und gelöst haben.
Für Ihre Zukunft und die Ihrer Pferde wünschen wir Ihnen alles Glück und eine gute Heimkehr.
Genießen Sie Ihren Erfolg!

Mit herzlichen Grüßen

AXEL STUBBENDORFF

punkte von Platz 3 auf 4 zurück. Endlich war dann Ingrid Klimke dran. Auf Platz 2 liegend, durfte sie sich keinen Fehler leisten, um in den Medaillen zu bleiben. Die Hoffnung währte nur sehr kurz. Schon der Oxer Nr. 2, vom Ausgang weg zu reiten, wurde zum Verhängnis. Vier Strafpunkte und am Ende noch ein Zeitfehler bedeuteten Platz 5 in der olympischen Endabrechnung. Ein kurzer Schmerz, ein Hauch von Traurigkeit. Dann aber stolz auf das Geleistete und Daumen drücken für den letzten Starter.

Hinrich Romeike war gewarnt. Ein Abwurf bedeutete abrutschen von Platz 1 auf 3, zusätzliche Zeitüberschreitung den Abschied von Medaillenrängen. **Marius Voigt-Logistik** ist nicht ganz unbescholten im Parcours. Schon manches Mal fiel eine Stange. Wie soll das gehen, zu ungewohnter Stunde, kurz vor Mitternacht bei dem Erwartungsdruck? Es ging! Von Sprung zu Sprung kraftvoll galoppierend, alle Stangen unberührt lassend, dann auf der letzten Geraden die Kombination 8a, 8b, noch immer liegen alle Stangen in der Auflage; dann bei schwieriger Distanz zum letzten Steilsprung Nr. 9, der schon so oft gefallen ist. Marius Voigt-Logistik gibt sich auch hier alle Mühe und bleibt fehlerfrei. Der Reiter kann es gar nicht fassen. Wirklich nichts passiert? Ein Blick zur Anzeigetafel: Da muss doch noch ein Zeitfehler kommen? Doch was dort steht ist null Fehler in der Zeit. Olympiasieger, zweimal in zwei Stunden. Unglaublich, aber wahr.

Zwei Wochen später, vor laufender Fernsehkamera, bekannte Hinrich Romeike: „Mannschaftsgold, das wollten wir unbedingt erreichen. Und wir haben es geschafft. Aber Einzelgold, das ist einfach so passiert. Ich kann es heute noch nicht glauben."

Silber in der Einzelwertung für Gina Miles (USA), Goldjunge Hinrich Romeike und die Bronzemedaillengewinnerin Kristina Cook (GBR).

Vielseitigkeit Einzel — Endergebnis nach Dressur, Geländeritt und Springen

	Reiter	Nation	Pferd	Dressur	(Rk)	nach Gelände	(Rk)	Sprin-gen	nach Springen	(Rk)	Springen Finale	Total
1	Hinrich Romeike	GER	Marius	37,40	(7)	50,20	(1)	4	54,20	(1)	-	54,20
2	Gina Miles	USA	McKinlaigh	39,30	(10)	56,10	(5)	-	56,10	(4)	-	56,10
3	Kristina Cook	GBR	Miners Frolic	40,20	(13)	57,40	(10)	-	57,40	(6)	-	57,40
4	Megan Jones	AUS	Irish Jester	35,40	(4)	51,00	(3)	4	55,00	(3)	4	59,00
5	Ingrid Klimke	GER	Abraxxas	33,50	(3)	50,70	(2)	4	54,70	(2)	4/1,00	59,70
6	Didier Dhennin	FRA	Ismene Du Temple	42,80	(17)	56,80	(7)	3	59,80	(11)	-	59,80
7	Clayton Fredericks	AUS	Ben Along Time	37,00	(6)	53,40	(4)	4	57,40	(6)	4	61,40
8	Andreas Dibowski	GER	Butts Leon	39,60	(11)	57,20	(8)	-	57,20	(5)	8	65,20
9	Karin Donckers	BEL	Gazelle De La Brasserie	31,70	(2)	57,30	(9)	4	61,30	(12)	4	65,30
10	Sonja Johnson	AUS	Ringwould Jaguar	45,20	(23)	58,80	(13)	-	58,80	(9)	8	66,80
11	Mary King	GBR	Call Again Cavalier	38,10	(9)	56,10	(5)	8	64,10	(13)	4	68,10
12	William Fox-Pitt	GBR	Parkmore Ed	50,20	(34)	60,20	(14)	4	64,20	(14)	4	68,20
13	Linda Algotsson	SWE	Stand by Me	41,50	(15)	64,30	(18)	-	64,30	(15)	4	68,30
14	Caroline Powell	NZL	Lenamore	48,00	(26)	69,20	(26)	4	73,20	(20)	-	73,20
15	Tim Lips	NED	Oncarlos	52,60	(41)	75,00	(28)	-	75,00	(21)	-	75,00
16	Vittoria Panizzon	ITA	Rock Model	50,60	(35)	69,00	(25)	-	69,00	(17)	8	77,00
17	Mark Todd	NZL	Gandalf	49,40	(30)	76,60	(29)	1	77,60	(22)	-	77,60
18	Katrin Norling	SWE	Pandora	52,00	(38)	68,00	(22)	5	73,00	(19)	8	81,00
19	Pawel Spisak	POL	Weriusz	48,70	(27)	82,70	(33)	-	82,70	(25)	-	82,70
20	Eric Vigeanel	FRA	Coronado Prior	53,00	(44)	79,00	(30)	-	79,00	(23)	4	83,00
21	Austin O'Connor	IRL	Hobby Du Mee	52,80	(42)	87,20	(36)	-	87,20	(27)	-	87,20
22	Marcelo Tosi	BRA	Super Rocky	64,80	(63)	89,60	(37)	-	89,60	(28)	-	89,60
23	Susanna Bordone	ITA	Ava	37,80	(8)	66,60	(21)	20	86,60	(26)	8/6,00	100,60
24	Joe Meyer	NZL	Snip	43,90	(19)	65,10	(19)	25	90,10	(29)	8/4,00	102,10
25	Frank Ostholt	GER	Mr. Medicott	44,60	(21)	57,80	(12)	-	57,80	(8)		
26	Lucinda Fredericks	AUS	Headley Britannia	30,40	(1)	57,60	(11)	2	59,60	(10)		
27	Shane Rose	AUS	All Luck	53,30	(46)	62,50	(16)	8	70,50	(18)		
28	Daisy Dick	GBR	Spring Along	51,70	(37)	68,90	(24)	11	79,90	(24)		
29	Roberto Rotatori	ITA	Irham de Viages	40,00	(12)	62,80	(17)	28	90,80	(30)		
30	Sandra Donnelly	CAN	Buenos Aires	60,20	(58)	84,20	(34)	8	92,20	(31)		
31	Dag Albert	SWE	Tubber Rebel	65,60	(65)	93,20	(40)	-	93,20	(32)		
32	Geoffrey Curran	IRL	Kilkishen	61,70	(59)	92,10	(39)	2	94,10	(33)		
33	Louise Lyons	IRL	Watership Down	57,40	(55)	85,80	(35)	9	94,80	(34)		
34	Sharon Hunt	GBR	Tankers Town	43,50	(18)	91,10	(38)	4	95,10	(35)		
35	Kyle Carter	CAN	Madison Park	63,50	(61)	81,90	(32)	14	95,90	(36)		
36	Tiziana Realini	SUI	Gamour	48,90	(28)	81,70	(31)	16	97,70	(37)		
37	Peter Thomsen	GER	The Ghost of Hamish	53,30	(46)	98,90	(44)	4	102,90	(38)		
38	Niall Griffin	IRL	Lorgaine	50,60	(35)	97,00	(41)	12	109,00	(39)		
39	Jeferson Moreira	BRA	Escudeiro	55,90	(51)	106,70	(45)	4	110,70	(40)		
40	Stefano Brecciaroli	ITA	Cappa Hill	50,00	(33)	112,00	(46)	4	116,00	(41)		
41	Fabio Magni	ITA	Southern King V	49,60	(31)	119,60	(50)	-	119,60	(42)		
42	Rebecca Holder	USA	Courageous Comet	35,70	(5)	117,70	(48)	8	125,70	(43)		
43	Patricia Ryan	IRL	Fernhill Clover Mist	78,70	(68)	113,50	(47)	13	126,50	(44)		
44	Karen O'Connor	USA	Mandiba	41,90	(16)	126,70	(54)	5	131,70	(45)		
45	Selena O'Hanlon	CAN	Colombo	44,10	(20)	120,90	(51)	12	132,90	(46)		
46	Joris van Springel	BEL	Bold Action	52,00	(38)	118,40	(49)	15	133,40	(47)		
47	Andre Paro	BRA	Land Heir	59,60	(57)	98,80	(43)	35	133,80	(48)		
48	Valery Martyshev	RUS	Kinzhal	64,40	(62)	124,80	(52)	12	136,80	(49)		
49	Yoshiaki Oiwa	JPN	Gorgeous George	52,40	(40)	128,80	(55)	8	136,80	(49)		
50	Heelan Tompkins	NZL	Sugoi	55,60	(49)	130,80	(56)	8	138,80	(51)		
51	Mike Winter	CAN	King Pin	48,90	(28)	125,70	(53)	20	145,70	(52)		
52	Artur Spolowicz	POL	Wag	57,00	(54)	131,40	(57)	23	154,40	(53)		
53	Viachaslau Poita	BLR	Energiya	59,10	(56)	134,70	(58)	31	165,70	(54)		
54	Alena Tseliapushkina	BLR	Passat	77,40	(67)	137,00	(59)	30	167,00	(55)		
55	Samantha Taylor	CAN	Livewire	70,70	(66)	180,30	(60)	8	188,30	(56)		

15 Reiter sind ausgeschieden/haben zurückgezogen:

Samantha Albert/JAM, Peter Flarup/DEN, Viktoria Carlerback/SWE, Magnus Gallerdal/SWE, Amy Tryon/USA, Igor Atrohov/RUS, Jaroslav Hatla/CZE, Sergio Iturriaga/CHI, Alex Hua Tian/CHN, Andrew Nicholson/NZ, Saulo Tristao/BRA, Jean Renaud Adde/FRA, Harald Ambros/AUT, Nicolas Touzaint/FRA, Phillip Dutton/USA

Richter H: Christian Landolt (SUI), Chefrichter C: Martin Plewa (GER), Richter M: Marilyn Payne (USA)

Chris Bartle: „Wir sind bereit. Die Pferde sind topfit und gut vorbereitet. Ihr seid es auch."

Das gehört zur Philosophie unseres Trainergespannes. Hans Melzer, Chris Bartle und Rüdiger Schwarz (rechts v.l.) begannen vor acht Jahren eine Revolution. Sie haben sie mit Akribie, Beharrlichkeit und Optimismus durchgesetzt. Vielen Faktoren haben sie ganz neue Richtungen gegeben. Athen war der erste, große Erfolg und zugleich der größte Rückschlag. Zwei Goldmedaillen gewinnen und verlieren will verkraftet werden. Zwei Jahre später, bei der Weltmeisterschaft in Aachen, gelang die Bestätigung. Die deutschen Vielseitigkeitsreiter sind Weltspitze. Dass nun, nach weiteren zwei Jahren, eine solche Punktlandung gelang und wieder beide Goldmedaillen an Deutschland gingen, wirkt wie ein Wunder. Das ist es aber nicht. Diese Trainer sähten harte Arbeit, strategische Planung, Selbstbewusstsein und Begeisterung. Und Deutschland erntete zwei Goldmedaillen.

Und Hinrich Romeike? Im Kreise hartgesottener Profis ist der Zahnarzt-Olympiasieger ein erstaunliches Unikat. Mit seinem Schimmel bildet er ein Paar, das eigens für Championate geschaffen scheint. Die Erlebnisse von Athen haben Hinrich Romeike nicht nur schwer belastet. Er zweifelte am olympischen Geist und an der Gerechtigkeit. Er war Kämpfer und Sprachrohr nicht nur für sich und seine Mannschaft, sondern für eine aufgerüttelte Öffentlichkeit, die olympische Leistungen und Grüne-Tisch-Entscheidungen nicht in Einklang bringen konnte.

Dieser Amateur und Aufbegehrer steht nun an der Spitze der Vielseitigkeitswelt. Im Verbund mit seiner grandiosen Mannschaft und als Unikat. Wenn das nicht olympisch ist!

Susanne Romeike (li.) und Pflegerin Svantje von Alwörn

Gemeinsame Freude über das erste Vielseitigkeits-Doppelgold seit 1936: v.l. Dr. Michael Vesper, Dr. Ina Gösmeier, Hans Melzer, Michael Spethmann, Peter Thomsen, Dr. Gaby Bussmann, Georg-Otto Heyser, Ingrid Klimke, Hinrich Romeike, Rüdiger Schwarz, Frank Ostholt, Reinhard Wendt, Breido Graf zu Rantzau, Chris Bartle, Dieter Hoffmann, Felix Engemann, Dennis Peiler, Dr. Manfred Giensch.

Sylvia Sánchez • Holger Schmezer

Dressur

Das Hong Kong Equestrian Venue, die olympische Reitanlage im Hongkonger Stadtviertel Sha Tin, erstaunte in vielerlei Hinsicht.

Das Panorama war die Skyline von Hongkong, denn Sha Tin zeichnet sich durch eine Aneinanderreihung von Wohnhochhäusern aus. „Das Training und die Wettbewerbe waren ja wegen der Hitze meist abends, dann sahen die beleuchteten Fenster in den Hochhäusern aus wie ein Adventskalender", beschrieb Holger Schmezer, Bundestrainer der Dressurreiter, diese völlig andere Kulisse.

Die deutsche Mannschaft

Reiter	Alter	Pferd Pfleger	Alter	Zuchtgebiet	Züchter Besitzer
Nadine Capellmann	43	Elvis VA Sabine Demhöfer	12	Hannover	Christian Pfeil Nadine Capellmann
Heike Kemmer	46	Bonaparte Doreen Suda	15	Hannover	Monika Jacob-Goldeck Heike Kemmer
Isabell Werth	39	Satchmo Anna Kleniuk	14	Hannover	Albert Kampert Madeleine Winter-Schulze
Reservepaar Monica Theodorescu	45	Whisper Raphaela Beckerat	10	Baden-Württemberg	Karl Hanebutt Ann-Kathrin Linsenhoff

Equipechef	Bundestrainer	Tierarzt	Hufschmied
Martin Richenhagen	Holger Schmezer	Dr. Björn Nolting	Dieter Kröhnert

Grand Prix

Endlich ging es los, zwei Wochen waren Reiter und Pferde schon in Hongkong, um sich an die schwül-heißen Bedingungen zu gewöhnen. Der Grand Prix eröffnete den Medaillenregen für die deutschen Amazonen.

Heike Kemmer und Nadine Capellmann hatten in der Vorbereitung zu den Olympischen Spielen noch einmal richtig in die Hände spucken müssen, nachdem es bei der Generalprobe in Aachen eher durchwachsen gelaufen war. Das Extra-Training zahlte sich aber goldwert aus.

Während Sjef Jansen, Nationaltrainer des Erzrivalen Niederlande, das vermeintlich schwächste Paar zuerst ins Rennen schickte, musste **Heike Kemmer** vorlegen. Sie sollte ein Zeichen setzen, die Stärke des deutschen Teams gleich zu Beginn klarstellen.

Bonaparte verkörperte im Grand Prix das Dressurpferd, wie es im Buche steht: locker, elastisch, sich immer durch den Körper bewegend, egal ob in Verstärkung oder dem höchsten Grad der Versammlung. Heike Kemmer wusste diese Prachtform ihres Bonni, den sie seit Fohlenbeinen im Stall stehen hat, zu nutzen und brillant vorzustellen. So gelang dem Paar ein auf den Punkt und mit viel Frische und Mut präsentierter Grand Prix, der eine satte Vorlage für die Mannschaftskameradinnen wurde.

Heike Kemmer und Bonaparte legten vor – und zwar spitzenmäßig.

Internationale Dressuraufgabe der FEI

Grand Prix – Version „B", 2003

Viereck 20 x 60 m – Dauer: etwa 5 Minuten, 40 Sekunden

			Koeffizient
1.	A	Einreiten im versammelten Galopp.	
	X	Halten. Grüßen.	
		Im versammelten Tempo antraben.	
2.	C	Rechte Hand.	
	M-X-K	Im starken Trab durch die ganze Bahn wechseln.	
	K-A-F	Versammelter Trab.	
3.	F-E	Nach links traversieren.	2
4.	E-M	Nach rechts traversieren.	2
	M-C-H	Versammelter Trab.	
5.	H-P	Im starken Trab durch die Bahn wechseln.	
6.	P-F-D	Passage.	
7.	D	Piaffe, 12 bis 15 Tritte.	
8.	D	Übergang zur Passage.	
		Übergänge von der Passage zur Piaffe und von der Piaffe zur Passage.	
9.	D-K-V	Passage.	
10.	V-M	Im starken Schritt durch die Bahn wechseln.	2
11.	M-C-H	Versammelter Schritt.	2
12.	H	Übergang zur Passage.	
		Übergang vom versammelten Schritt zur Passage.	
13.	H-S-I	Passage.	
14.	I	Piaffe, 12 bis 15 Tritte.	
15.	I	Übergang zur Passage.	
		Übergänge von der Passage zur Piaffe und von der Piaffe zur Passage.	
16.	I-R-B	Passage.	
17.	B-F-A	Versammelter Galopp.	
18.	A	Auf die Mittellinie abwenden.	
	Zwischen D und G	5 Traversalverschiebungen beiderseits der Mittellinie mit fliegendem Galoppwechsel bei jedem Richtungswechsel zu 3–6–6–6–3 Sprüngen, rechts beginnen und rechts beenden.	2
	G	Fliegender Galoppwechsel.	
	C	Linke Hand.	
			Koeffizient
19.	H-X-F	Im starken Galopp durch die ganze Bahn wechseln.	
20.	F	Versammelter Galopp und fliegender Galoppwechsel.	
	F-A-K	Versammelter Galopp.	
21.	K-X-M	Auf der Wechsellinie 9 fliegende Galoppwechsel zu 2 Sprüngen.	
	M-C-H	Versammelter Galopp.	
22.	H-X-F	Auf der Wechsellinie 15 fliegende Galoppwechsel von Sprung zu Sprung.	2
	F-A	Versammelter Galopp.	
23.	A	Auf die Mittellinie abwenden.	
	L	Ganze Pirouette rechts.	2
24.	X	Fliegender Galoppwechsel.	
25.	I	Ganze Pirouette links.	2
	C	Linke Hand.	
26.	H	Übergang zum versammelten Trab.	
	H-S	Versammelter Trab.	
27.	S-F	Im starken Trab durch die Bahn wechseln.	
	F-A	Versammelter Trab.	
28.	A	Auf die Mittellinie abwenden.	
	D-X	Passage.	
29.	X	Piaffe, 12 bis 15 Tritte.	
30.	X	Übergang zur Passage.	
		Die Übergänge von der Passage zur Piaffe und von der Piaffe zur Passage.	
31.	X-G	Passage.	
32.	G	Halten. Grüßen.	

Gesamtnoten:

33.	Reinheit der Gänge, Ungebundenheit und Regelmäßigkeit.	2
34.	Schwung (Frische, Elastizität der Bewegungen, Rückentätigkeit und Engagement der Hinterhand).	2
35.	Gehorsam und Durchlässigkeit des Pferdes (Aufmerksamkeit und Vertrauen, Harmonie, Losgelassenheit, Maultätigkeit, Anlehnung und relative Aufrichtung).	2
36.	Sitz und Einwirkung des Reiters, Korrektheit in der Anwendung der Hilfen.	2

Abzüge für Verreiten und Auslassungen siehe **Seite 5!**
Zu erreichende Punktsumme: 480 = 100%

Nadine Capellmann und Elvis punkteten vor allem in der Passage und in einer überaus sicheren Galopptour. Der ganggewaltige Espri-Sohn glich nach Taktfehlern in der ersten Trabverstärkung eben diesen Fehler durch weitere mit Achten versehenen Verstärkungen aus.

Kemmer und Capellmann hatten so vorgearbeitet, dass für Isabell Werth machbare 72,562 % für einen Gleichstand mit den Niederländern zu holen waren. Der zierliche Sao Paolo-Sohn Satchmo hatte in der laufenden Saison fulminante Siege gefeiert, so zum

Beispiel einen Durchmarsch beim CDIO in Aachen, wo er keine goldene Schleife ausließ. Doch bedeuteten diese Triumphe in Hongkong wenig, denn der direkte Wettkampf zwischen Isabell Werth und Anky van Grunsven mit Salinero war seit der Europameisterschaft

Eine sichere Runde von Nadine Capellmann und Elvis mit Höhepunkten in Passage und Trabverstärkung untermauerte den Goldkurs der deutschen Dressurequipe.

2007 in Turin nicht erneut ausgetragen worden. Die Grand Prix-Aufgabe fängt für Satchmo mit seinen Paradelektionen an: Trabtraversalen, die schlicht nicht besser kreuzen könnten und für die Richter auch in Sha Tin Zehnen zückten. Die Galopptour wirkte leicht und sicher, mit Höhepunkten in den Pirouetten. 76,417 % machten den erneuten deutschen Olympiasieg mit Abstand klar.

Topfit, aber als Ersatzpaar nicht zum Zuge gekommen, waren **Monica Theodorescu** und **Whisper**. „Sie hat voll trainiert und die beiden waren wirklich gut drauf, Monica hätte noch bis zwei Stunden vor dem Grand Prix ohne Probleme einspringen können", bescheinigte Bundestrainer Holger Schmezer.

Vielleicht hatte Anky van Grunsven schon geahnt, dass die Deutschen diesmal wohl nicht zu schlagen waren. Ihr Grand Prix mit Salinero war eine vorsichtige, eher gebremste Vorstellung. Doch der Rappe zeigte keine Fehler außer einer nicht vorhandenen Schlussaufstellung. Oft hatten Fachleute an ihm den Schritt und die mit hoher Kruppe gesprungenen Wechsel bemängelt, doch davon war in dieser ersten Teilprüfung nichts zu sehen, nach den Einerwechseln gab es sogar ein deutliches Lob von Anky. Sicher hätte man auch von ihren Teamkollegen Imke Schellekens-Bartels mit Sunrise und Hans Peter Minderhoud mit Nadine etwas mehr erwartet, blieben sie mit ihren Ergebnissen knapp über und knapp unter 70 %, in diesen Tagen nicht genug für Gold.

Nadine Capellmann, Heike Kemmer und Isabell Werth (v.l.): das Gold-Trio von Sha Tin.

Waren allzeit bereit: Monica Theodorescu und Whisper.

Während auf Gold und Silber gewohnte Nationen standen, traten auf den Bronzerang zum ersten Mal die Dänen.

Grand Prix — Mannschaftswertung

Nation/Reiter	Pferd	E	H	C	M	B	Total
1. Deutschland (GER)							**72,917**
Heike Kemmer	Bonaparte	72,083 (3)	71,250 (5)	72,708 (3)	72,708 (3)	72,500 (3)	72,250
Nadine Capellmann	Elvis VA	69,375 (10)	69,375 (9)	69,375 (10)	71,458 (7)	70,833 (8)	70,083
Isabell Werth	Satchmo	75,625 (1)	76,667 (1)	75,000 (1)	77,083 (1)	77,708 (1)	76,417
2. Niederlande (NED)							**71,750**
Hans Peter Minderhoud	Nadine	69,167 (11)	67,500 (17)	70,625 (7)	69,583 (11)	71,250 (6)	69,625
Imke Schellekens-Bartels	Sunrise	71,250 (6)	71,875 (4)	71,875 (4)	68,333 (18)	71,042 (7)	70,875
Anky van Grunsven	Salinero	73,125 (2)	74,792 (2)	75,000 (1)	73,542 (2)	77,292 (2)	74,750
3. Dänemark (DEN)							**68,875**
Anne van Olst	Clearwater	67,292 (14)	67,708 (16)	65,625 (21)	70,000 (10)	66,250 (24)	67,375
Nathalie zu Sayn-Wittgenstein	Digby	69,792 (9)	70,625 (7)	69,792 (9)	71,875 (5)	70,000 (10)	70,417
Andreas Helgstrand	Don Schufro	68,333 (12)	68,542 (13)	68,333 (15)	68,958 (14)	70,000 (10)	68,833
4. USA							**67,819**
Courtney King*	Mythilus	70,208 (8)	72,083 (3)	69,375 (10)	68,750 (16)	71,875 (4)	70,458
Debbie McDonald	Brentina	61,875 (36)	62,292 (36)	61,667 (35)	62,917 (33)	66,250 (24)	63,000
Steffen Peters	Ravel	70,417 (7)	67,292 (19)	70,208 (8)	70,417 (9)	71,667 (5)	70,000
5. Schweden (SWE)							**67,347**
Patrik Kittel	Floresco	66,042 (19)	66,875 (20)	65,208 (23)	69,375 (13)	68,125 (16)	67,125
Tinne Silfven	Solos Carex	65,208 (23)	66,042 (25)	66,042 (19)	66,458 (23)	66,458 (22)	66,042
Jan Brink	Briar	68,125 (13)	70,208 (8)	67,917 (16)	68,333 (18)	69,792 (12)	68,875
6. Großbritannien (GBR)							**66,806**
Jane Gregory	Lucky Star	62,083 (34)	62,500 (35)	63,750 (28)	63,542 (28)	65,000 (31)	63,375
Emma Hindle	Lancet	71,458 (4)	71,250 (5)	71,875 (4)	71,875 (5)	69,167 (14)	71,125
Laura Bechtolsheimer	Mistral Hojris	63,750 (29)	66,250 (24)	66,667 (18)	66,250 (24)	66,667 (21)	65,917
7. Frankreich (FRA)							**65,403**
Marc Boblet	Whitini Star	65,625 (21)	66,458 (23)	64,375 (26)	66,875 (21)	67,292 (19)	66,125
Julia Chevanne	Calimucho	63,750 (29)	62,083 (39)	62,083 (34)	62,917 (33)	65,417 (30)	63,250
Hubert Perring	Diabolo St Maurice	66,250 (18)	68,125 (15)	65,833 (20)	66,875 (21)	67,083 (20)	66,833
8. Australien (AUS)							**64,625**
Heath Ryan	Greenoaks Dundee	61,458 (38)	63,750 (30)	60,833 (38)	63,958 (26)	62,708 (36)	62,542
Hayley Beresford	Relampago	64,583 (25)	65,625 (27)	63,958 (27)	67,500 (20)	66,250 (24)	65,583
Kristy Oatley	Quando Quando	64,167 (27)	67,500 (17)	65,208 (23)	65,833 (25)	66,042 (28)	65,750
9. Kanada (CAN)							**63,514**
Leslie Reid	Orion	59,167 (43)	61,458 (40)	57,708 (43)	58,125 (45)	62,292 (39)	59,750
Jacqueline Brooks	Gran Gesto	63,542 (31)	63,333 (31)	63,333 (30)	62,500 (35)	66,042 (28)	63,750
Ashley Holzer	Pop Art	66,042 (19)	68,958 (12)	68,750 (13)	63,542 (28)	67,917 (17)	67,042
10. Japan (JPN)							**60,653**
Yuko Kitai	Rambo	58,750 (45)	58,750 (45)	57,500 (44)	61,042 (38)	60,208 (45)	59,250
Mieko Yagi	Dow Jones	59,375 (42)	62,292 (36)	57,083 (45)	59,792 (44)	62,292 (39)	60,167
Hiroshi Hoketsu	Whisper	62,500 (32)	63,333 (31)	63,750 (28)	60,208 (43)	62,917 (35)	62,542
Portugal (POR)	**ausgeschieden**						
Daniel Pinto	Galopin De La Font	62,292 (33)	64,375 (29)	62,292 (32)	62,083 (36)	64,375 (33)	63,083
Carlos Pinto	Notavel	61,042 (39)	61,458 (40)	61,042 (37)	63,542 (28)	61,458 (42)	61,708
Miguel Ralao Duarte	Oxalis	zurückgezogen					

Richter: (E) Barnabas Mandi/HUN, (H)Leif Tornblad/DEN, (C) Ghislain Fourage/NED (Chefrichter), (M) Gotthilf Riexinger/GER, (B) Gary Rockwell/USA

* Das Pferd der Reiterin wurde positiv getestet, die Reiterin suspendiert. Bei Drucklegung lief das Verfahren bei der FEI noch.

Schon im Vorfeld hatte Bundestrainer Holger Schmezer angemerkt, dass der Bronzerang wohl zwischen den USA und Dänemark vergeben werde. Es wurde ein spannender Wettstreit, fast spannender und wesentlich enger entschieden, als die ersten beiden Plätze auf dem Treppchen. Dabei haben diese beiden Nationen etwas gemeinsam: Seit Jahren arbeiten sie mit renommierten Nationaltrainern aus Deutschland zusammen: keine geringeren als Klaus Balkenhol und Rudolph Zeilinger.

Deutlich war die Handschrift des Klaus Balkenhol bei den amerikanischen Reitern zu sehen, die mit sehr korrekten, reellen Ritten und toll sitzenden Reitern in Sha Tin auftraten. Auch wenn angemerkt werden muss, dass Brentina unter Debbie McDonald nicht an ihre Glanzzeiten anknüpfen konnte, zu gut im Futter und zum Schluss der Prüfung etwas kraftlos schien die 17-jährige Stute doch etwas mit ihrer Kondition und den sehr warmen Bedingungen zu kämpfen. Der gebürtige Deutsche Steffen

Peters musste sich im Grand Prix noch mit Gesamtrang zehn und der zweitbesten Leistung im Team zufrieden geben, sollte aber später den Kampf um die Einzelmedaillen nochmal spannend machen. Bestes US-Paar im Grand Prix war Courtney King auf dem schicken Ferro-Nachkommen Mythilus, der am Folgetag auch noch im Special überzeugen wollte. Zum Schluss fehlten den Amerikanern 1,056 % für Bronze.

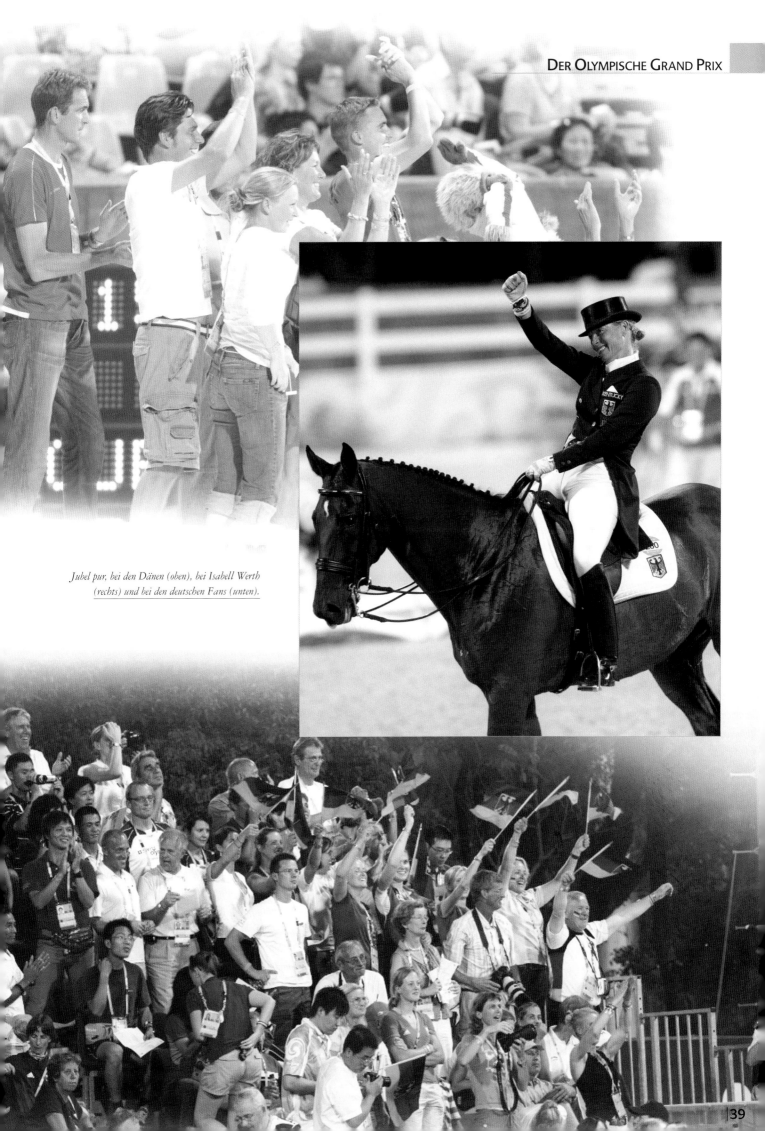

Jubel pur, bei den Dänen (oben), bei Isabell Werth (rechts) und bei den deutschen Fans (unten).

Nathalie zu Sayn-Wittgenstein und Digby sind immer für eine fehlerfreie Vorstellung gut.

Es war eine Premiere, aber keine Überraschung: Andreas Helgstrand und **Nathalie zu Sayn-Wittgenstein** sind schon seit Jahren etabliert im internationalen Viereck und auch die Dritte im Bunde, Anne van Olst, war nicht zuletzt vor vier Jahren in Athen schon bei Olympischen Spielen dabei. Van Olst hatte 2008 auch auf den Turnieren in Hagen, Wiesbaden und Aachen vor allem schwungvolle Vorstellungen mit Clearwater gezeigt. Es war eine sehr homogene Mannschaftsleistung der Dänen mit lediglich 3,042 % Differenz zwischen dem besten und schwächsten Ergebnis. Zum Vergleich, bei den Deutschen waren es 6,334 %, bei den Niederländern 5,125 %, bei den Amerikanern sogar 7,458 %.

Nathalie zu Sayn-Wittgensteins **Digby** hatte sich besonders im letzten Jahr zu einem überaus sicheren Pferd in der Königsklasse entwickelt. Der 11-jährige Donnerhall-Sohn startete in der olympischen Saison bereits im Weltcup-Finale, war erfolgreich in Hagen und Wiesbaden, zeigte sichere Runden in Aachen und wurde berechtigt zur ersten Wahl im Stall der Prinzessin — vielleicht nicht das gangstärkste Pferd, aber überaus lektionssicher und durchlässig. In Sha Tin zeigte er eine taktreine und präzise Piaffe-Passage-Tour und auch in den Pirouetten erreichte er mehrmals die Note acht. Insgesamt eine sehr harmonische und routinierte Runde, in der Endabrechnung der achtbeste Grand Prix der Olympischen Spiele in Hongkong. Fast dieselben Attribute vereinte der zweite Donnerhall-Sohn im dänischen Team **Don Schufro** unter **Andreas Helgstrand**. Den Deckhengst hatten die Richter schon mit leichtfüßigeren Vorstellungen gesehen, dennoch zeigte sich der Hengst ausdrucksstark und routiniert.

Unbedingt muss die tolle Präsentation von **Lancet** unter **Emma Hindle** erwähnt werden. Die in Deutschland lebende Britin, die bereits in Athen mit dem Hengst Wie Weltmeyer Olympialuft schnupperte, zeigte den viertbesten Grand Prix. „Lancet war sehr gut drauf. Er wird ja gerne ein bisschen heiß, aber hier war er sehr schön im Hals, locker und schön ruhig", lobte auch Bundestrainer Holger Schmezer.

Trotz vieler guten Runden war das Niveau des Grand Prix insgesamt eher schlecht. Die Olympianorm hatte bei 64 % gelegen, im olympischen Grand Prix erfüllten gerademal 28 von 46 benoteten Paaren diese Vorgabe, fast 40 % des Starterfeldes erreichte die Norm also nicht. Ob dieses dem Sport gut tut, wurde auch von Offiziellen heiß diskutiert. Ob diese jedoch Einfluss auf Qualifikationen für die Olympischen Spiele in London 2012 haben wird, bleibt abzuwarten.

Zurück nach Hongkong: Die Mannschaftsmedaille war vergeben, die Punkte aus dieser Teilprüfung zählten nur für die Mannschaft, allerdings entschied die Einzelrangierung im Grand Prix, denn nur die besten 25 durften im Special starten und ab dann ging es um die Einzelmedaillen.

Don Schufro unter Andreas Helgstrand in seiner Paradelektion – der Passage.

Er ist nicht nur ausgesprochen schön, er kann auch richtig was.
Der viertbeste Grand Prix gelang Emma Hindle mit Lancet.

Teamgeist bei den Individualisten

Dressurreiter gelten oft als Eigenbrödler und Einzelgänger. Dass dem ganz und gar nicht so sein muss, zeigten die Olympischen Spiele in Hongkong, denn in einem waren sich alle einig: So einen Mannschaftsgeist hat es noch nie gegeben. Alle zogen an einem Strang: „Ich muss ein großes Lob an das Team und die Heimtrainer aussprechen. Leonie Bramall, Jonny Hilberath und Wolfram Wittig haben immer auch für das Team gearbeitet und nicht nur auf ihre eigenen Reiter geguckt. Vor allem in der ersten Woche, in der es ja noch Probleme mit den Akkreditierungen für die Ersatzreiter gab, sind wir jeden Abend miteinander essen gegangen. Die Pfleger haben sich untereinander geholfen, es war ein Team, bis zum Schluss. Der Zusammenhalt war hier wirklich ausgesprochen gut", schwärmte Holger Schmezer im Anschluss an die Spiele.

Neue Gesichter im olympischen Viereck

Sicherlich mit die meiste Aufmerksamkeit im Vorfeld hatte einer bekommen, der nicht zum ersten Mal bei Olympia dabei war. Vor 44 Jahren war **Hiroshi Hoketsu** bei den Olympischen Spielen in Tokio in und für sein Heimatland Japan gestartet, damals im Springsattel und im jugendlichen Alter von 23 Jahren. Knapp zwanzig Jahre später stieg er in den Dressursattel um. Nach seiner Pensionierung 2003 widmete er sich voll und ganz dem Dressursport, zog sogar nach Deutschland, um mit Ton de Ridder in Aachen intensiv trainieren zu können. Mit der Wolkenstein II-Tochter **Whisper** schaffte er die Qualifikation für Hongkong, wo der 67-Jährige als ältester Teilnehmer dieser Olympischen Spiele antrat. Auch wenn die beiden über den Grand Prix nicht hinauskamen, lieferten sie ein schönes Gesamtbild: diese junge, bewegungsstarke, etwas heiße Stute mit dem zierlichen, sehr fein einwirkenden und herrlich geschmeidig sitzenden Reiter. Besonders die Passage beeindruckte taktsicher, gut abgesetzt und ausdrucksstark. Die 11-Jährige zeigte sich leider ängstlich in dem Stadion, ergriff in der Schritttour die Flucht und hatte unnötige Wechselfehler. So verpasste das Paar den Einzug in den Special. Schade, davon hätten wir gerne mehr gesehen.

Whisper und der 67-jährige Hiroshi Hoketsu waren eine Augenweide.

Vincent und Bernadette Pujals überzeugten nach der WM auch bei Olympia.

Michal Rapcewicz auf Randon – neuer Name mit tollen Leistungen.

Unbekannt ist sie nicht, spätestens seit der WM in Aachen 2006 kennt die Fachwelt **Bernadette Pujals** und ihren Weltmeyer-Sohn **Vincent**, diesen mächtigen Fuchs mit seiner zierlichen Reiterin aus dem alles andere als für Dressurstärke bekannten Mexiko. Damals schloss sie das Championat in Special und Kür jeweils mit Platz zehn ab. Aber es war die

erste Teilnahme an Olympischen Spielen für die Mexikanerin, die als Einzelreiterin in Hongkong am Start war. Auch in Sha Tin überzeugte der symphatische Hengst mit Dynamik, Kraft und Schwung. Sichere Wechseltouren, geschmeidige Übergänge und gesetzte Pirouetten waren die Höhepunkte eines erneut starken Auftritts von Vincent und Pujals, die mit Jonny Hilberath trainiert. Den Grand Prix schloss das Paar auf Platz zwölf ab. Im Special konnte sich die Südamerikanerin sogar auf Platz sechs verbessern. Die schnellere Abfolge der Lektionen kam diesem sehr durchlässigen und lektionsstarken Hengst offensichtlich entgegen, um kräftig Punkte zu sammeln und sich so für die abschließende Kür zu qualifizieren. Ein paar Abstimmungsfehler und eine vielleicht etwas übermotivierte Reiterin ließen die dritte Vorstellung manchmal von der Musik abweichen, doch auch am letzten Tag beeindruckte der Hengst durch Ausdruck, Kraft, sichere Lektionen und eine überragende Galopptour. Insgesamt ein überzeugender erster Olympia-Auftritt der Mexikanerin.

So richtig neu war dann doch der Name **Michal Rapcewicz** auf **Randon** aus Polen. Das Paar zeigte vor allem eine schön abgesetzte und ausbalancierte Passage-Tour, taktreine und schön auf der Stelle getragene Piaffe, einen guten und gelassenen Schritt. Allerdings schlichen sich im Special Fehler in der Galopptour ein, für die Kür reichte es somit nicht mehr. Rapcewicz lebt zwar in Polen, doch das Training absolvierte er mit dem in den Niederlanden lebenden Belgier Peter Spahn, der u.a. für seine Auftritte bis Grand Prix-Niveau mit Friesen bekannt ist. Eine erfolgreiche Kombination, so war Rapcewicz 2008 auch für das Weltcup-Finale in s'Hertogenbosch qualifiziert.

In Deutschland vielleicht ein wenig bekannter ist die Australierin **Hayley Beresford**. Als „working student" kam sie in den Stall von Isabell Werth, wo sie nun als Bereiterin arbeitet. Mit dem eleganten Hengst **Relampago do Retiro** hat die 30-Jährige das internationale Viereck erobert und als beste Australierin auf Rang 19 noch vor ihrer etablierten Teamkollegin Kristy Oatley mit Quando Quando im Special abgeschnitten.

Hayley Beresford war mit Relampago do Retiro beste Australierin in Hongkong.

sich im Grand Prix, lediglich Wechselfehler waren zu vermelden. Auch den Special müsste Briar inzwischen auswendig gekannt haben, tatsächlich wirkte er teilweise etwas brav, um dann aber wieder mit Höhepunkten in der Passage und den Pirouetten zu glänzen. Mit durchlässigen Übergängen am Punkt und in guter Anlehnung schöpfte er seine Erfahrung und Reife voll aus und landete auf dem beachtlichen Platz zehn in der Endrangierung.

Balagur

Der Orlow-Traber ist nicht unbedingt für seine Eignung zum Dressurpferd bekannt, doch bei **Balagur** ist sowieso einiges anders. Mit seinen 18 Lenzen hatte er zwar verglichen mit Briar wenig Olympiaerfahrung, aber dafür hatte er sicher bereits mehr von der Welt gesehen. Zunächst sollte er eben genau das werden, was seine Rasse vorsieht: Traber. Doch er war zu langsam für die Rennbahn und wurde ausgemustert. Dann wurde er Polizeipferd. Dort entdeckte ihn seine jetzige Reiterin **Alexandra Korelova**, deren Lebensgefährte bei der Polizei arbeitet. Zusammen mit George und dann Monica Theodorescu förderten sie Balagurs Lernwillen und sein überragendes Talent für Piaffe, Passage und Pirouette. Der Schimmel wirkte wie ein kleiner Professor, machte im Viereck von Sha Tin keine Fehler, lediglich sein etwas altmodisches Exterieur wies ihm in den Grundgangarten Grenzen auf. Im Grand Prix noch auf Platz 15 steigerte er sich im Special auf einen medaillenverdächtigen fünften Rang und begeisterte erneut durch die Sicherheit in allen Lektionen der Königsklasse. Er rührte die Gemüter, ein so freundlicher, pflichtbewusster Sportpartner. In der Kür wirkte er zunächst etwas aufgeregt und übereifrig, bevor er der Dressurwelt einmal mehr zeigte, wie Piaffe-Passage in Perfektion funktioniert. Platz sechs für Professor Pi-Pa Balagur.

Sicher zum letzten Mal bei Olympia: Briar unter Jan Brink (links) und Balagur unter Alexandra Korelova.

Viereck-Professoren

Briar

Wer die beeindruckende Laufbahn dieses stattlichen schwedischen Hengstes verfolgt hat, hat ein Stück Dressurgeschichte beobachtet. **Briar** und sein Reiter **Jan Brink** feierten ihre dritten gemeinsamen Olympischen Spiele nach Sydney und Athen. In Sydney war Briar das jüngste Pferd am Start und es hatte für den damals 9-Jährigen gerade einmal für Platz 40 im Grand Prix gereicht. So war die olympische Premiere schon nach der ersten Prüfung beendet. Das sollte vier Jahre später ganz anders aussehen, denn in Athen mischte das Paar locker unter den Top-Ten mit, sie wurden sechste im Grand Prix, elfte im Special, achte in der Kür und siebte in der Endabrechnung. Der Hengst schenkte seinem sympathischen und so herrlich sitzenden Reiter silbernes und bronzenes Edelmetall bei Europameisterschaften, 2005 siegte er im Großen Dressurpreis von Aachen.

In Hongkong stellte Briar sich nun 17-jährig erneut der olympischen Konkurrenz. Sicher waren die hohen Temperaturen gerade für die älteren Pferde belastend und trotzdem glänzte der bunte Fuchshengst nach wie vor besonders in der Piaffe-Passage-Tour. Imposant zeigte er

Internationale Dressuraufgabe der FEI

Grand Prix Special, 2003

Viereck 20 x 60 m – Dauer: etwa 7 Minuten

			Koeffizient
1.	A	Einreiten im versammelten Galopp.	
	X	Halten. Grüßen.	
		Im versammelten Tempo antraben.	
2.	C	Linke Hand.	
	H-X-F	Im starken Trab durch die ganze Bahn wechseln.	
	F-A-K-V	Versammelter Trab.	
3.	V-X-R	Nach rechts traversieren.	2
	R-M-C	Versammelter Trab.	
4.	C-H-S	Passage.	
5.	S-K	Starker Trab.	
6.		Übergänge von der Passage zum starken Trab und vom starken Trab zur Passage.	
7.	K-A-F	Passage.	
8.	F-P	Versammelter Trab.	
	P-X-S	Nach links traversieren.	2
	S-H-C	Versammelter Trab.	
9.	C-M-R	Passage.	
10.	R-F	Starker Trab.	
11.		Übergänge von der Passage zum starken Trab und vom starken Trab zur Passage.	
12.	F-A-K	Passage.	
13.	K-L-B-I-H	Starker Schritt.	2
	H	Versammelter Schritt.	
14.	H-C-M-G	Versammelter Schritt.	
15.	G	Piaffe, 12 bis 15 Tritte.	
16.	G	Übergang zur Passage. Die Übergänge vom versammelten Schritt zur Piaffe und von der Piaffe zur Passage.	
17.	G-H-S-I	Passage.	
18.	I	Piaffe, 12 bis 15 Tritte.	
19.	I	Übergang zur Passage. Die Übergänge von der Passage zur Piaffe und von der Piaffe zur Passage.	

			Koeffizient
20.	I-R-B-X	Passage.	
21.	X	Im versammelten Tempo links angaloppieren.	
	X-E-V-K-A-F	Versammelter Galopp.	
22.	F-L-E	Nach links traversieren.	
	E	Fliegender Galoppwechsel.	
23.	E-I-M	Nach rechts traversieren.	
	M	Fliegender Galoppwechsel.	
	M-C-H	Versammelter Galopp.	
24.	H-X-F	Auf der Wechsellinie 9 fliegende Galoppwechsel zu 2 Sprüngen.	
	F-A-K	Versammelter Galopp.	
25.	K-X-M	Auf der Wechsellinie 15 fliegende Galoppwechsel von Sprung zu Sprung.	2
	M-C-H	Versammelter Galopp.	
26.	H-X-F	Im starken Galopp durch die ganze Bahn wechseln.	
	F	Versammelter Galopp und fliegender Galoppwechsel.	
27.	A	Auf die Mittellinie abwenden.	
	D	Ganze Pirouette rechts.	2
28.	Zwischen D und G	Auf der Mittellinie 9 fliegende Galoppwechsel von Sprung zu Sprung.	
29.	G	Ganze Pirouette links.	
	C	Linke Hand.	2
30.	H-S	Versammelter Trab.	
	S-K	Starker Trab.	
	K	Versammelter Trab.	
31.		Die Übergänge vom versammelten Galopp zum versammelten Trab, vom versammelten Trab zum starken Trab und vom starken Trab zum versammelten Trab.	
32.	A	Auf die Mittellinie abwenden.	
	D-X	Passage.	
33.	X	Piaffe, 12 bis 15 Tritte.	
34.		Die Übergänge von der Passage zur Piaffe und von der Piaffe zur Passage.	
35.	X-G	Passage.	

			Koeffizient
36.	G	Halten. Grüßen.	
		Im Mittelschritt am langen Zügel die Bahn verlassen.	

Gesamtnoten:

37.	Reinheit der Gänge, Ungebundenheit und Regelmäßigkeit.		2
38.	Schwung (Frische, Elastizität der Bewegungen, Rückentätigkeit und Engagement der Hinterhand).		2
39.	Gehorsam und Durchlässigkeit des Pferdes (Aufmerksamkeit und Vertrauen, Harmonie, Losgelassenheit, Maultätigkeit, Anlehnung und relative Aufrichtung).		2
40.	Sitz und Einwirkung des Reiters, Korrektheit in der Anwendung der Hilfen.		2

Abzüge für Verreiten und Auslassungen siehe **Seite 5!**

Zu erreichende Punktsumme: 500 = 100%

Grand Prix Special

Mit dem Special fing der Kampf um die Einzelmedaillen an. Nach Isabell Werths Olympiaabstinenz in Athen hatte sich wieder ein gewohntes Bild eingespielt: Isabell Werth gegen Anky van Grunsven. Die beiden Kandidatinnen, die Gold und Silber untereinander ausmachen würden. Ähnlich wie schon bei der Mannschaftsentscheidung war es wesentlich offener, wer Bronze holen würde.

Eine potentielle Kandidatin wäre sicher **Imke Schellekens-Bartels** mit Sunrise gewesen, die beiden hatte schon bei der EM in Turin gezeigt, dass ihnen Bronze gut steht.

Doch die Stute trat verletzt nicht mehr im Special an.

Als die engsten Konkurrenten um den dritten Platz auf dem Treppchen ergaben sich nach dem Special Heike Kemmer mit Bonaparte und der gebürtige Deutsche, aber für die USA startende **Steffen Peters** mit **Ravel**.

Zwei sehr unterschiedliche Pferde, die trotzdem Parallelen aufweisen: beide sehr schöne Typen, beide mit tollen Trabtraversalen, beide zeigten sehr saubere Übergänge, beiden ist eine sorgfältige Ausbildung anzumerken.

Steffen Peters und Ravel kämpften um Bronze.

Der erst 10-jährige niederländische Hengst von Contango hatte gegenüber **Bonaparte** sicher Vorteile in der Piaffe und Passage, die bei Ravel wie ein Uhrwerk takteten. Ausdrucksstarke Wechsel rundeten die Vorstellung ab und abgesehen von etwas Spannung kamen keine Fehler auf. So setzte sich Steffen Peters auf Platz vier mit einem guten Prozentpunkt hinter **Heike Kemmer**.

Die hatte in der Vorbereitung mit ihrem Bon Bonaparte-Sohn offensichtlich alles richtig gemacht und führte im Special die Frische, den Mut und die Elastizität aus dem Grand Prix einfach fort. In guter Anlehnung, losgelassen und gleichmäßig, entlockte Bonni seiner Reiterin mitten in der Prüfung sogar ein Lächeln. Die Wechsel gelangen leicht, fast fröhlich und so zeigte Bonaparte diese schwersten Lektionen zufrieden, geschmeidig und durchlässig. Dabei sah alles nicht brav exerziert aus, sondern selbstbewusst und frisch präsentiert. Platz drei war es im Grand Prix gewesen, und so auch im Special.

Es waren ihre Spiele, sie waren in Topform und von Anfang bis Ende so frisch und mutig wie in diesem starken Galopp: Heike Kemmer und Bonaparte.

Grand Prix Special — Einzelwertung

Reiter	Nation	Pferd	E	H	C	M	B	Total
1. Isabell Werth	GER	Satchmo	74,800 (1)	75,200 (2)	74,200 (2)	75,800 (1)	76,000 (1)	75,200
2. Anky van Grunsven	NED	Salinero	74,600 (2)	75,600 (1)	75,200 (1)	74,400 (2)	75,000 (2)	74,960
3. Heike Kemmer	GER	Bonaparte	72,200 (4)	73,200 (3)	72,800 (3)	72,600 (4)	74,000 (3)	72,960
4. Steffen Peters	USA	Ravel	72,400 (3)	72,200 (4)	69,000 (10)	71,800 (6)	73,600 (4)	71,800
5. Alexandra Korelova	RUS	Balagur	72,000 (6)	72,000 (5)	71,400 (6)	70,800 (8)	70,800 (7)	71,400
6. Bernadette Pujals	MEX	Vincent	72,200 (4)	70,800 (7)	69,000 (10)	72,000 (5)	71,000 (6)	71,000
7. Hans Peter Minderhoud	NED	Nadine	70,000 (10)	70,400 (8)	70,600 (7)	70,600 (9)	73,000 (5)	70,920
8. Courtney King*	USA	Mythilus	67,400 (18)	71,400 (6)	71,800 (5)	72,800 (3)	70,600 (8)	70,800
9. Emma Hindle	GBR	Lancet	69,200 (12)	70,200 (9)	72,600 (4)	71,000 (7)	69,200 (11)	70,440
10. Kyra Kyrklund	FIN	Max	71,600 (7)	68,800 (15)	70,200 (8)	69,600 (11)	68,400 (14)	69,720
11. Tinne Silven	SWE	Solos Carex	69,000 (13)	69,800 (11)	68,400 (14)	69,600 (11)	69,400 (10)	69,240
12. Nathalie zu Sayn-Wittgenstein	DEN	Digby	70,200 (8)	68,200 (16)	69,000 (10)	69,600 (11)	68,600 (13)	69,120
13. Jan Brink	SWE	Briar	69,600 (11)	69,800 (11)	67,400 (17)	70,200 (10)	67,800 (15)	68,960
14. Andreas Helgstrand	DEN	Don Schufro	70,200 (8)	69,000 (13)	67,800 (16)	68,200 (16)	68,800 (12)	68,800
15. Ashley Holzer	CAN	Pop Art	67,800 (17)	70,000 (10)	69,400 (9)	67,000 (17)	69,600 (9)	68,760
16. Juan Manuel Munzo	ESP	Fuego XII	69,000 (13)	69,000 (13)	68,600 (13)	67,000 (17)	67,200 (16)	68,160
17. Nadine Capellmann	GER	Elvis VA	67,200 (19)	66,000 (19)	68,200 (15)	68,600 (15)	66,200 (17)	67,240
18. Laura Bechtolsheimer	GBR	MistralHojris	68,000 (16)	67,600 (17)	65,200 (23)	69,000 (14)	66,000 (19)	67,160
19. Hayley Beresford	AUS	Relampago	69,000 (13)	64,200 (23)	67,200 (18)	66,200 (23)	65,000 (20)	66,320
20. Kristy Oatley	AUS	Quando Quando	65,200 (21)	66,200 (18)	65,800 (20)	67,000 (17)	66,200 (17)	66,080
21. Marc Boblet	FRA	Whitini Star	67,000 (20)	65,200 (21)	65,400 (22)	66,600 (20)	64,000 (23)	65,640
22. Anne van Olst	DEN	Clearwater	63,800 (24)	65,800 (20)	65,600 (21)	66,600 (20)	64,800 (21)	65,320
23. Michal Rapcewicz	POL	Randon	64,000 (23)	64,800 (22)	66,200 (19)	65,800 (24)	64,800 (21)	65,120
24. Patrik Kittel	SWE	Floresco	64,600 (22)	63,200 (24)	63,800 (25)	66,600 (20)	63,600 (24)	64,360
25. Hubert Perring	FRA	Diabolo St Maurice	59,400 (25)	62,800 (25)	65,200 (23)	64,400 (25)	61,600 (25)	62,680

Richter: (E) Gotthold Riexinger/GER, (H) Jean-Michel Roudier/FRAU, (C) Minako Furuoka/JPN (Chefrichter), (M) Gary Rockwell/USA, Barnabas Mandi/HUN

*Das Pferd der Reiterin wurde positiv getestet, die Reiterin suspendiert. Bei Drucklegung lief das Verfahren bei der FEI noch.

Anky van Grunsven schien es mit **Salinero** im Special leichter zu haben als im Grand Prix. Der Wallach von Salieri wirkte am dritten Wettkampftag losgelassener, ausgeglichener und wurde mit wesentlich mehr Risikobereitschaft vorgestellt. Risiko, das auch kleine Fehler provozierte wie ein Angaloppieren in der Trabtraversale. Auch die eher als Salineros Schwäche bekannte Schritttour gelang. Höhepunkte waren einmal mehr die Piaffen und Passagen sowie die Pirouetten mit schnurgeraden Wechseln dazwischen.

Der Special gelang Anky van Grunsven und Salinero deutlich besser als der Grand Prix.

Satchmo erhielt Neunen für seine Traversalen, wirkte leichter und tänzerischer als Salinero. Ein Ritt, der zwischenzeitlich auf einem Niveau von 83 % bewertet wurde. Die Wertung im Special war für **Isabell Werth** doppelt wichtig, denn eine gute Punktzahl hätte die kürstarke Anky van Grunsven auf Distanz gehalten, doch dann: In die erste Piaffe kam das Paar sehr gut rein, die ersten vier, fünf Tritte gelangen sicher, dann blockierte Satchmo, sprang weg und ließ sich erst nach einer zwar nur sekundenlangen, aber gefühlten Ewigkeit wieder in die Prüfung lenken. Nach diesem Aussetzer folgte ein tadelloser Auftritt mit einer guten zweiten Piaffe, sicherer, leichtfüßiger Galopptour und erhaben gesprungenen Pirou-

etten. Doch solche Widersetzlichkeiten schlugen in das Ergebnis ein und kosteten Punkte. Wie überragend die Prüfung, abgesehen von dem Schreckmoment, gelungen war, zeigte, dass sich Isabell Werth im Special trotzdem knapp an die Spitze setzten konnte.

Den Einzug in die Kür verpassten **Nadine Capellmann** und **Elvis**, die ihre gute Leistung vom Vortag nicht hatten wiederholen können. Im Vorfeld hatte es Diskussionen um die Mannschaft gegeben, doch die Entscheidung für Nadine Capellmann hatte sich bewiesen, denn mit ihrem Ergebnis im Grand Prix hatte sie maßgeblich zum Sieg in der Mannschaft beigetragen.

Zwischen genialer Piaffe und Schrecksekunde: Satchmo und Isabell Werth.

Ganggewaltig, aber im Special leider mit Fehlern: Nadine Capellmann und Elvis.

Klein, gesetzt und mit bis zu acht Galoppsprüngen gesprungen – Satchmo in der Pirouette.

Grand Prix Kür

Der Tag der Entscheidung und des spannenden Wettstreits war am 19. August gekommen. Es war ein bisschen der Kampf der Giganten oder besser gesagt der Genies im Viereck, die um Gold wetteiferten: Anky vs. Isabell, Salinero vs. Satchmo. In ihrer ganz eigenen Liga ritten die beiden härtesten Konkurrentinnen um olympisches Gold.

Nicht weniger eng und packend war die Entscheidung um die Bronzemedaille. Insgeheim hatte sie es sich vorgenommen: Heike Kemmer wollte nach Athen in Honkong eine Einzelmedaille holen — unbedingt!

Notenbogen Dressurprüfung Grand Prix – Kür, 2006

Viereck 20 x 60 m – Dauer: 5 1/2 bis 6 Minuten

A-Note (Ausführung)			
Pflichtlektionen	Noten	Koeff.	Endnote
1. Versammelter Schritt (mind. 20 m).			
2. Starker Schritt (mind. 20 m).			
3. Versammelter Trab und Traversale nach rechts.			
4. Versammelter Trab und Traversale nach links.			
5. Starker Trab.			
6. Versammelter Galopp und Traversale nach rechts.			
7. Versammelter Galopp und Traversale nach links.			
8. Starker Galopp.			
9. Fliegende Galoppwechsel 2 Tempi (mind. 5 Folgen).			
10. Fliegende Galoppwechsel 1 Tempo (mind. 9 Folgen).			
11. Galopp-Pirouette rechts (max. 2fach).		2	
12. Galopp-Pirouette links (max. 2fach).		2	
13. Passage (mind. 20 m auf einem Hufschlag).		2	
14. Piaffe (Minim. 10 Tritte geradeaus).		2	
15. Übergänge von der Passage zur Piaffe und umgekehrt.			
16. Das Einreiten und das Halten zu Beginn und am Ende der Vorstellung.			
Total für Ausführung (max. 200)		A-Note	

B-Note (künstlerische Gestaltung)			
Allgemeiner Eindruck	Noten	Koeff.	Endnote
17. Rhythmus, Energie und Elastizität in Grundgangarten und Tempi (Takt und Schwungentwicklung).		4	
18. Harmonie zwischen Reiter und Pferd (Sitz und Einwirkung des Reiters, Durchlässigkeit und Vertrauen des Pferdes).		4	
19. Choreografie (Gleichmäßige Einteilung des Vierecks, klare Linienführung, Originalität, ideenreicher Inhalt).		4	
20. Schwierigkeitsgrad (Einhalten der Anforderungen, Angemessenheit von Risiko und Leistungsvermögen, Beachten der Grundsätze der klassischen Dressur).		4	
21. Musik, Gesamteindruck (Übereinstimmung der Bewegungsabläufe und Übergänge mit der Musik, Gesamteindruck der musikalischen Darbietung und dressurmäßigen Leistung).		4	

National: Ziffern 17 bis 21 in Dezimalen erlaubt
International: Ziffern 17 bis 21 halbe Noten erlaubt
Künstlerische Gestaltung

Abzüge von jeweils 2 Punkten von der Note der künstlerischen Gestaltung
National: – für Auslassen von Lektionen und/oder Gangarten.
  – für Über- oder Unterschreiten der jew. Zeitlimits.
International: – für Über- oder Unterschreiten der jew. Zeitlimits.

Total für künstlerische Gestaltung (max. 200) B-Note

Resultat
Total für Ausführung : 2 (max. 100) A-Note
Total für künstlerische Gestaltung : 2 (max. 100) + B-Note
  =
  : 2 = Endresultat: %

Abzüge vom Totalergebnis:
International: – Wenn der Prüfungsplatz um das Viereck herum vom Prüfungspaar mit einer Gerte betreten wird, wird 1% pro Richter abgezogen.

Im Falle von Punktgleichheit im Endresultat gewinnt der Teilnehmer mit dem höheren Resultat für die künstlerische Gestaltung.

Anmerkung: Bei der Notenfindung die Leitlinien für das Richten von internationalen Kürprüfungen beachten.

Doch erst einmal pirschte sich nochmal einer heran, der im Grand Prix noch Fehler hinnehmen musste, im Special dann aber keine mehr machte: Der Niederländer **Hans Peter Minderhoud** mit der leichtfüßigen und bewegungsstarken Fuchsstute **Nadine**, eine Partout-Tochter. Die Richter hätten sich Nadine sowohl im Special als auch in der Kür sicher etwas länger im Hals und etwas mehr über den Rücken gewünscht. Die Passage überzeugte aber besonders durch Leichtfüßigkeit, und die Trabverstärkungen waren trotz etwas enger Einstellung echte Hingucker. So schob sich Hans Peter Minderhoud vom siebten Platz im Special noch auf Platz fünf in der Gesamtrechnung.

Das Los hatte ergeben, dass die vier Besten aus dem Special die vier letzten Starter in der Kür sein sollten. Als Erste mussten **Satchmo** und **Isabell Werth** ran. Es lag was in der Luft. Isabell Werth klopfte den Braunen vor dem Einritt auffällig oft ab, er wirkte irgendwie groß und noch kraftvoller, zeigte zu Beginn der neu eingespielten Vangelis-Kür seine beste Trabverstärkung in Sha Tin, die erste Piaffe gelang. In die zweite, in einer Pirouette angelegten Piaffe, kam er gut rein, hörte dann auf, blieb kurz stehen, fing wieder an, blockierte und widersetzte sich noch heftiger als einen Tag zuvor. „Vielleicht war er einfach schon ein bisschen zu gut drauf", kommentierte Bundestrainer Holger Schmezer den erneuten Aussetzer. In der Schritt-Tour fiel noch auf, dass er hinten rechts etwas kürzer trat. Doch dann kam eine Galopptour, die alles andere fast vergessen ließ, mit starken Piouretten, höchstem Schwierigkeitsgrad in den Wechseln, die direkt

Hans Peter Minderhoud und Nadine kamen im Special fast in Edelmetallnähe – die Pferdenase mehr vor der Senkrechten hätte vielleicht geholfen.

von den Zweiern in die Einer übergingen. Tatsächlich mit Abstand die schwerste und makelloseste Galopptour der Kür. Doch auch dieser Widerstand ließ deutlich Federn am Ergebnis, und das in einer Disziplin, in der Anky van Grunsven sich kaum bitten lassen würde.

Doch erst zu den Bronzeentscheidungen, denn **Bonaparte** und **Heike Kemmer** betraten das Stadion. Die Flower-Power-Kür passt einfach zu diesem Strahlemann Bonaparte. Frisch wie am ersten Tag zeigte das Paar mutige Verstärkungen sowohl im Galopp als auch im Trab. Gleichmäßige, sichere und ausdrucksstarke Wechseltouren sowie schön kleine Pirouetten punkteten für die beiden. Der einzige Fehler unterlief beim Übergang von der Piaffe in die Passagetraversale, wo Bonni kurz angaloppierte. „Heike hat ihr Pferd einfach unheimlich gut vorbereitet und war in den Prüfungen hochkonzentriert", freute sich Holger Schmezer im Anschluss. Eine Vorlage, die der Amerikaner erstmal knacken musste.

Heike Kemmers Bonaparte in der Form seines Lebens.

Fast hätte es für Bronze gereicht: Steffen Peters und Ravel.

Für diejenigen, die es nicht wissen: Ravel loves to rock. Wer glaubt, **Ravel** könnte nur Klassik, der hat diesen Ravel noch nicht gesehen. **Steffen Peters** stellte in seiner Kür zu Rockmusik die Galopptour viel weiter nach vorne als seine Kollegen. Und auch Ravel präsentierte sich am letzten Wettkampftag mit guter Kondition und in einer tollen Verfassung. Raffiniert war die Choreographie von Steffen Peters, wie zum Beispiel aus der Galopppirouette in die Piaffe und daraus in die Schritttour. Tatsächlich gelangen diese extravaganten Übergänge tadellos. Auch die Traversalen waren einfach schön, dabei war es gleich, ob im Trab oder in der Passage, Ravel beherrschte beides gleichermaßen. Die Übergänge Piaffe-Passage gelangen lupenrein, lediglich beim Einstieg in die Zweierwechsel gab es einen Fehler. Schlussendlich lag Peter Steffens in der Kür einen halben Prozentpunkt vor Heike Kemmer, der aber nicht reichte, um den ganzen Prozentpunkt Vorsprung aus dem Special einzuholen. Knapp war es erneut für Steffen Peters, der Vierter mit der Mannschaft und Vierter im Einzel wurde. Und geklappt hatte es mit dem Vorsatz: Einzelbronze für Heike Kemmer.

Sie war schon so oft Schlussreiterin und hatte so oft schon die Entscheidung in den Händen. Nervös sollte **Anky van Grunsven** das nicht mehr machen. Satchmo hatte erneut gepatzt, aber trotz alledem waren 78,34 % zu schlagen.

*Steigerten sich von Tag zu Tag
und zeigten einmal mehr Kür in Perfektion:
Salinero und Anky van Grunsven.*

Eine neue Kür hatte die Niederländerin mit zu den Olympischen Spielen gebracht, mit etwas ruhigeren Klängen. Ob es an der Musik lag oder einfach nur daran, dass ein Übermaß an Energie abgelegt worden war, **Salinero** zeigte in der Kür seine losgelassenste und geschmeidigste Vorstellung in Sha Tin. Sicher hatte er gegenüber Satchmo Nachteile in der Verstärkung und den Traversalen, sprang die Zweierwechsel mit etwas hoher Kruppe und etwas tief eingestellt, auch blieb er bei der Schlussaufstellung nicht stehen, aber dem gegenüber standen eine starke Piaffe-Passage-Tour, schön kleine mit vielen Galoppsprüngen gesprungene Pirouetten und das Paar hatte eben keine Fehler in den Lektionen. Es war vielleicht die weniger schwere Kür im Vergleich zu Isabell Werth, aber auch die transparentere, übersichtlichere Kür, die erlaubte, die Lektionen pur zu genießen. Satt reichte es dann zum Schluss mit 82,4 % in der Kür und einem Gesamtvorsprung von 2 % auf Isabell Werth. „Die Kür kam einfach an und die beiden machten keine Fehler. Anky hat ihr Ding durchgezogen und sich im Verlauf des Turniers immer weiter gesteigert, auch nach ihrem Fehler im Special. So wie sie sitzt und das Pferd präsentiert, das kommt bei den Richtern einfach an", erkannte auch Holger Schmezer die Leistung der Niederländerin an.

Der hatte bei Weitem keinen Grund unzufrieden zu sein, denn drei Medaillen brachten die Dressurler nach Hause, einmal durch die ganze Palette: Gold, Silber, Bronze.

Zwei deutsche Amazonen auf dem olympischen Einzeltreppchen. Gold für Anky van Grunsven, Silber für Isabell Werth und Bronze für Heike Kemmer.

Sicherten Edelmetall Nummer zwei und drei für Deutschland: Isabell Werth und Heike Kemmer.

*Anky van Grunsven schreibt Olympiageschichte:
Sie ist die erste Olympionikin, die dreimal
hintereinander in einer Disziplin Gold holte.*

Mit zwei Medaillen reiste Anky van Grunsven ab, Mannschaftssilber und zum ersten Mal in der Geschichte Olympias der Neuzeit erreichte sie zum dritten Mal hintereinander in einer Disziplin die Goldmedaille.

Doch so schön es auch war, die Zeit in Hongkong war lang. Zwei Wochen vor den Wettkämpfen waren sie angereist, über eine Woche zogen sich die Prüfungen hin und zu guter Letzt verzögerte ein Taifun die Abreise der Pferde und Reiter. „Das Drängen nach Hause war dann schon bei allen groß", gestand Holger Schmezer ein.

Grand Prix Kür — Endstand Einzelwertung

Reiter	Nation	Pferd	Grand Prix Special	Kür E	Kür H	Kür C	Kür M	Kür B	Total	% Punkte	Gesamt GPS +Kür
1. Anky van Grunsven	NED	Salinero	74,960 (2)	7,600 (1)	7,650 (1)	7,700 (1)	8,050 (1)	7,900 (1)	38,900 (1)	82,400 (1)	78,680
				8,700 (1)	8,700 (1)	8,800 (1)	8,600 (1)	8,700 (1)	43,500 (1)		
2. Isabell Werth	GER	Satchmo	75,200 (1)	7,400 (2)	7,450 (2)	7,500 (3)	7,700 (2)	7,350 (3)	37,400 (2)	78,100 (2)	76,650
				8,000 (4)	8,200 (3)	8,500 (2)	8,000 (2)	8,000 (2)	40,700 (2)		
3. Heike Kemmer	GER	Bonaparte	72,960 (3)	7,200 (5)	7,050 (7)	7,450 (4)	7,150 (8)	7,200 (5)	36,050 (4)	75,950 (4)	74,455
				8,100 (2)	8,000 (6)	7,900 (5)	8,000 (2)	7,900 (3)	39,900 (4)		
4. Steffen Peters	USA	Ravel	71,800 (4)	7,250 (4)	7,250 (3)	7,150 (6)	7,450 (3)	7,400 (2)	36,500 (3)	76,500 (3)	74,150
				8,100 (2)	8,300 (2)	7,700 (9)	8,000 (2)	7,900 (3)	40,000 (3)		
5. Hans Peter Minderhoud	NED	Nadine	70,920 (7)	7,350 (3)	7,000 (8)	7,350 (5)	6,950 (10)	7,200 (5)	35,850 (6)	75,150 (5)	73,035
				7,700 (6)	8,200 (3)	8,000 (4)	7,600 (7)	7,800 (5)	39,300 (5)		
6. Alexandra Korelova	RUS	Balagur	71,400 (5)	7,000 (7)	7,100 (5)	6,750 (11)	7,450 (3)	6,950 (10)	35,250 (7)	73,850 (8)	72,625
				7,800 (5)	7,900 (7)	7,300 (12)	8,000 (2)	7,600 (10)	38,600 (7)		
7. Emma Hindle	GBR	Lancet	70,440 (9)	6,900 (9)	7,150 (4)	7,550 (2)	7,200 (6)	7,250 (4)	36,050 (4)	74,250 (6)	72,345
				7,300 (11)	7,700 (10)	7,900 (5)	7,500 (8)	7,800 (5)	38,200 (9)		
8. Kyra Kyrklund	FIN	Max	69,720 (10)	6,950 (8)	6,950 (10)	7,100 (7)	7,150 (8)	7,000 (9)	35,150 (8)	74,250 (6)	71,985
				7,600 (8)	7,900 (7)	8,100 (3)	7,700 (6)	7,800 (5)	39,100 (6)		
9. Bernadette Pujals	MEX	Vincent	71,000 (6)	6,850 (10)	6,850 (13)	6,850 (9)	7,250 (5)	6,850 (13)	34,650 (10)	72,350 (11)	71,675
				7,600 (8)	7,700 (10)	7,800 (8)	7,200 (12)	7,400 (12)	37,700 (11)		
10. Jan Brink	SWE	Briar	68,960 (13)	7,100 (6)	7,100 (5)	6,800 (10)	7,200 (6)	6,950 (10)	35,150 (8)	73,450 (9)	71,205
				7,700 (6)	8,100 (5)	7,500 (11)	7,500 (8)	7,500 (11)	38,300 (8)		
11. Helgstrand Andreas	DEN	Don Schufro	68,800 (14)	6,800 (12)	6,900 (11)	7,000 (8)	6,900 (12)	7,050 (8)	34,650 (10)	72,550 (10)	70,675
				7,600 (8)	7,600 (12)	7,900 (5)	7,100 (13)	7,700 (9)	37,900 (10)		
12 Tinne Silven.	SWE	Solos Carex	69,240 (11)	6,700 (13)	7,000 (8)	6,750 (11)	6,800 (14)	6,900 (12)	34,150 (13)	71,450 (12)	70,345
				7,200 (14)	7,800 (9)	7,600 (10)	7,300 (11)	7,400 (12)	37,300 (12)		
13. Courtney King*	USA	Mythilus	70,800 (8)	6,600 (15)	6,800 (14)	6,300 (15)	6,850 (13)	6,800 (14)	33,350 (15)	69,550 (14)	70,175
				7,300 (11)	7,200 (14)	7,000 (15)	7,400 (10)	7,300 (14)	36,200 (14)		
14. Ashley Holzer	CAN	Pop Art	68,760 (15)	6,850 (10)	6,900 (11)	6,550 (14)	6,950 (10)	7,200 (5)	34,450 (12)	71,450 (12)	70,105
				7,300 (11)	7,600 (12)	7,200 (13)	7,100 (13)	7,800 (5)	37,000 (13)		
15. N. zu Sayn-Wittgenstein	DEN	Digby	69,120 (12)	6,650 (14)	6,550 (15)	6,700 (13)	6,800 (14)	6,800 (14)	33,500 (14)	69,100 (15)	69,110
				7,100 (15)	7,000 (15)	7,100 (14)	7,100 (13)	7,300 (14)	35,600 (15)		

Richter: (E) Leif Tornblad/DEN, (H) Minako Furuoka/JPN, (C) Gotthilf Riexinger/GER (Chefrichter), (M) Jean-Michel Roudier/FRA, (B) Ghislain Fourage/NED

* Das Pferd der Reiterin wurde positiv getestet, die Reiterin suspendiert. Bei Drucklegung lief das Verfahren bei der FEI noch.

Sabine Abt

Springen

Sport zwischen Faszination und Skandal

Einmal mehr zeigte der Springsport in Hong-kong, wie er die Zuschauer begeistern und mit-reißen kann. Fachpublikum oder nicht — die Menschen verstanden, worum es ging, fieber-ten mit, jubelten über Nullrunden und litten beim Fallen der Stangen oder einer Verweige-rung mit. Doch trotz all dieser Begeisterung wurden die olympischen Springwettbewerbe von einem schlimmen Skandal überschattet: Vier positive Medikationskontrollen sorgten für Aufruhr und Ernüchterung. Die Doping-Dis-kussion stand plötzlich wieder ganz stark im Mittelpunkt — und die Medienwelt blickte nicht mehr nur wegen sportlicher Leistungen, son-dern wegen der Skandalmeldungen nach Hongkong. Der denkbar schlechteste Ab-schluss der Spiele, der dazu aufforderte, den Springsport in seinen Anforderungen, das

Die deutsche Mannschaft

Reiter	Alter	Pferd Pfleger	Alter	Zuchtgebiet	Züchter Besitzer
Christian Ahlmann	34	Cöster Melanie Meyering	15	Holstein	Werner Lattreuter Marion Jauß
Ludger Beerbaum	45	All Inclusive NRW Anne Marie Berggren	9	Westfalen	ZG Heinrich und Georg Fornefeld B&S Sportpferde GmbH, Hörstel
Marco Kutscher	34	Cornet Obolensky Malin Ulrika Lindskog	9	Belgisches Warmblut	Thierry Degraeve, Belgien Valentyn Nychyporenko, Ukraine/ B&S Sportpferde GmbH
Meredith Michaels-Beerbaum	39	Shutterfly Anu Johanna Harrila	15	Hannover	Uwe Dreesmann Octavia Farms LLC/ Meredith Michaels-Beerbaum
Reservepaar					
Heinrich Hermann Engemann	49	Aboyeur W Janina Kaltz	14	Westfalen	Josef Werner Engemann Youngsters GmbH

Equipechef	Trainer	Tierarzt	Hufschmied
Kurt Gravemeier	Kurt Gravemeier	Dr. Björn Nolting	Dieter Kröhnert

Bunt, verspielt und mit landestypischen, chinesischen Details versehen präsentierten sich die Hindernisse der olympischen Parcours. Die Wassergräben bargen in fast allen Prüfungen besondere Schwierigkeiten.

Verhalten der Sportler und die vorbeugenden Präventionsmöglichkeiten der Verbände für die Zukunft ernsthaft zu überdenken. Besonders bitter schmeckte diese Pille für die Deutschen: Erst bei den Spielen in Athen hatten sie ihre Goldmedaille aufgrund einer positiven Medikationsprobe von Ludger Beerbaums Goldfever abgeben müssen und waren sich eigentlich sicher, dass ihnen so etwas nie wieder passieren sollte. Vor diesem Hintergrund erschien es wie eine Farce, dass Christian Ahlmann aufgrund einer eben solchen Geschichte als einer der vier beziehungsweise sechs, wie sich später herausstellte, Reiter aufgrund einer positiven Medikationskontrolle disqualifiziert werden musste. Nur diesmal musste die deutsche Mannschaft keine Medaille abgeben — sie hatte gar keine gewonnen.

Olympisches Programm mit vielen Prüfungen

Für die Springreiter bedeuteten die olympischen Wettbewerbe ein Programm mit vielen Prüfungen. Insgesamt waren vier Wettbewerbstage angesetzt. Zunächst das Einlaufspringen als erste Qualifikation, bei dem bereits Punkte für den Einzug ins Einzelfinale gesammelt werden konnten. Zwei Tage später folgte der erste Umlauf des Nationenpreises, einen Tag darauf der zweite, erstmals ein ganz anderer Parcours, was neu ins Reglement aufgenommen worden war und den Sport attraktiver machen sollte. Nach diesem zweiten Umlauf wurden laut Reglement die Mannschaftsmedaillen vergeben. Pro Team starteten immer vier Reiter, die drei besten wurden gewertet, der schlechteste eines Umlaufs lieferte das Streichergebnis. Am Ende des zweiten Umlaufs lagen in Hongkong zwei Teams gleichauf. Deshalb mussten die USA und Kanada in einem Stechen die Mannschafts-Goldmedaille unter sich ausmachen; Kanada gewann das Kopf-an-Kopf-Rennen.

Zwei Tage nach dem Mannschaftsfinale stand schließlich als Abschluss der olympischen Reiterwettbewerbe das Einzelfinale auf dem Programm. Hierfür sollten sich die 35 besten Starter aus den drei ersten Teilprüfungen qualifizieren, jedoch immer nur maximal drei Reiter pro Nation. Hier mussten zwei Kurse gemeistert werden — am Ende stand sogar noch ein dritter, der Stechparcours, auf dem Plan.

Für die Statistik: Insgesamt fanden bei den Olympischen Spielen in Hongkong drei Springprüfungen mit fünf (beziehungsweise sechs) Umläufen statt, wovon allein das Einzelfinale zwei Umläufe und ein Stechen beinhaltete. 52 Hindernisse mit 60 Sprüngen mussten die Course Designer Steve Stephens und Leopoldo Palacios auf fünf Parcours sowie zwei zusätzliche Stechparcours in den jeweiligen Finalprüfungen zusammenstellen. An den Springwettkämpfen beteiligten sich 29 Nationen. In der Mannschaftswertung starteten 15 Länder mit jeweils einem Team, das immer aus vier Reitern bestand. Außerdem waren 15 Einzelreiter am Start.

Teilnahme-Formalia
Die Pferde für die olympischen Springwettbewerbe in Hongkong mussten mindestens neun Jahre alt sein und seit dem 1. Januar 2008 einen Besitzer aus der Nation haben, für die das Tier startet. Die teilnehmenden Reiter mussten im laufenden Kalenderjahr mindestens 18 Jahre alt werden; anders als in der Dressur, denn hier waren schon 16-Jährige zugelassen.

Etwas emotionslos lächelte die deutsche Springequipe vor ihrem ersten Einsatz in die Kamera.
Ob die Reiter ahnten, dass sie erstmals seit 1928 ohne Medaillen zurückreisen würden?

Lange Vorbereitungszeit für die Deutschen

Die Pferde der deutschen Springreiter reisten früher an als die der Konkurrenten. Nach der Nominierung der Mannschaften im Anschluss an den CHIO Aachen waren sie zunächst für eine Woche in die Quarantäne und ins Trainingslager nach Warendorf gekommen. Zusammen mit den Dressur- und Vielseitigkeitspferden ging es dann am 26. Juli um 0:20 Uhr mit dem Flieger von Amsterdam nach Hongkong. Die Springreiter sollten jedoch größtenteils erst später nachkommen. Anfangs akklimatisierten sich die Tiere bei leichtem Training. Bundestrainer Kurt Gravemeier, Reservist Heinrich Hermann Engemann und die jeweiligen Pferdepflegerinnen kümmerten sich um das Training in den ersten Wochen. Meredith Michaels-Beerbaum traf am 6. August in Hongkong ein. Christian Ahlmann am 8. August, Ludger Beerbaum am 10. August. Marco Kutscher hatte die Stadt am 5. August erreicht. Er war auch einer von wenigen, die das „Olympische Dorf", sprich das Olympiahotel, in den ersten Tagen ausgiebig nutzte. „Ich war viel Schwimmen und habe Fitness gemacht, um mit dem Klima gut klarzukommen", erklärte er. Erst als seine Freundin Eva Bitter in Hongkong ankam, zog er ins „Media-Hotel" um, das Regal Riverside Hotel, in dem auch die meisten anderen Reiter mit ihren Partnern Quartier bezogen hatten.

Auf 13 Trainingsplätzen wurden die Pferde gearbeitet; auch disziplinübergreifend (oben). Spring-Reservist Heinrich Hermann Engemann (links) zeigte sich im Flutlicht-Training in guter Form, kam ansonsten vor dem olympischen Feuer aber nicht zum Einsatz.

Ansonsten ließ man es ruhig angehen. Die Pferde wurden morgens im Schritt bewegt, um ihre jeweilige Tagesform zu checken und abends dann unter Flutlicht trainiert. Dies sollte sie auch auf die späten Prüfungszeiten in den Abendstunden vorbereiten. Statt Springen stand lockeres Arbeiten auf dem Plan; auch die Galoppbahn wurde intensiv zum Konditionstraining genutzt. Hier konnte man sich einiges von den Buschreitern abschauen. Diese wiederum wurden im Springtraining auch intensiv von Heinrich Hermann Engemann unterstützt. Der Reservereiter der Springmannschaft machte aus der Not — anfangs gab es Probleme, ihm Zutritt zu allen Plätzen zu verschaffen — eine Tugend und half an allen Ecken und Enden. Egal ob ein Reiterkollege einen Tipp, ein Leckerli oder eine Decke brauchte, oder ob Medienvertreter Auskünfte benötigten oder Kontakt zu einem deutschen Reiter haben mussten — „Heiner" Engemann war stets zur Stelle und half mit unermüdlich guter Laune weiter. Dennoch wurde sein Pferd Aboyeur W ebenso trainiert und fit gehalten wie alle anderen — schließlich konnte man bis zum Schluss nicht ausschließen, dass er doch noch zum Prüfungseinsatz kam. Engemanns Sohn Felix, der die ganze Zeit mit vor Ort war, entpuppte sich als größter Fan und sagte: „Wir haben hier fünf Wochen Urlaub mit ganz viel Training gemacht. Das war toll."

Das erste Springen: Einlaufprüfung als erste Qualifikation

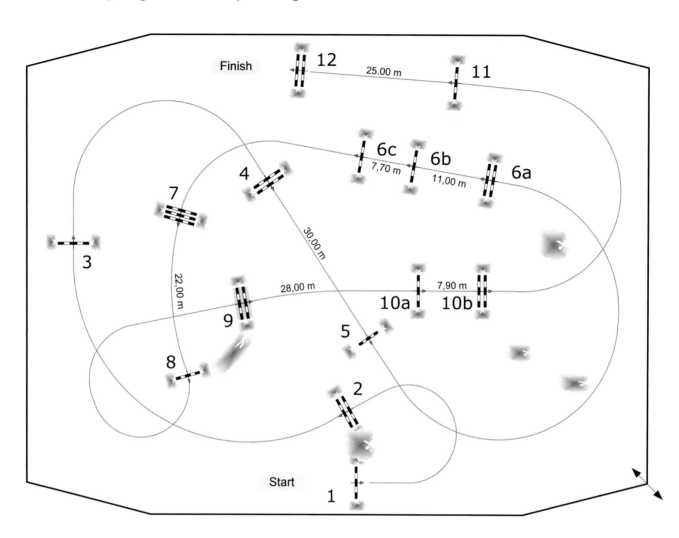

1. Qualifikation Einzel

Parcoursdaten

Länge des Parcours	550 m
Geschwindigkeit	375 m/min.
Erlaubte Zeit	88 sec.
Hindernisse	12
Sprünge	15

Hindernis	Höhe vorne	Höhe hinten	Weite
1	1,46		
2	1,55	1,55	1,48
3	1,55		
4	1,49	1,49	1,60
5	1,57		
6a	1,46	1,48	1,60
6b	1,54		
6c	1,55		
7	1,54	1,54	1,90
8	1,59		
9	1,48	1,48	1,65
10a	1,54		
10b	1,50	1,50	1,55
11	1,60		
12	1,51	1,51	1,80

Am Freitag, 15. August 2008 ab 19:15 Uhr, war es soweit: Für die 77 Springreiter aus 29 Nationen stand die erste Qualifikation an. 550 Meter lang war der Parcours mit seinen 15 Sprüngen, die sich auf 12 Hindernisse verteilten und maximal 1,60 Meter hoch und 1,80 Meter breit waren. Die vorgeschriebene Zeit für die Prüfung betrug 88 Sekunden. „In dieser Prüfung geht es um eine erste Bestandsaufnahme. Die Kunst ist es, den Reitern eine freundliche Einlaufprüfung zu präsentieren, die ihnen zeigt, wo sie stehen und wie die Pferde mit den Bedingungen vor Ort klarkommen. Es soll weder ein langweiliges Springen sein, noch möchte ich direkt aussieben. Ein fairer Parcours, der erahnen lässt, dass wir uns noch steigern in den nächsten Wertungen — das war mein Ziel", erklärte der amerikanische Course Designer Steve Stephens.

Sonderlich schwer war der luftig und noch nicht extrem phantasievoll gebaute Parcours tatsächlich nicht. Dies bewiesen klare 29 Nullrunden, von denen allerdings 16 einen beziehungsweise zwei Zeitfehler mitnahmen. Besonders ehrgeizig zeigten sich die Niederländer und die Schweizer, die sich in Top-Form präsentierten und mit allem Ehrgeiz an die Spitze des Feldes setzten. Die schnellste Nullrunde lieferte

Christina Liebherr auf No Mercy. „Es lief wirklich toll und ich habe einfach rausgekitzelt, was abrufbar war", erklärte sie nach ihrem Ritt.

Ein wichtiger Schritt auf dem Weg zu den Team-Medaillen war der erste Umlauf jedoch noch gar nicht. Das Ergebnis legte zwar die grobe Startfolge des ersten Umlaufs im Nationenpreis fest, bei dem aber die Wertung wieder bei null losgehen sollte. Ansonsten zählte die erste Qualifikation nur als eine von drei Wertungsprüfungen für den Einzug ins Einzelfinale. Dieses sollten nämlich nur die bis dahin 35 besten Reiter erreichen — aber hier wurde dann wieder bei null begonnen. Für Deutschland wurde deshalb, nach mehrwöchiger Turnierpause der Pferde, eine ganz andere Marschroute festgelegt: Die erste Qualifikation als eine Art Trainingsspringen zu nutzen, um die Pferde nicht zu überfordern und um die Ressourcen für die wichtigeren, folgenden Prüfungen aufzusparen. „Jeder sollte schauen, was individuell für sein Pferd gut ist. Niemand muss sich ganz an die Spitze des Feldes setzen, das ist heute noch absolut unwichtig", erklärte Bundestrainer Kurt Gravemeier die Teamorder. Und die konnte man deutlich erkennen: **Christian Ahlmann,**

Christina Liebherr (Schweiz) gewann die erste Qualifikation, enttäuschte aber in den späteren Springen.

Christian Ahlmann sammelte in der ersten Qualifikation 10 Strafpunkte – und wurde wegen einer positiven Medikationskontrolle später suspendiert.

gleich als zweiter Reiter am Start, steuerte **Cöster** sehr, sehr ruhig durch den Parcours und ärgerte sich weder über zwei Abwürfe noch zwei Zeitstrafpunkte. „Die Pferde sind hier doch in einer ganz anderen Verfassung, schnaufen viel mehr. Und wir wollten in dieser Prüfung wirklich erst sehen, wie sie das alles wegstecken", so der Marler. Auch Teamkollege **Marco Kutscher**, als 20. auf der Startliste, ließ seinem jungen **Cornet Obolensky** alle Zeit. Die lange Turnierpause war dem Schimmel anzusehen: Er ging häufig gegen die Hand, wirkte sehr frisch und kam aufgrund der mangelnden Feinabstimmung zwischen Pferd und Reiter nicht sehr günstig in die Kombination. Das Resultat der Runde war ein Abwurf und zwei Zeitstrafpunkte — damit waren Reiter und Bundestrainer jedoch zufrieden.

Bei Marco Kutscher und Cornet Obolensky mangelte es in der ersten Qualifikation noch an der Feinabstimmung.

Shutterfly und Meredith Michaels-Beerbaum machten immer wieder kleine Flüchtigkeitsfehler, überzeugten aus dem deutschen Team aber am meisten.

Selbst **Meredith Michaels-Beerbaum**, von allen Seiten klar als Favoritin für eine Einzelmedaille deklariert, leistete sich Fehler. **Shutterfly** kam sehr dicht an Hindernis 6a, den Einsprung der dreifachen Kombination, und bei Sprung 7 fiel dann eine Stange. Außerdem kassierte das Paar noch zwei Zeitfehler, wirkte jedoch alles andere als beunruhigt. „Ich hatte prinzipiell ein gutes Gefühl. Durch unsere Teamorder hatte ich aber etwas weniger Schmetterlinge im Bauch. Diese Olympiateilnahme ist mir sehr wichtig, aber so wurde mir der Druck etwas genommen, auch wenn ich gern die Favoritenrolle habe", so Michaels-Beerbaum. Ebenfalls hoch im Kurs stand ihr Schwager Ludger Beerbaum, dessen junger All Inclusive sehr frisch in die Arena galoppierte. An Sprung 4 klapperte eine Stange, blieb jedoch liegen. Vor 5 und 7 musste Beerbaum sein Pferd richtig zurücknehmen, aber danach lief es doch nicht ganz rund und die beiden gingen mit 10 Strafpunkten — 8 für Hindernisfehler, 2 für Zeitüberschreitung — gen Stall. „Man merkt es schon, wenn ein so unerfahrenes Pferd drei Wochen keinen Parcours mehr gegangen ist. Ich bin auch erst seit fünf Tagen hier, da muss ich die nächsten Tage etwas an der Feinabstimmung arbeiten. Vielleicht auch etwas länger abreiten nächstes Mal, heute war das Pferd doch sehr, sehr frisch", erklärte Beerbaum seine Eindrücke vom ersten Springen.

Am Ende der Prüfung lag das Deutsche Team auf Rang zwölf. Hinter den großen Konkurrenten wie den USA, Schweiz, Brasilien, aber auch hinter weniger favorisierten Nationen wie Kanada, Norwegen, Mexiko oder Australien; und sogar den Lokalmatadoren, den Reitern für Hongkong, die bei jedem Auftritt vom größtenteils einheimischen Publikum gefeiert wurden wie Helden, musste man den Vortritt lassen. Bundestrainer Kurt Gravemeier machte aus dem Ergebnis der für das Endergebnis nicht wichtigen Runde kein Drama; im Gegenteil: „Die Leistungen waren heute in Ordnung. Wir sind jetzt unsere Favoritenrolle los, was bedeutet, dass wir viel entspannter in die entscheidenderen Runden gehen können".

Die entscheidenden Runden für den Nationenpreis fanden nach einem Tag Pause statt. Am Sonntag- und Montagabend sollte in zwei Umläufen um die begehrten Medaillen geritten werden.

Lokalmatador Patrick Lam aus Hongkong wurde vom Publikum gefeiert wie ein Held — erreichte das Einzelfinale jedoch nicht.

1. Qualifikation für das Einzelfinale

	Reiter	Nation	Pferd	Total
1	Christina Liebherr	SUI	No Mercy	0
1	Pedro Veniss	BRA	Un Blanc de Blancs	0
1	Taizo Sugitani	JPN	California	0
1	Mac Cone	CAN	Ole	0
1	Stein Endresen	NOR	Le Bau	0
1	McLain Ward	USA	Sapphire	0
1	Patrick Lam	HKG	Urban	0
1	Bernardo Alves*	BRA	Chupa Chup	0
1	Vincent Voorn	NED	Alpapillon-Armanie	0
1	Niklaus Schurtenberger	SUI	Cantus	0
1	Eric Lamaze	CAN	Hickstead	0
1	Will Simpson	USA	Carlsson vom Dach	0
1	Beezie Madden	USA	Authentic	0
14	Nick Skelton	GBR	Russel	1
14	Laurie Lever	AUS	Drossel Dan	1
14	Jill Henselwood	CAN	Special Ed	1
14	Morten Djupvik	NOR	Casino	1
14	Antonio Chedraui	MEX	Don Porfirio	1
14	Jamal Rahimov	AZE	Ionesco De Brekka	1
14	Eiken Sato	JPN	Cayak	1
14	Ben Maher	GBR	Rolette	1
14	Denis Lynch*	IRL	Lantinus	1
14	Steve Guerdat	SUI	Jalisca Solier	1
14	Rodrigo Pessoa*	BRA	Rufus	1
14	Jos Lansink	BEL	Cumano	1
14	Tony Andre Hansen*	NOR	Camiro	1
14	Federico Fernandez	MEX	Zorro	1
28	Marc Houtzager	NED	Opium	2
28	Ramzy Al Duhami	KSA	Allah Jabek	2
30	Angelique Hoorn	NED	O'Brien	4
30	Peter McMahon	AUS	Genoa	4
30	Tim Stockdale	GBR	Corlato	4
30	Pius Schwizer	SUI	Nobless M	4
30	Kirk Webby	NZL	Sitah	4
30	Edwina Alexander	AUS	Itot du Chateau	4
30	Matt Williams	AUS	Leconte	4
30	Ian Millar	CAN	In Style	4
30	Rolf-Göran Bengtsson	SWE	Ninja	4

1. Qualifikation für das Einzelfinale

	Reiter	Nation	Pferd	Total
39	Jean-Claude van Geenberghe	UKR	Quintus	5
39	Laura Kraut	USA	Cedric	5
39	Lotta Schultz	SWE	Calibra II	5
39	Camila Benedicto	BRA	Bonito Z	5
39	Gerco Schröder	NED	Monaco	5
39	John Whitaker	GBR	Peppermill	5
39	Jillian Terceira	BER	Chaka III	5
46	Marco Kutscher	GER	Cornet Obolensky	6
46	Meredith Michaels-Beerbaum	GER	Shutterfly	6
46	Kenneth Cheng	HKG	Can Do	6
49	Peter Eriksson	SWE	Jaguar Mail	8
49	Ljubov Kochetova	RUS	Ilion Kilen	8
49	Helena Lundback	SWE	Erbblume	8
52	Pablo Barrios	VEN	Sinatra	9
52	Juan Andres Rodriguez	GUA	Orestus	9
52	Enrique Gonzalez	MEX	Frida	9
52	Zhenqiang Li	CHN	Jumpy des Fontaines	9
56	Christian Ahlmann*	GER	Cöster	10
56	Zuping Huang	CHN	Pablo II	10
56	HRH A AL SAUD	KSA	Obelix	10
56	Björn Nagel	UKR	Magic Bengtsson	10
56	Ludger Beerbaum	GER	All Inclusive	10
61	HH F AL SHALAN	KSA	Wido	11
61	Latifah HH Al Maktoum	UAE	Kalaska de Semilly	11
61	Kamal Bahamdan	KSA	Rivaal	11
64	Alberto Michan	MEX	Chinobampo Lavita	12
65	Geir Gulliksen	NOR	Cattani	13
66	Jose Larocca	ARG	Royal Power	14
66	Samantha Lam	HKG	Tressor	14
66	Bruce Goodin	NZL	Yamato	14
69	Zhiwen Zhao	CHN	Tadonia	17
70	Alexander Onischenko	UKR	Codar	18
71	Ibrahim Bisharat	JOR	Sam-Sam	19
72	Manuel Torres	COL	Chambacunero	21
73	Katharina Offel	UKR	Lord Spezi	27
74	Bin Zhang	CHN	Coertis	30
75	Sharn Wordley	NZL	Rockville	47
76	Karim El Zoghby	EGY	Aladin	52
77	Katie McVean	NZL	Forest	72

* Die Pferde der Reiter wurden positiv getestet, die Reiter suspendiert und bei Drucklegung liefen die Verfahren bei der FEI noch.

Der Nationenpreis

Wer nach dem Einlaufspringen mutmaßte, die Parcours könnten langweilig oder zu einfach werden, der bekam ab dem Nationenpreis etwas ganz anderes präsentiert. Hoch anspruchsvolle, technische Kurse, phantasievoll, bunt und mit Hintergedanken gestaltete Sprünge, die die chinesische Geschichte und ihr Kulturgut in allen Facetten widerspiegelten. Doch auch hier mussten sich die Course Designer Leopoldo Palacios und Steve Stephens genaue Gedanken machen.

Die Chinesische Mauer beispielsweise konnte nicht als Unterbau eines Hindernisses verwendet werden. Wäre sie nämlich durch einen Fehler eingerissen worden, oder hätte ein Pferd hier verweigert, hätte dies sofort nach einem politischen Affront ausgesehen. Infolgedessen verwandt man sie als seitliches Element, auf dem man sie auf Fotos abbildete. Besonders viel Mühe hatten sich die Parcoursbauer bei ihren Drachenelementen gegeben, die gleich in mehreren Varianten auftauchten. Olaf Petersen, der die olympischen Parcours von Sydney und Athen gebaut hatte und in Hongkong als Technischer Delegierter tätig war, erklärte: „Solche bunten Elemente sind schön für die Zuschauer, schrecken die Pferde aber nicht wirklich. Hier liegt die Schwierigkeit vielmehr in den sehr leicht gebauten, luftigen Hindernissen. Die sind schwierig zu taxieren."

Course Designer Leopoldo Palacios und Steve Stephens mit Olaf Petersen (Mitte), der in Hongkong als Technischer Delegierter tätig war.

Der erste Umlauf im Nationenpreis

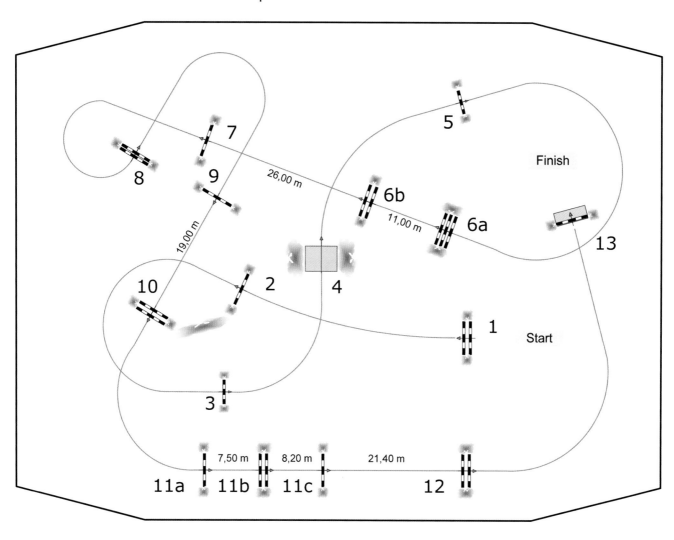

1. Umlauf Nationenpreis / 2. Qualifikation Einzel

Parcoursdaten

Länge des Parcours	560 m
Geschwindigkeit	375 m/min.
Erlaubte Zeit	90 sec.
Hindernisse	13
Sprünge	16

Hindernis	Höhe vorne	Höhe hinten	Weite
1	1,40	1,45	1,30
2	1,55		
3	1,57		
4			4,20
5	1,60		
6a	0,90	1,55	1,90
6b	1,50	1,50	1,55
7	1,60		
8	1,55	1,55	0,90
9	1,60		
10	1,50	1,50	1,80
11a	1,55		
11b	1,51	1,51	1,60
11c	1,55		
12	1,55	1,55	1,80
13	1,60		

Der Nationenpreis wurde an zwei Tagen entschieden: Die erste Qualifikation fand am Sonntag, 17. August, statt; alle Reiter begannen mit der Wertung wieder bei null. Am darauffolgenden Montag wurde mit dem zweiten Umlauf das Finale eingeläutet, an dessen Ende sogar noch ein Stechen stehen musste, sollten mehrere Mannschaften gleichauf liegen. Neu in Hongkong war, dass es sich beim zweiten Umlauf um einen komplett neuen Parcours handelte. Dies wurde nach den Spielen in Athen als Neuerung im Reglement eingeführt. Bisher hatte das Publikum einfach einen erneuten Umlauf über den ersten Parcours gesehen — jetzt wurde also für mehr Abwechslung gesorgt; und für mehr Arbeit bei den Course Designern.

Es war 19:15 Uhr am Sonntag, den 17. August, als der erste Reiter des Nationenpreises unter Flutlicht in die Arena einritt und das Springen eröffnete. 560 Meter lang war der Parcours und umfasste 13 Hindernisse mit 16 Sprüngen — 1,40 Meter bis 1,60 Meter hoch, maximal 1,90 Meter tief. Die besondere Tücke dieses ersten Umlaufs stellte das frühe Wasser am Sprung 4 dar. Die Pferde kamen aus einer Wendung direkt auf die Tribüne zu — und be-

fanden sich schon nach vier bis fünf Galoppsprüngen vor dem 4,20 Meter breiten Wassergraben. Nicht viel Zeit, um Schwung zu holen oder das Hindernis zu realisieren. Eine kleine Tücke auch der allerletzte Sprung: Nach einer dreifachen Kombination und Sprung 12 vor der Zuschauertribüne wurde meist schon kräftig applaudiert und

die Teilnehmer ritten genau auf den Ausritt zu — mussten dann aber noch einmal nach links wenden und Sprung 13 überwinden. Nicht jedes Pferd war hier gewillt, noch weiter zu gehen. Und so kam das, was die „Macher" schon angekündigt hatten: Die Spreu trennte sich relativ schnell vom Weizen. Vor allem den unerfahrenen, unbekannten Reitern und Neueinsteigern in den großen Sport wurden die Schwierigkeiten des Springsports demonstriert. Es hagelte zum Auftakt der Prüfung Fehler noch und nöcher. Der Jordanier Ibrahim Bisharta verließ die Arena mit 22 Strafpunkten, der Russe Ljubov Kochetova mit 33 und die

Neuseeländerin Katie Mc Vean gar mit 45. Auch für den berühmt berüchtigten Ukrainer Alexander Onischenko war viel zu früh Schluss: Er scheiterte am Wassergraben, den sein belgischer Codar einfach nicht springen wollte und schied, schwer enttäuscht, aus. Damit blieb er jedoch nicht der Einzige. Ein Raunen ging durchs Publikum, als der Aserbaidschaner Jamal Rahimov schon über einem ungünstig angerittenen Sprung 12 in Wohnungsnot geriet und vor der Tribüne herunterfiel. Lange Zeit bewegte er sich gar nicht und eine Menge Rettungssanitäter kümmerten sich um ihn. Doch dann konnte er wieder aufstehen und unter donnerndem Applaus des Publikums zu Fuß das Stadion verlassen. Ein Aufatmen ging durch die Reihen. Und man freute sich, als endlich ein paar ordentliche Runden zeigten, dass der Parcours doch zu meistern war. Der Ire Denis Lynch musste nur einen Zeitfehler mitnehmen, ebenso der für Belgien startende **Jos Lansink**.

Und die Deutschen? Sollte ihre Taktik aufgehen? Gespannt wurde Christian Ahlmann als 18. Starter erwartet. Hoch motiviert ritt er ein, deutlich zu sehen, dass er sich viel vorgenommen hatte. Doch der 15-jährige Holsteiner Schimmel Cöster riss an Sprung 8 und 11a, dem Einsprung der dreifachen Kombination, und kam mit 8 Fehlerpunkten ins Ziel. Auch Meredith Michaels-Beerbaum, die eigentlich eine sehr gute Runde zeigte, wurde die dreifache Kombination zum Verhängnis und sie kassierte vier Strafpunkte. „Ich bin nicht enttäuscht, sondern sehr zufrieden mit Shutterfly. Den Fehler habe ich selbst zu verantworten, da bin ich nicht sauber an die Kombination geritten", so Michaels-Beerbaum. Umso mehr wollte sich Ludger Beerbaum hier vor Fehlern hüten — und riss trotzdem an Sprung 11a, nachdem er schon am Wassergraben zu wenig Schwung hatte und durch ganz leichtes Touchieren einen Fehler hinnehmen musste. Das Streichergebnis lieferte **Marco Kutscher**: Nachdem er vor dem Wasser richtig Druck machen musste, lief die Runde alles andere als harmonisch und der so sprunggewaltige **Cornet Obolensky** ging mit 13 Fehlern ins Ziel.

Fliegende Schimmel. Während Jos Lansinks Cumano bis zur letzten Runde überzeugte (oben), zeigten sich bei Marco Kutscher und seinem erst 9-jährigen Cornet Obolensky große Probleme zwischen Reiter und Pferd (unten).

Zu jung für Olympia? Zu lange Trainingspause? Ludger Beerbaums All Inclusive schaffte es trotz seiner schönen Manier nicht auf den erhofften Medaillenrang.

„Ich weiß nicht, was hier los ist, aber es muss etwas passieren", erklärte Bundestrainer Kurt Gravemeier aufgebracht. Noch bevor die Endergebnisse des ersten Umlaufs feststanden, sahen die Reiter ihre Chancen auf eine Medaille schwinden. „Es ist sehr, sehr schade. Von der Hoffnung auf eine Mannschaftsmedaille müssen wir uns wohl verabschieden", so die gebürtige Kalifornierin Meredith Michaels-Beerbaum, mit der erstmals eine Frau eine deutsche Springmannschaft bei olympischen Reiterwettbewerben vertreten durfte. Auch ihr Schwager Ludger Beerbaum erklärte resigniert: „Ich habe immer gesagt, dass auch bei den besten Vorzeichen alles ganz anders ausgehen kann. Sollten die anderen Reiter so viele Fehler machen, dass wir doch noch die Chance auf den zweiten Umlauf morgen bekommen, müssen wir alle irgendwie noch etwas mehr leisten. Aber realistisch gesehen war's das mit der Team-Medaille".

Deutschland beendete den ersten Umlauf der Mannschaftswertung mit 20 Fehlern und schaffte es damit als letzte Mannschaft, sich für die Finalrunde am darauffolgenden Montag zu qualifizieren; die Medaillen-Chancen waren allerdings gering — da hätte schon eine riesige Portion Glück dazugehören müssen, denn von den führenden Nationen trennten die Deutschen zwei Springfehler.

Überraschend waren die Ergebnisse nach dem ersten Umlauf des Nationenpreises allemal: Angeführt wurde die Wertung von der Schweiz und den USA, die mit 12 Fehlern gleichauf lagen, gefolgt von Schweden (13), England und Kanada (jeweils 16). Die Niederlande lagen gleichauf mit Norwegen (17), während Deutschland und Australien (je 20) die Schlusslichter der zum Teamfinale qualifizierten Nationen bilden sollten. Teilnahmeberechtigt in dieser Prüfung waren nämlich nur die 50 besten Teilnehmer beziehungsweise die acht besten Teams.

Auch ein Blick auf den aktuellen Stand der Einzelwertung, für die auch das erste Qualifikationsspringen zählte, zeigte Interessantes: Hier führte der US-Reiter **McLain Ward** auf **Sapphire** vor dem Kanadier Eric Lamaze auf Hickstead und Rodrigo Pessoa (BRA) auf Rufus. Meredith Michaels-Beerbaum rangiert als beste Deutsche auf Rang 26, Ludger Beerbaum und Christian Ahlmann auf Platz 40, Marco Kutscher auf Platz 44. Letzterer, in Athen noch Olympia-Dritter, war sichtlich enttäuscht über seine 13 Fehler: „Unser Plan ist bisher nicht auf-

gegangen. Meine Runde war eine Katastrophe. Ich wusste, dass der Wassergraben die Klippe im Parcours sein würde, wollte mit Schwung hinreiten, aber dann ist mir das Pferd über die linke Schulter weggebrochen. Anschließend haben wir den Rhythmus nicht mehr gefunden, zur Dreifachen wollte Cornet nicht mehr richtig hin. Zum letzten Sprung ist er einfach weitergerannt. Schade!"

Einzig Ludger Beerbaum behielt nach Bekanntgabe der Ergebnisse bei seinem sechsten Olympiastart in Folge die Nerven: „Ich bin lange genug dabei, um zu wissen, dass sich alles noch ändern kann. All Inclusive ist heute so gesprungen, wie ich es mir vorgestellt habe — aber was zählt, ist ja leider das Ergebnis. Das hat nichts mit der Taktik in der ersten Qualifikation zu tun. Aber das Spiel ist noch nicht zu Ende und ich weiß, dass immer noch alles anders kommen kann. Die Hoffnung stirbt zuletzt!" Hoffnungsvoll gingen die Deutschen also ins Finale des Nationenpreises, während sich ihre Konkurrenten angriffslustig zeigten und sich die Führung nicht so leicht nehmen lassen wollten.

Konstant gut: Der US-Amerikaner McLain Ward mischte mit Sapphire von Anfang an auf den vorderen Rängen mit – und war damit an der amerikanischen Goldmedaille im Nationenpreis entscheidend beteiligt.

Der zweite Umlauf im Nationenpreis

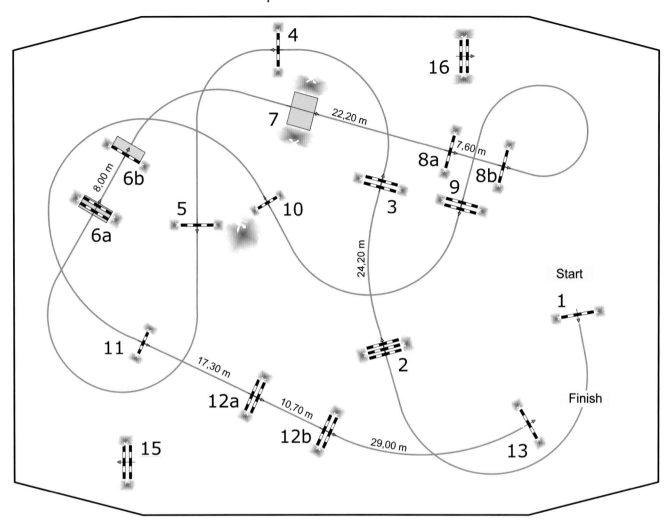

2. Umlauf Nationenpreis

Parcoursdaten

Länge des Parcours	550 m
Geschwindigkeit	375 m/min
Erlaubte Zeit	88 sec.
Hindernisse	13
Sprünge	16

Stechen	
über die Sprünge 15-11-3-5-6a-6b-16	
Länge des Parcours	280 m
Erlaubte Zeit	45 sec.

3. Qualifikation Einzel

Hindernis	Höhe vorne	Höhe hinten	Weite
1	1,47		
2	0,93	1,54	1,90
3	1,50	1,50	1,60
4	1,60		
5	1,60		
6a	1,52	1,52	1,70
6b	1,57		
7			4,10
8a	1,55		
8b	1,58		
9	1,52	1,52	1,75
10	1,60		
11	1,60		
12a	1,50	1,50	1,60
12b	1,50	1,50	1,70
13	1,60		
Stechen			
15	1,45	1,50	1,30
16	1,50	1,55	1,60

Ein neuer Parcours, eine neue Chance? Für den zweiten Umlauf im Nationenpreis war ein Kurs von 550 Metern mit 13 Hindernissen und 16 Sprüngen vorgesehen; die erlaubte Zeit betrug 88 Sekunden. Das Wasser lag diesmal an Sprung 7, hatte aber wieder keinen sehr langen Anreitweg. Weitere Tücken bargen die drei zweifachen Kombinationen, die nicht leicht zu taxieren waren. Eine davon folgte direkt auf das Wasser — nachdem man dies mit viel Schwung überwunden hatte, musste man die Pferde sofort zurücknehmen, um nicht zu flach oder schnell an 8a zu kommen. Ein schwieriges Unterfangen, das höchste Ansprüche an die Rittigkeit stellte. Und genau hier scheiterten die beiden jungen Pferde der Deutschen: Cornet Obolensky verweigerte den Dienst, stieg sogar vor dem ersten Hindernis der zweifachen Kombination. Mit 22 Fehlern und einer katastrophalen Vorstellung beendet Marco Kutscher den Umlauf — und damit auch die Spiele, da er es nicht in die Einzelwertung schaffte. Auch Ludger Beerbaums All Inclusive kam zu schwungvoll und völlig unpassend an das Hindernis 8a und verweigerte. Dann hatte Beerbaum aber wieder alles im Griff und konnte, zusätzlich mit zwei Zeitfehlern, mit 6 Strafpunkten recht zufrieden sein.

Seine beste Runde zeigte Christian Ahlmann im zweiten Umlauf des Nationenpreises. Lediglich am letzten Sprung leistete sich Cöster einen Abwurf. Hinterher wurde das Paar suspendiert – wegen einer positiven Medikationskontrolle.

Motiviert waren die Deutschen Springreiter, das sah man ihnen an. Aber leider nicht gut genug für die Konkurrenz. **Christian Ahlmann** packte **Cöster** an und lieferte eine gute Runde, aber ausgerechnet am letzten Sprung leistete sich der Schimmel, der schon bei den Olympischen Spielen in Athen am Start war, einen Fehler. Kopfschüttelnd verließ Ahlmann die Arena und warf seinen Helm ins Gebüsch. „Mist, das wäre nicht nötig gewesen. Ich hätte noch ein bisschen besser reiten können und müssen", äußerte er sich enttäuscht.

Und auch Meredith Michaels-Beerbaum unterlief ein Flüchtigkeitsfehler und sie kassierte 4 Strafpunkte. „Jetzt müssen wir sehen, ob die anderen Teams noch mehr Fehler machen als wir", erklärte Meredith, die genau mitgerechnet hatte. Deutschland lag mit 34 Zählern gleichauf mit den Holländern und hätte beinahe noch um Bronze stechen können.

Doch dann setzten sich die Schweizer vor sie (30 Punkte), wurden aber auch noch von den Norwegern übertroffen, die sich als absolute Außenseiter Bronze sicherten (27 Punkte). Wer hatte denn diese Mannschaften auf dem Zettel gehabt? Es glich einer Sensation. Aber es kam noch besser: Gold und Silber mussten in einem absolut spannenden Stechen im voll besetzten Stadion zwischen den USA und Kanada ausgemacht werden (je 20 Zähler). Letztlich sicherte eine Nullrunde von **Will Simpson** und **Carlsson vom Dach** den USA den Sieg. Die Amerikaner mit Beezie Madden, Laura Kraut, McLain Ward und Will Simpson waren überwältigt. „Das ist ein Traum. Es ist unglaublich!" strahlte Laura Kraut. Doch auch die Silber- und Bronzegewinner waren außer sich vor Freude, hatten sie doch nicht wirklich mit Medaillen gerechnet, als sie nach Hongkong geflogen waren.

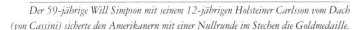

Der 59-jährige Will Simpson mit seinem 12-jährigen Holsteiner Carlsson vom Dach (von Cassini) sicherte den Amerikanern mit einer Nullrunde im Stechen die Goldmedaille.

Im Nationenpreis gab es für Kanada Silber, auch weil Jill Henselwood die beste Runde im Stechen hinlegte. In der Einzelwertung sollte sie dann von Special Ed stürzen – und ausscheiden.

Nationenpreis — Endergebnis

Nation/Reiter	Total/Pferd	1. Umlauf	2. Umlauf	Stechen Punkte
1. USA	**20**	**12**	**8**	**0/115,41**
McLain Ward	Sapphire	0	4	0/37,05
Laura Kraut	Cedric	4	0	0/39,86
Will Simpson	Carlsson vom Dach	8	8	0/38,50
Beezie Madden	Authentic	11	4	nicht gestartet
2. Kanada (CAN)	**20**	**16**	**4**	**4/76,67**
Mac Cone	Ole	12	zurückgezogen	4/40,32
Jill Henselwood	Special Ed	18	0	0/36,35
Eric Lamaze	Hickstead	0	4	nicht gestartet
Ian Miller	In Style	4	0	nicht gestartet
3. Norwegen (NOR)*	**27**	**17**	**10**	
Stein Endresen	Le Beau	4	12	
Morten Djupvik	Casino	12	4	
Geir Gulliksen	Cattani	12	5	
Tony Andre Hansen	Camiro	1	1	
4. Schweiz (SUI)	**30**	**12**	**18**	
Christina Liebherr	No Mercy	4	12	
Pius Schwizer	Nobless M	4	5	
Niklaus Schurtenberger	Cantus	4	8	
Steve Guerdat	Jalisca Solier	4	5	
5. Deutschland (GER)*	**34**	**20**	**14**	
Christian Ahlmann	Cöster	8	4	
Marco Kutscher	Cornet Obolensky	13	19	
Meredith Michaels-Beerbaum	Shutterfly	4	4	
Ludger Beerbaum	All Inclusive	8	6	
5. Niederlande (NED)	**34**	**17**	**17**	
Angelique Hoorn	O'Brien	4	8	
Marc Houtzager	Opium	1	5	
Vincent Voorn	Alpapillon-Armanie	16	27	
Gerco Schröder	Monaco	12	4	
7. Großbritannien (GBR)	**37**	**16**	**21**	
Nick Skelton	Russel	8	13	
Tim Stockdale	Corlato	4	8	
Ben Maher	Rolette	4	0	
John Whitaker	Peppermill	nicht gestartet		
8. Schweden (SWE)	**38**	**13**	**25**	
Peter Eriksson	Jaguar Mail	8	4	
Lotta Schultz	Calibra	5	20	
Helena Lundback	Erbblume	12	17	
Rolf-Goran Bengtsson	Ninja	0	4	
9. Australien (AUS)	**41**	**20**	**21**	
Peter McMahon	Genoa	16	nicht gestartet	
Laurie Lever	Drossel Dan	16	4	
Edwina Alexander	Itot Du Chateau	0	0	
Matt Williams	Leconte	4	17	
10. Brasilien (BRA)*		**25**		
11. Mexiko (MEX)		**26**		
12. Ukraine (UKR)		**34**		
13. Saudi Arabien (KSA)		**38**		
14. Neuseeland (NZL)		**45**		
15. Hongkong (HKG)		**59**		
16. China (CHN)		**99**		

* Bei Drucklegung war die Entscheidung um die Vergabe der Medaillen und Platzierungen noch nicht endgültig geklärt, da die Verfahren bei der FEI wegen der positiven Proben der Pferde noch nicht abgeschlossen waren.

Das Ergebnis im Nationenpreis war „die bitterste Enttäuschung" in der Karriere von Kurt Gravemeier. Durch die positive Medikationskontrolle von Christian Ahlmanns Cöster sollten er und Mannschaftstierarzt Dr. Björn Nolting aber noch mehr enttäuscht werden.

Die Kanadier mit dem ältesten Springreiter im Team, dem 61-jährigen Ian Millar, gewannen absolut überraschend Silber. Sein Mannschaftskollege Mac Cone musste sich nach 12 Punkten im ersten Umlauf im zweiten Umlauf wegen einer Verletzung zurückziehen. Doch die Leistungen von Jill Henselwood und Eric Lamaze sollten für die Silbermedaille dennoch ausreichen.

Vierte wurden die Schweizer, obwohl deren tragende Säule Beat Mändli in der Quarantäne ausgefallen war. Mit 30 Fehlerpunkten und damit vier weniger als die Deutschen schlossen die Schweizer auf dem etwas undankbaren Vierten ab. Christina Liebherr und No Mercy, die überragend in die erste Qualifikation gestartet waren, lieferten in der zweiten Runde das Streichergebnis (4/23). Pius Schwizer, Sieger in der Dortmunder Westfalenhalle im Frühjahr mit Nobless M, lieferte mit 4 und 5 Fehlerpunkten ein gutes Ergebnis, genau wie Niklaus Schurtenberger und Steve Guerdat.

Zerknirscht verließ das deutsche Team die Teilnehmertribüne. „Es ist so schade. Manchmal ist man einfach nicht dran, das ist der Sport. Dafür war die Stimmung im Stadion wunderbar — und heute war Jacque Rogge hier. Das wird der Zukunft des Springsports sicherlich gut tun", erklärte Ludger Beerbaum, gab aber dennoch zu: „Wir waren haushohe Favoriten und haben jämmerlich versagt." Besonders niedergeschlagen wirkte Bundestrainer Kurt Gravemeier: „Das ist die bitterste Enttäuschung in meiner Karriere. Ich mache den Reitern keinen Vorwurf. Vielleicht haben wir es doch falsch gemacht, fast vier Wochen vor dem Start der Prüfung schon hierher zu kommen. Vielleicht sind die Pferde müde geworden, oder sie haben einfach Prüfungsroutine verloren. Es ist müßig, jetzt nach Ursachen zu suchen. Es ist einfach komplett in die Hose gegangen." Meredith Michaels-Beerbaum wollte lieber nach vorn schauen. „Ich hatte dumme Flüchtigkeitsfehler, aber eigentlich ist Shutterfly gut drauf. Die nächsten zwei Tage werde ich es mal anders machen als bisher, nicht so viel Sport und Konzentration. Lieber Relaxen und Shopping, das hilft bei mir fast immer. Und es ist gut, dass die Wertung dann wieder bei null beginnt."

Das Einzelfinale sollte eine neue Chance sein, die die Deutschen nutzen wollten. Schlussendlich erreichten diese Runde aber nur noch Meredith Michaels-Beerbaum und Ludger Beerbaum, die aber auch als Favoriten auf eine Einzelmedaille nach Hongkong gekommen waren.

Nach 72 Jahren erstmals wieder am Start und vorläufig Bronze: Norwegen. Da Tony André Hansen (links) durch eine positive Medikationskontrolle suspendiert werden musste, müssen vermutlich auch Morten Djupvik, Geir Gulliksen und Endresen Stein ihre Medaillen an die Schweizer weiterreichen.

Mannschaftsgold für die USA: Will Simpson, Laura Kraut, Beezie Madden und McLain Ward freuen sich nach einem spannenden Stechen über den Sieg.

Überraschend Silber gewonnen: Die Kanadier mit Mac Cone, Jill Henselwood, Eric Lamaze und Ian Miller. Letzterer war zum 9. Mal bei Olympischen Spielen am Start (erstmals 1972 in München) und gewann nun zum ersten Mal eine Medaille.

Einzelwertung — Stand nach Nationenpreis

	Reiter	Nation	Pferd	1. Qualifikation	2. Qualifikation	3. Qualifikation	Total
1	Tony Andre Hansen*	NOR	Camiro	1 (14)	1 (6)	1	3
2	Jos Lansink	BEL	Cumano	1 (14)	1 (6)	2	4
2	McLain Ward	USA	Sapphire	0 (1)	0 (1)	4	4
2	Edwina Alexander	AUS	Itot du Chateau	4 (30)	0 (1)	0	4
2	Eric Lamaze	CAN	Hickstead	0 (1)	0 (1)	4	4
6	Ben Maher	GBR	Rolette	1 (14)	4 (10)	0	5
7	Rodrigo Pessoa*	BRA	Rufus	1 (14)	0 (1)	6	7
8	Denis Lynch*	IRL	Lantinus	1 (14)	1 (6)	6	8
8	Marc Houtzager	NED	Opium	2 (28)	1 (6)	5	8
8	Ian Millar	CAN	In Style	4 (30)	4 (10)	0	8
8	Rolf-Göran Bengtsson	SWE	Ninja	4 (30)	0 (1)	4	8
12	Laura Kraut	USA	Cedric	5 (39)	4 (10)	0	9
13	Steve Guerdat	SUI	Jalisca Solier	1 (14)	4 (10)	5	10
14	Niklaus Schurtenberger	SUI	Cantus	0 (1)	4 (10)	8	12
15	Pius Schwizer	SUI	Nobless M	4 (30)	4 (10)	5	13
16	Meredith Michaels-Beerbaum	GER	Shutterfly	6 (46)	4 (10)	4	14
17	Beezie Madden	USA	Authentic	0 (1)	11 (37)	4	15
18	Ramzy Al Duhami	KSA	Allah Jabek	2 (28)	5 (22)	9	16
18	Angelique Hoorn	NED	O'Brien	4 (30)	4 (10)	8	16
18	Stein Endresen	NOR	Le Beau	0 (1)	4 (10)	12	16
18	Tim Stockdale	GBR	Corlato	4 (30)	4 (10)	8	16
18	Will Simpson	USA	Carlsson vom Dach	0 (1)	8 (24)	8	16
23	Jean-Claude van Geenberghe	UKR	Quintus	5 (39)	8 (24)	4	17
23	Antonio Chedraui	MEX	Don Porfirio	1 (14)	8 (24)	8	17
23	Morten Djupvik	NOR	Casino	1 (14)	12 (38)	4	17
26	Jill Henselwood	CAN	Special Ed	1 (14)	18 (57)	0	19
27	Bernardo Alves*	BRA	Chupa Chup	0 (1)	12 (38)	8	20
27	Peter Eriksson	SWE	Jaguar Mail	8 (49)	8 (24)	4	20
29	Laurie Lever	AUS	Drossel Dan	1 (14)	16 (50)	4	21
29	Gerco Schroder	NED	Monaco	5 (39)	12 (38)	4	21
31	Christian Ahlmann*	GER	Coster	10 (56)	8 (24)	4	22
31	Nick Skelton	GBR	Russel	1 (14)	8 (24)	13	22
33	Kirk Webby	NZL	Sitah	4 (30)	8 (24)	12	24
33	Federico Fernandez	MEX	Zorro	1 (14)	9 (32)	14	24
33	Ludger Beerbaum	GER	All Inclusive	10 (56)	8 (24)	6	24
36	Matt Williams	AUS	Leconte	4 (30)	4 (10)	17	25
37	Taizo Sugitani	JPN	California	0 (1)	17 (55)	9	26
38	Camila Benedicto	BRA	Bonito Z	5 (39)	13 (45)	9	27
38	Christina Liebherr	SUI	No Mercy	0 (1)	4 (10)	23	27
40	Lotta Schultz	SWE	Calibra II	5 (39)	5 (22)	20	30
41	Juan Andres Rodriguez	GUA	Orestus	9 (52)	9 (32)	13	31
42	Helena Lundback	SWE	Erbblume	8 (49)	12 (38)	17	37
43	Marco Kutscher	GER	Cornet Obolensky	6 (46)	13 (45)	19	38
44	Pablo Barrios	VEN	Sinatra	9 (52)	14 (47)	20	43
44	Vincent Voorn	NED	Alpapillon-Armanie	0 (1)	16 (50)	27	43
46	Patrick Lam	HKG	Urban	0 (1)	9 (32)	36	45
47	Alberto Michan	MEX	Chinobampo Lavita	12 (64)	9 (32)	25	46
	Mac Cone	CAN	Ole	0 (1)	12 (38)	zurückgezogen	
	Peter McMahon	AUS	Genoa	4 (30)	16 (50)	Nicht gestartet	

* Die Pferde der Reiter wurden positiv getestet, die Reiter suspendiert und bei Drucklegung liefen die Verfahren bei der FEI noch.

Sprunggewaltig: Erfolgsschimmel Cumano mit dem für Belgien reitenden Jos Lansink sprang überragend – bis zum letzten Umlauf, in dem er 8 Fehlerpunkte mitnahm und auf Rang 10 landete; zusammen mit fünf weiteren Reitern.

Auch McLain Ward und Sapphire beendeten die ersten drei Qualifikationen mit insgesamt nur 4 Fehlerpunkten. Nach dem Einzelfinale landete das US-Paar auf Rang 6.

Genauso gut wie ihre männlichen Kollegen lag die Australierin Edwina Alexander mit Itot du Chateau mit 4 Fehlern nach den ersten drei Prüfungen auf Medaillenkurs. Doch auch sie kam mit 8 Fehlern aus den beiden Umläufen des Einzelfinales – und landete auf Platz 10.

Gleiche Voraussetzung wie seine Konkurrenten, nur machte er am Ende des Einzelfinales das Rennen: Eric Lamaze und Hickstead blieben bis zum Schluss überragend und sicherten sich damit Gold.

Der erste Finalumlauf

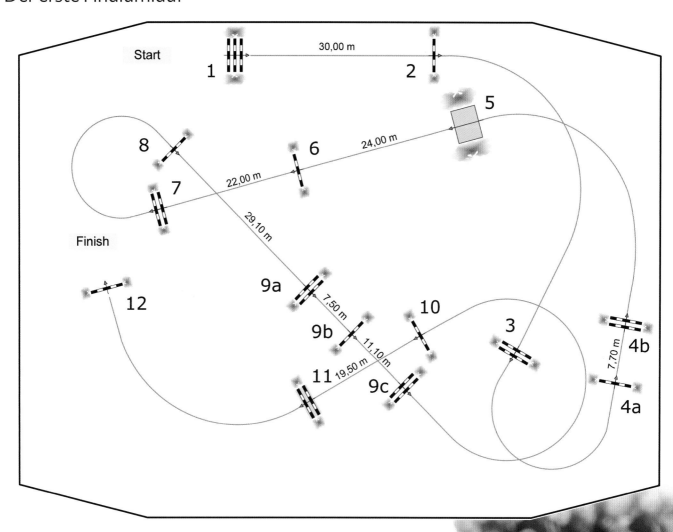

Start

1

30,00 m

2

5

8

6

24,00 m

7

22,00 m

Finish

29,10 m

12

9a

7,50 m

10

9b

3

4b

11,10 m

7,70 m

11

19,50 m

9c

4a

Parcours 1 – Einzelwertung

Parcoursdaten

Länge des Parcours	540 m
Geschwindigkeit	375 m/min.
Erlaubte Zeit	87 sec.
Hindernisse	12
Sprünge	15

Hindernis	Höhe vorne	Höhe hinten	Weite
1	0,90	1,50	1,70
2	1,57		
3	1,50	1,50	1,65
4a	1,55		
4b	1,51	1,51	1,60
5			4,20
6	1,60		
7	1,50	1,50	1,70
8	1,60		
9a	1,50	1,51	1,60
9b	1,55		
9c	1,52	1,53	1,65
10	1,60		
11	1,52	1,52	1,80
12	1,60		

Freitag, 21. August 2008, 19:15 Uhr. Das große Einzelfinale im Springreiten fand nach den Doping-Geschehnissen in einer etwas anderen Besetzung statt als vorher noch angenommen. Fünf Reiter konnten auf die frei gewordenen Plätze nachrücken, denn zugelassen waren ja nur die 35 besten — unmanipulierten — Starter aus den ersten drei Wertungsprüfungen. Und maximal drei Reiter pro Nation, weshalb auch Will Simpson auf der Starterliste fehlte. Eigentlich hätte auch Marco Kutscher als Nachrücker antreten können, doch die Information erreichte ihn zu spät — und sein 9-jähriger Cornet Obolensky erschien in den vorhergehenden Prüfungen ohnehin schon überfordert. Für die Finalteilnehmer begann die Wertung wieder ganz bei null, alle hatten also gleiche Chancen für die aus zwei Umläufen, und wie sich nachher herausstellte, einem Stechen bestehende Prüfung. Auch die gebeutelten Deutschen hatten noch, oder wieder, die Hoffnung auf eine Medaille.

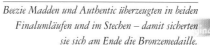

Beezie Madden und Authentic überzeugten in beiden Finalumläufen und im Stechen – damit sicherten sie sich am Ende die Bronzemedaille.

Der zweite Finalumlauf

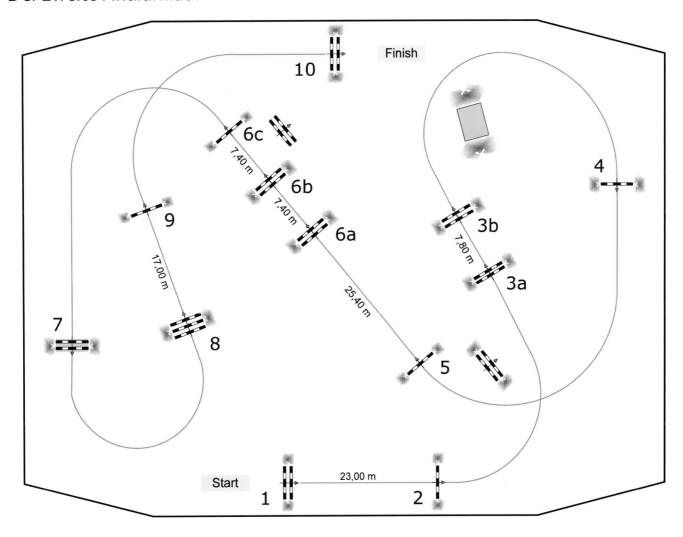

Parcours 2 – Einzelwertung

Parcoursdaten

Länge des Parcours	500 m
Geschwindigkeit	375 m/min
Erlaubte Zeit	80 sec.
Hindernisse	10
Sprünge	13

Hindernis	Höhe vorne	Höhe hinten	Weite
1	1,45	1,50	1,50
2	1,55		
3a	1,55	1,55	1,10
3b	1,50	1,50	1,65
4	1,60		
5	1,60		
6a	1,52	1,52	1,60
6b	1,52	1,52	1,60
6c	1,60		
7	1,55	1,55	1,60
8	0,90	1,55	2,10
9	1,60		
10	1,55	1,55	1,90
Stechen			
12	1,45	1,50	1,60
13	1,50	1,55	1,60

Der Parcours des ersten Umlaufs, der sogenannten „Final Round A", hatte eine Länge von 540 Metern, auf die sich 12 Hindernisse mit 15 Sprüngen verteilten, und war in 87 Sekunden zu bewältigen. Doch auch wenn die Linienführung nicht ganz einfach aussah, erschien die Aufgabenstellung nach den ersten Reitern beinahe als zu einfach. Zehn Nullrunden in der erlaubten Zeit und 12 mit nur einem Abwurf machten den Einstieg ins Finale tatsächlich etwas unspektakulär. Die Ritte wurden kritisch beäugt, die Listen untersucht und unter den spielbegeisterten Chinesen wurden bereits erste Wetten angestellt: Wer würde Gold holen? Ein „üblicher Verdächtiger" von der Weltspitze, jemand wie Jos Lansink, der mit Cumano im ersten Umlauf eine Bilderbuch-Runde hingelegt hatte, ein Rolf-Göran Bengtsson, eine **Beezie Madden** oder gar ein Außenseiter wie der Kanadier Eric Lamaze, dessen Pferd Hickstead durch überragende Manier ins Auge fiel?

Und was war mit den beiden Deutschen, dem „Altmeister" Ludger Beerbaum und seiner Schwägerin, der „Olympischen Newcomerin" Meredith Michaels-Beerbaum? Alle beide kassierten im ersten Umlauf an Hindernis 9a einen Abwurf, schafften es damit aber noch unter die besten 22 Reiter — und damit in den zweiten

Umlauf. „Wir können es noch schaffen. Es wäre nach all den Niederlagen in der Mannschaftswertung und nach dem heutigen Dopingterror ein unglaublich schöner Abschluss, wenn wir doch noch eine Medaille mitnehmen könnten. Ich werde alles geben", äußerte sich Meredith Michaels-Beerbaum nach dem ersten Umlauf, bevor sie zur Parcoursbesichtigung der zweiten Runde schritt.

Der zweite Umlauf des Olympischen Einzelfinales war 500 Meter lang, enthielt 10 Hindernisse mit 13 Sprüngen, maximal 1,60 Meter hoch und 2,10 Meter breit, und war in 80 Sekunden zu meistern. Besonders die dreifache Kombination hatte es in sich und sollte es einigen Reitern schwer machen. Doch bevor der zweite Umlauf nach einer fast einstündigen Pause starten konnte, gab es einen kleinen Zwischenfall: Ein fast nackter Chinese, lediglich mit einem Tütü bekleidet und mit chinesischen Schriftzeichen bemalt, hoppelte durch die Arena. Diese Demonstration war, wie sich nachher herausstellte, ein Werbegag und kein Politikum, wurde vom Publikum mit Gelächter und Pfiffen bedacht und ohne großen Widerstand von der Security beendet. Und dann konnte es losgehen mit dem zweiten Umlauf, der eine größere Herausforderung darstellte als die erste Runde.

Deutlich besser als in den vorherigen Prüfungen zeigte sich All Inclusive unter Ludger Beerbaum. Im ersten Umlauf hatte er einen Abwurf, im zweiten blieb er null. Als erster Starter im Stechen machte er leider einen Fehler – und war raus aus den Medaillenrängen.

Der Schwede Rolf-Göran Bengtsson behielt die Nerven und zeigte zwei Nullrunden. Und das, obwohl er vor seinem zweiten Start die Arena zweimal wieder verlassen musste: Erst ging ein Gewitterregen nieder, dann musste der undichte, überbaute Wassergraben repariert werden.

Böse Überraschungen gab es für den Norweger Stein Endresen und den Briten Tim Stockdale, die im ersten Umlauf beide null gegangen waren: Ganze 16 Strafpunkte katapultierten sie auf den letzten Metern aus den Medaillenrängen. Für die Briten lief es ohnehin schlecht: Ihre letzte Medaillenhoffnung, Ben Maher, ebenfalls fehlerfrei in der ersten Runde, erlitt im zweiten Umlauf einen großen Einbruch und kam mit 20 Strafpunkten ins Ziel. „Das ist so enttäuschend. Mein Pferd hatte gestern einen freien Tag, ich dachte das hätte ihm gut getan. Der erste Umlauf lief so phantastisch, aber irgendwie hatte ich es im Gefühl, dass die zweite Runde ein Problem werden könnte." Auch der so stark eingeschätzte Jos Lansink musste 8 Fehler hinnehmen; sein Cumano wirkte beinahe etwas müde. Die niederländische Medaillenhoffnung Gerco Schröder, mit 4 Fehlern in die zweite Runde gekommen, riss an drei Sprüngen — und der Traum von der Siegesparty war zerplatzt. Aber nun zeigten die beiden letzten deutschen Springreiter endlich ein gutes Nervenkostüm. Während bei fast allen Reitern Stangen purzelten, blieben Ludger Beerbaum und seine Schwägerin Meredith beide fehlerfrei.

Nur zwei Reiter, der Schwede Rolf-Göran Bengtsson und der Kanadier Eric Lamaze, blieben ganz fehlerfrei. Und damit stand fest: Sie mussten in einem Stechen Silber und Gold unter sich ausmachen. Aber das war nicht genug. Darüber hinaus gab es sieben Reiter, die nach dem zweiten Umlauf mit insgesamt vier Strafpunkten abgeschlossen hatten. Das bedeutete auch ein Stechen um Bronze — und eine letzte Chance für Deutschland.

Sensation für Kanada: Eric Lamaze blieb zweimal null und gewann dann das Stechen um Gold, da er in derselben Zeit wie Rolf-Göran Bengtsson fehlerfrei blieb.

Rodrigo Pessoa schaffte das Stechen um Bronze nicht, wurde jedoch — erst einmal — Fünfter. Nach den Spielen stellte man auch bei seinem Rufus eine positive Medikationskontrolle fest und er wurde disqualifiziert.

Meredith Michaels Beerbaum und Shutterfly fanden im Finale zu ihrer überzeugenden Form zurück. Im Stechen waren es dann nur zwölf Hundertstel Sekunden,
die sie von der Bronzemedaille trennten. Diese sicherte sich Beezie Madden. Meredith bekleidete den undankbaren vierten Platz.

Das Stechen um die Medaillen

Die Länge des Stechparcours betrug 305 Meter, die erlaubte Zeit 49 Sekunden. Geritten werden mussten die Hindernisse 1, 12, 5, 6b, 6c, 13 und 4 — eine echte Herausforderung mit engen Wendungen, die hohe Ansprüche an Rittigkeit, aber auch an die Kraft der Pferde stellte, dem Publikum aber ein spannendes Finale liefern sollte.

Zunächst wurde um die Bronzemedaille gestochen. Das Problem für die Deutschen: Ludger Beerbaum musste als Erster in diesen letzten Umlauf, konnte sich also keine Ritte der Konkurrenten ansehen und musste gleich Maßstäbe setzen. Doch es sah gut aus, wie der Routinier seinen erst 9-jährigen All Inclusive durch den Kurs steuerte. Doch dann, am vorletzten Hindernis, leistete er sich einen Abwurf — und schloss mit 36,16 Sekunden ab. Gleich nach ihm war auch schon **Meredith Michaels-Beerbaum** an der Reihe und blieb in 35,37 Sekunden null. Die Hoffnung auf Bronze wollte nicht schwinden. Der Brasilianer Rodrigo Pessoa, der sich ebenfalls in einem Stechen 2004 in Athen olympisches Einzelsilber sichern konnte, und durch die nachträgliche Disqualifikation des Gewinners Cian O'Connor sogar Gold bekommen hatte, war langsamer. Der US-Amerikaner McLain Ward riss am letzten Sprung,

Angelique Hoorn (Niderlande) hatte gleich zwei Hindernisfehler. Die Medaille war zum Greifen nah, die Anspannung riesengroß. Doch dann: Beezie Maddens Authentic blieb null in 35,25 Sekunden — damit war sie auf Bronzekurs. Als letzer Bronzekandidat ritt der Niederländer Marc Houtzager ein, dessen Pferd Opium jedoch durch einige Bocksprünge Zeit verlor und auch noch eine Stange runtertrat. Damit hatte Beezie Madden Bronze sicher — und Meredith Micheales-Beerbaum es auf den letzten Metern verloren. „Schade, irgendwie hat es nicht sein sollen. Das war so knapp, das ist jetzt sehr enttäuschend, vielleicht hätte ich so ein bisschen auch noch rausholen können", seufzte Meredith Michaels-Beerbaum nach Beendigung ihrer ersten Olympischen Spiele — und wurde von Dressurreiterin Isabell Werth, die auf der Teilnehmertribüne mitgezittert hatte, tröstend in die Arme geschlossen. Während die USA schon begannen, ihre Bronzemedaille zu feiern, mussten die Kanadier und die Schweden noch um Silber und Gold Daumen halten.

Rolf-Göran Bengtsson versuchte schnell zu reiten und dennoch fehlerfrei zu bleiben. Doch ausgerechnet am letzten Hindernis musste Ninja reißen — 38,39 Sekunden und vier Fehler waren das Ergebnis. Diesen Fehler wusste der

Kanadier Eric Lamaze mit Hickstead zu vermeiden. In exakt derselben Zeit wie sein Konkurrent, 38,39, blieb er fehlerfrei und hatte gewonnen. Unter donnerndem Applaus überritt er die Ziellinie und zeigte einen Gefühlsausbruch vollendeter Freude. Jauchzend schmiss er seinen Helm ins Publikum, galoppierte an den gröhlenden Rängen vorbei und zeigte immer wieder auf sein Pferd. „Ich habe niemals damit gerechnet, hier zu gewinnen. Es ist eine absolute Sensation und ich weiß überhaupt nicht, was ich sagen soll. Es ist unglaublich und mein Pferd ist einfach das Beste der Welt!", so seine glücklichen Kommentare nach seinem Ritt. Nach der feierlichen, letzten Siegerehrung ritt Lamaze voller Stolz eine dritte Ehrenrunde — das hatte noch niemand getan, aber das Publikum feierte ihn mit donnerndem Applaus.

Freud und Leid liegen dicht beieinander. Trotz der tragischen Doping-Skandale hatte der Springsport einmal mehr bewiesen, dass er zu begeistern weiß — und dass er voller Überraschungen steckt. Sensationell die Ergebnisse für Kanada und Schweden. Für Deutschland jedoch waren die Olympischen Springreiterwettbewerbe der schlimmste Rückschlag seit 1928. Ein dunkles Kapitel, das zum Überdenken der Strukturen und der Zukunft anregen sollte.

Erst Doping-Desaster, dann spannendes Spring-Finale. Die drei Medaillenträger Rolf-Göran Bengtsson, Eric Lamaze und Beezie Madden freuten sich etwas verhalten über Silber, Gold und Bonze. In der Siegerehrung war Lamazes Jubel aber nicht mehr zu bremsen.

Finale — Einzelwertung

Reiter	Nation	Pferd	Runde A	Runde B	Total	Stechen um Gold+Silber	um Bronze
1. Eric Lamaze	CAN	Hickstead	0	0	0	0/38,39	
2. Rolf-Göran Bengtsson	SWE	Ninja	0	0	0	4/38,39	
3. Beezie Madden	USA	Authentic	0	4	4		0/35,25
4. Meredith Michaels-Beerbaum	GER	Shutterfly	4	0	4		0/35,37
5. Rodrigo Pessoa*	BRA	Rufus	4	0	4		0/37,04
6. McLain Ward	USA	Sapphire	4	0	4		4/35,39
7. Ludger Beerbaum	GER	All Inclusive	4	0	4		4/36,16
8. Marc Houtzager	NED	Opium	0	4	4		8/36,77
9. Angelique Hoorn	NED	O'Brien	0	4	4		8/36,89
10. Jean-Claude van Geenberghe	UKR	Quintus	4	4	8		
10. Morten Djupvik	NOR	Casino	4	4	8		
10. Steve Guerdat	SUI	Jalisca Solier	4	4	8		
10. Edwina Alexander	AUS	Itot du Chateau	4	4	8		
10. Camila Benedicto	BRA	Bonito Z	0	8	8		
10. Jos Lansink	BEL	Cumano	0	8	8		
16. Gerco Schröder	NED	Momaco	4	12	16		
16. Stein Endresen	NOR	Le Beau	0	16	16		
16. Tim Stockdale	GBR	Corlato	0	16	16		
19. Lotta Schultz	SWE	Calibra II	4	12	17		
20. Ben Maher	GBR	Rolette	0	20	20		
21. Matt Williams	AUS	Leconte	4	20	24		
Jill Henselwood	CAN	Special Ed	4	ausgeschieden			

Chefrichter: Hanno Dohn (GER), Richter: Jean-Loup Caplain (FRA), David Distler (USA), Chang Kyoo Yang (KOR)

* Das Pferd Rufus wurde positiv getestet, sein Reiter Rodrigo Pessoa nachträglich suspendiert und bei Drucklegung lief das Verfahren bei der FEI noch.

Reinhard Wendt

Hinter den Kulissen

Klima und Wetter

Die meist diskutierten Themen vor Ankunft in Hongkong waren Klima und Wetter. Entsprechend stürmisch fing es an und entsprechend stürmisch endete das Unternehmen Hongkong. Zunächst war es Taifun Kamuri, am Ende Taifun Nuri, die alles Leben auf

Ankunft und Akkreditierung

Grüß Gott in chinesisch. Freundlicher Empfang von sechs freundlichen Damen. Gepäck abgenommen und markiert, zügig zur Akkreditierung am Flugplatz. Warten. Kaffee holen. Nein, aus Sicherheitsgründen nicht von der Gruppe entfernen, schon gar nicht selbstständig. Zurück in den Akkreditierungsraum. Warten. Akkreditierung klappt nicht. Ab in die Busse und zu den Hotels. Akkreditierungszentrum im Olympischen Dorf — Hotel Royal Park. Ohne Akkreditierung kommt man nicht hinein; aber drinnen bekommt man die Akkreditierung. Wie geht das? 30 Ordnungs- und Sicherheitskräfte überfluten das Foyer, 12 Akkreditierungsfachkräfte irritieren mit freundlicher Unkenntnis. Vor der Tür Palaver mit vielen chinesischen Akkreditierungs-, Organisations- und Sicherheitskräften. Nein, hier kommt man nicht rein. Weiter warten vor der Tür. Aber drinnen gibt es

Hongkongs Straßen zum Stillstand brachten. Ein Pferdeflugzeug wurde in Amsterdam wieder ausgeladen, eines musste in Dubai zwischenlanden, weil Kamuri im Hongkonger Luftraum keine Anreise zuließ. Nuri sorgte am 22. August dafür, dass über 400 Flüge gestrichen wurden. Ein Rückreisechaos bahnte sich an, das sich in den nächsten Tagen aber rasch wieder entzerrte. Pferde, Reiter, Pfleger und Begleiter brauchten allerdings viel Geduld.

Zwischen Kamuri und Nuri lag die Trainings- und Wettkampfzeit. Hier war das Wetter gut. Nicht zu heiß und nicht zu feucht. Es war gut auszuhalten, Reiter und Pferde waren fit und keiner fühlte sich durch Klima und Wetter stark belastet.

die Akkreditierung. Anrufe in Peking. Von dort verschiedene Lösungsansätze, die sich alle widersprechen. Einige haben es geschafft. Sie sind drinnen und akkreditiert. Jetzt werden die Zimmer bezogen. Zwei Zimmer sind vom Kontingent gestrichen. Was tun? Improvisieren, Umlegen, Zusammenrücken. Irgendwie klappt es. Es sind ja auch noch nicht alle da. Zurück zur Akkreditierung. Dort verhandeln noch welche; draußen vor der Tür. Mit einer List werden die Sicherheitskräfte überrumpelt. Schon ist man in der Akkreditierungszentrale. Hier nur drei Stunden palavern, telefonieren, warten, resignieren und plötzlich ist sie da: die Akkreditierung! Nun ist man ein olympisch zugelassener Mensch. Verstehen Sie das? Nein? Ich auch nicht.

Sicherheit

Sicherheit war groß geschrieben. Sehr, sehr groß. Und von der Ressource Mensch wurde reichlich Gebrauch gemacht. Ein Gemisch aus Ordnungs- und Sicherheitskräften war an allen Orten. Ständig füllten 30 solcher Personen das Foyer des Royal Park Hotels, das zum Olympischen Dorf umfunktioniert war. Das Personal vorm Eingang und am Sicherheitscheck war dabei nicht mitgezählt. Auf dem Weg zu den Aufzügen passierte man sechs solcher Menschen, auf dem Weg zum Frühstück acht und vom Ausgang bis zum 50 m weit weg stehenden Bus wurde man von ebenfalls acht Organisations- und Sicherheitskräften eingewiesen. Zwei Sicherheitskräfte saßen immer im Bus. Einmal wurde einer vergessen, was der Busfahrer nicht merkte. Kurz vor Ankunft am Zielort wurde er angerufen. Er gab Gas, fuhr wieder zurück, holte den Sicherheitsmenschen an Bord und fuhr erneut zum Zielort. Erst dann durfte man aussteigen.

Auf den Tribünen war auch für Sicherheit gesorgt. Dreimal gab es bescheidene Versuche, für Tibet zu demonstrieren. Dreimal gab es das gleiche Bild: Sofortige Menschenmenge rings um die Demonstranten, Abdecken des Geschehens mit einem überdimensionalen Betttuch, wenige Minuten Getümmel und nach kurzer Zeit wieder Ruhe und Ordnung. Erstaunlich, wie zielgenau die Sicherheitskräfte sofort vor Ort waren, wenn sich etwas Unbotmäßiges regte. Einmal allerdings gab's eine Sicherheitslücke. Ein Flitzer flitzte durch den Parcours. Mit so etwas Unverschämtem hatte keiner gerechnet. Erstaunlich lange belustigte er das Publikum, bis er endlich eingefangen war.

Reservereiter

Monica Theodorescu
und Whisper

Für die Disziplinen Dressur und Springen gab es je Mannschaft einen Reservereiter mit je einem Reservepferd. Für Deutschland waren das Monica Theodorescu mit Whisper und Heinrich Hermann Engemannn mit Aboyeur W. Sie hatten den ganzen Sichtungsweg durchlaufen, waren mit in der Quarantäne, flogen mit nach Hongkong und ...? Dort angekommen, stellten sie fest, dass sie olympisch nicht existent waren. Mit ihrer Akkreditierung kamen sie zwar zum Pferd und durften trainieren. Aber sie waren ausgeschlossen vom Olympischen Dorf,

von der Verpflegung und vom Fahrdienst. Das war organisatorisch zu überbrücken. Dramatisch wurde es bei den Pferdebesitzern. Vorab akkreditiert und zugelassen, galt vor Ort nichts mehr. Sie waren von allem abgekoppelt, durften nicht zu ihrem Pferd und nicht zum Reiter. Wer sich so etwas ausdenkt, war nicht zu ergründen. Die Informationsstränge zwischen Hongkong und Peking liefen heiß. In Hongkong wurde nichts entschieden, was nicht von Peking abgesegnet war. Und in Peking konnte man sich unter Reservepferden und deren Besitzern nichts vorstellen.

Die FEI weilte noch in Lausanne und agierte vom grünen Tisch. Dabei gab es in Hongkong extra Büroräume für sie. Hier waren Tische und Stühle aber noch eine Woche nach Ankunft der ersten Pferde mit Plastikhüllen überzogen. Keine Hilfe von hier.

Es dauerte anderthalb Wochen, bis eine Lösung gefunden war, gerade noch rechtzeitig vor Beginn der Wettkämpfe.

Heinrich Hermann Engemann (mitte) mit Breido Graf zu Rantzau (li.) und Paul Schockemöhle (re.)

Freizeitaktivitäten

Vier Wochen sind lang, wenn ein Tages-Trainings- und Pflegepensum von nur einem Pferd anstatt von acht oder zehn Pferden zu bewältigen ist. Dies vorausahnend war für Freizeitaktivitäten verschiedenster Art gesorgt. Hongkong bot erfreulich viel, ob Kultur, Sightseeing, Shopping, Zerstreuung oder sportliche Aktivitäten. Von allem gab es etwas.

Das Hallenfreibad im Royal Park Hotel stand immer zur Verfügung und wurde viel genutzt. Nur während der Taifune war Schwimmpause. Der benachbarte Fitnessraum fand regen Anklang bei unseren Vielseitigkeits- und Springreitern. Körperliche Ertüchtigung stand hoch im Kurs. Auch Kurt Gravemeier und Hans Melzer liefen viele Kilometer auf der Stelle.

Fahrten zum Peak, der hoch gelegenen Aussichtsplattform über Hongkong, zu großen Märkten und kleinen Holzstelzenbehausungen, auf Inseln und in Meeresbuchten wurden organisiert und fanden begeisterten Zuspruch. Kurz bevor die Damen anreisten, begab sich ein Trio unserer Buschreiter auf Erkundungstour ins nächtliche Hongkong. Dieser Abstecher geriet äußerst intensiv. Am nächsten Tag gab es ausgedehnten Kontakt zu sanitären Einrichtungen.

Für die Dressur gab es ein offizielles Mannschaftsessen im ehrwürdigen Happy Valley-Casino des Hong Kong Jockey Club, die Springreiter schifften sich an der „Millio-

närsbucht" zu Barbecue und Sonnenbrand ein und die Vielseitigkeitsreiter wurden vom Fernsehen nach Peking transportiert, um dort ihre Goldmedaillen zu präsentieren. So gab es vielerlei Gelegenheiten, um abseits vom sportlichen Geschehen bleibende Eindrücke zu sammeln.

Reiterkreuze

Das traditionelle Essen der Dressurmannschaft, zu dem die Liselott-Schindling-Stiftung und Herr Rheinberger eingeladen hatten, wurde genutzt, um zwei Persönlichkeiten der Pferdeszene zu ehren, die über lan-

Hans-Joachim Leyenberg (oben) und Dr. Björn Nolting

ge Zeit an ganz unterschiedlichen Stellen Herausragendes und Bemerkenswertes geleistet haben. Dr. Björn Nolting, seit 1990 Mannschaftstierarzt der Springreiter, seit 2000 in gleicher Funktion für die Dressurreiter, und Hans-Joachim Leyenberg, Journalist der schreibenden Zunft, der in Hongkong letztmals Olympische Spiele für die FAZ kommentierte, erhielten aus der Hand des FN-Präsidenten Breido Graf zu Rantzau jeweils das Deutsche Reiterkreuz in Silber.

Die Bar im Media-Hotel

Hotel Regal Riverside — Unterkunft für die Vertreter von Presse, Funk und Fernsehen. Und Unterkunft für viele Reiterinnen und Reiter, Pferdepfleger und Offizielle. Ein schönes Gemisch. Nach dem Sieg unserer Vielseitigkeitsreiter sorgte Kurt Gravemeier dafür, dass Bar, Bühne und Musik solange durchhielten, bis die Gladiatoren von Pressekonferenz, Interviews und Dopingkontrollen mitten in der Nacht eintrudelten. Eine große Fangemeinde begrüßte jeden einzelnen mit steigender Phonzahl. Nicht steigerungsfähig war der Lärm bei Hinrich Romeikes Ankunft, der übrigens von Fernsehkameras bis auf die Toilette verfolgt wurde. In der Bar und auf der Bühne ereignete sich ein Fest, ein nicht enden wollendes Spektakel, ein wahrer Rausch. Beeindruckend die Internationalität. Sieger und Besiegte sangen, tanzten und schunkelten gemeinsam. Bei der Vielseitigkeit waren es Deutschland, Australien und Neuseeland. Später bei der Dressur, nach dem Mannschaftssieg, feierten Deutschland und Dänemark, später ergänzt durch Holland. Grandios die Nacht, als nach der Kür Anky van Grunsven und Isabell Werth gemeinsam die Stimmung anheizten. Sport schafft Konkurrenten, aber Sport verbindet auch. Die Bar des Media-Hotels war der Beweis.

Morgendlicher Heimweg (ANDRÉ SCHOPPMANN)
Nach einer gelungenen und ausschweifenden Siegesfeier kommt irgendwann einmal die Zeit, zu der man sich auf den Heimweg machen sollte. Leider sind in der dunklen Nacht gegen 5.00

Uhr am Morgen nicht alle Wege so einzusehen wie am Tage. So passierte es, dass zwei Mitglieder der deutschen Mannschaft auf dem Weg vom Media-Hotel zum Olympischen Dorf zwar in den Park hineingekommen sind aber auf der anderen Seite alle Türen und Tore verschlossen waren. Kurzerhand überwand man die ca. 2,50 m hohe Mauer mit einem Satz. Leider folgten der ersten Mauer erneut verschlossene Türen und Tore und man musste

Der Mannschaftsführer geht immer den direkten Weg.

auch die zweite Mauer von gleicher Höhe überwinden. Dies gelang nach den Anstrengungen der ersten Mauer nicht jedem so einfach wie zuvor. Durch die lautstarken Versuche, diese Mauer zu überwinden, wurden Sicherheitskräfte des Parks und des Olympischen Dorfes auf die beiden Heimkehrer aufmerksam. Sie konnten nur mitteilen, dass der Park morgens um 6.00 Uhr öffnet. Keine große Hilfe. Kurzerhand wurde anstatt der Mauer ein nicht ganz so hoher Maschendrahtzaun überwunden und die Sicherheitsleute doch noch aktiv, indem sie die Personalien beider Heimkehrer verzeichneten. Am nächsten Tag war in chinesischen Zeitschriften zu lesen, dass zwei Mitglieder der deutschen Vielseitigkeitsmannschaft in den Park ein-, nicht wie tatsächlich, ausgebrochen seien.

46er Stühle

Jeden Tag eine offizielle Besprechung. Jeden Tag im selben Besprechungsraum und jeden Tag auf den selben Stühlen. Sie passten nicht zum Hintern. Entweder man saß schräg rechts auf der Kante oder schräg links auf der Kante. Oder man saß mittig, dann auf beiden Kanten. Unten unbequem und schmerzhaft sitzen, oben Chinesensitzungsenglisch verstehen, das war eine Doppelbelastung besonderer Art. Später wurde uns klar: das sind 46er Sitze, in Europa hat man 50er Sitze. Eine Besonderheit, auf die man nicht so schnell kommt, mit der sich aber auch 18 000 Zuschauer im Stadion arrangieren mussten. Tolle Bilder spannender Wettkämpfe lenkten sie von diesen Zwängen ab.

Verfassungsprüfungen

In allen Disziplinen wurden die Pferde von der Jury samt Tierarzt begutachtet. Schick herausgebracht von den Pflegern waren die Pferde, schick auch die vorführenden Reiter. Man sah, dass das Vortraben geübt war. Störungsfrei und ohne Beanstandung liefen die Präsentationen. Allerdings nicht immer auf gleich hohem Niveau. Mancher misstraute seinem Pferd, und manches Pferd misstraute der Situation. In wenigen Fällen entartete dies zum Tauziehen.

Das Team hinter dem Team

In unserem Sport werden Siege erritten. Dahinter steht aber mehr als Reiter und Pferd und momentane Leistung. Ein ganzes Team analysiert, plant, organisiert und hilft. Dies geschieht aufopferungsvoll, mit Fachkompetenz und Akribie. Hinter den Kulissen wird mitgefiebert, mitgefeiert und mitgetrauert, als sei jeder einzelne Ritt ein ganz persönlicher, eigener Ritt.

Dank also an

Kurt Gravemeier

die Equipechefs:
Dressur: Martin Richenhagen, **Springen**: Kurt Gravemeier, **Vielseitigkeit**: Hans Melzer

die Trainer:
Dressur: Holger Schmezer, **Springen**: Kurt Gravemeier, **Vielseitigkeit**: Chris Bartle

zusätzliche Trainer/ Heimtrainer:
Dressur: Wolfram Wittig, Leonie Bramall und Jonny Hilberath; **Vielseitigkeit**: Rüdiger Schwarz, Georg-Otto Heyser, Jörg Naeve.

v.l. Jonny Hilberath, Leonie Bramall, Holger Schmezer, Martin Richenhagen, Heike Kemmer, Wolfram Wittig

Rüdiger Schwarz

Deutsche Trainer

Viele deutsche Trainer waren vor Ort. Sie betreuten einzelne Reiter und ganze Mannschaften. Im Einzelnen waren dies:
Dressur:

Klaus Balkenhol, Hubertus Schmidt, Jean Bemelmans

- Klaus Balkenhol — USA
- Jean Bemelmans — Spanien und Korea
- Harry Boldt — Australien
- Jonny Hilberath — Mexiko
- Stephanie Kerner — China
- Karin Rehbein — Australien
- Ton de Ridder — Japan
- Ulla Salzgeber — England
- Hubertus Schmidt — Japan und Italien

den Hufschmied: Dieter Kröhnert
den Pressesprecher: Dennis Peiler
die Gesamtorganisation: André Schoppmann

André Schoppmann und Reinhard Wendt

den Mannschaftsarzt: Dr. Manfred Giensch
den Physiotherapeut: Dieter Hoffmann
die Sportpsychologin: Dr. Gaby Bußmann
die Physiotherapeutin/Akupunktur Pferde: Dr. Ina Gösmeier

die Mannschaftstierärzte:
Dressur und Springen: Dr. Björn Nolting, **Vielseitigkeit**: Dr. Carsten Rohde.

v.l. Reinhard Wendt, Dr. Gaby Bußmann, Dr. Carsten Rohde, Dieter Kröhnert

Dr. Björn Nolting

v.l. Dr. Manfred Giensch, Dr. Ina Gösmeier, Dr. Gaby Bußmann, Dieter Hoffmann

- Monica Theodorescu
  — Russland
- Isabell Werth —
  Australien
- Johann Zagers —
  Brasilien
- Rudolf Zeilinger —
  Dänemark

*Team Russland und
Monica Theodorescu (re.)*

Rudolf Zeilinger

Springen:
- Ludger Beerbaum — Japan (li.)
- Gilbert Böckmann — Australien
- Dietmar Gugler — China

Dietmar Gugler (li.)

- Karsten Huck — China

- Paul Schockemöhle —
  China

Vielseitigkeit:
- Harry Boldt — Australien
- Elmar Lesch — Schweden
- Georg-Otto Heyser —
  Dänemark
- Bettina Hoy — Japan

Elmar Lesch

Deutsche Funktionsträger

Auch unter den Funktionsträgern waren viele deutsche Pferdeleute. Allen voran die Jury-Präsidenten Martin Plewa/Vielseitigkeit, Gotthilf Riexinger/Dressur, Dr. Hanno Dohn/Springen. Auch Olaf Petersen fungierte an vorderster Front als Technischer Delegierter Springen.

Deutscher Abgeordneter im Hong Kong Jockey Club war seit zwei Jahren Sönke Lauterbach, dessen Nachfolger Sacha Eckjans auch schon vor Ort tätig war. In der Phalanx der Sportorganisatoren und Stewards sah man Birgit Albersmeier, Stephan Hellwig, Jürgen Petershagen und Carolin Schindelbeck. Für die Qualität der Böden war Oliver Hoberg zuständig, assistiert von Carsten Koch. Die darauf auf-

Sacha Eckjans, Sönke Lauterbach

gebauten Hindernisse konstruierte Frank Rothenberger. Im Team der Veterinäre en-

gagierte sich Dr. Gerrit Matthesen. Und wie an allen herausragenden Turnierplätzen fungierte der in Kanada beheimatete Pedro Cebulka als Zeremonienmeister.

Pedro Cebulka

Olaf Petersen

Angesichts dieser Schar deutscher Trainer und Funktionsträger konnte man sich fast heimisch fühlen.

Gotthilf Riexinger, Ferdi Wassermeyer

---

*Dr. Hanno Dohn, Stephan Hellwig,
Carolin Schindelbeck, Martin Plewa und
Jürgen Petershagen (v.l.n.r.)*

Rückkehr nach Deutschland

Am 15.08.2008 herrschte Ausnahmezustand am Flugplatz Münster/Osnabrück. Schon auf der Landebahn gab es eine Überraschung. Die Feuerwehr sprühte große Fontänen über das Flugzeug. Ein wässriger Siegeskranz für die Vielseitigkeitsmannschaft.

Der Empfang geriet gigantisch. Menschenmengen, Spruchbänder, Fernsehkameras, Jubel. Mit Bussen war man angereist. Hinrich, Ingrid, Peter, Andreas und Frank ließen sich nicht lumpen. Olympiasieger zum Anfassen. Equipechef Hans Melzer komplettierte das Goldteam. Dann zog die Karawane nach Warendorf ins Hotel Mersch. Weiter wurde gefeiert bis tief in die Nacht.

Die Olympischen Spiele in Peking und Hongkong sind beendet. Das Leben geht weiter, aber es wird sich ändern.

*Anne-Kathrin Butt, Züchterin zweier
Olympiasieger: FRH Butts Abraxxas
und Euroridings Butts Leon*

Dr. Hanfried Haring • Dr. Klaus Miesner • Dr. Teresa Dohms

Deutsche Pferde in Hongkong

Viele Medaillen für deutsche Züchter

Genannte Pferde

- 65 aus Deutschland,
  davon 24 aus Holstein,19 aus Hannover,
  je 8 aus Westfalen und Oldenburg,
  4 aus Baden-Württemberg sowie
  je 1 aus Hessen und Bayern
- 31 aus Holland
- 20 aus Irland
- 18 aus Frankreich
- 16 Vollblüter
- 14 aus Belgien
- 8 aus Schweden
- 8 aus Dänemark
- 7 aus Portugal
- 4 aus Australien
- je 3 aus Polen und der Schweiz
- je 2 aus Neuseeland und Lettland
- je 1 aus Großbritannien, Kanada,
  Tschechien, Spanien, Italien, Ungarn,
  Zangersheide; 1 Anglo-Araber, 1 Trakehner, 1 Orlow-Traber
- 21 ohne ausgewiesene Abstammung,
  davon 10 Vollblüter

Aus deutscher Zucht kommen fast 30 Prozent der Pferde, die einem Zuchtgebiet zuzuordnen sind. Erdrückend wird der Einfluss der deutschen Zuchtgebiete dann, wenn man die weiteren Generationen der Pedigrees auswertet. Dann kann man — cum grano salis — die Aussage treffen, dass man nahezu nur noch Gene aus Deutschland und Frankreich vorfin-

det, mit einem deutlichen Schwerpunkt auf Holstein und Frankreich im Springen und Hannover in der Dressur.

Glücklicherweise erweitern Vollblüter, Trakehner und Anglo-Araber die genetische Basis. Sie sind jedoch verstärkt in den weiter zurückliegenden Generationen zu finden.

Eine Ausnahme sind die iberischen Pferde und deren Nachkommen in der Dressur. Das portugiesische Dressurteam bestand ganz aus Lusitanos, das spanische teilweise und die brasilianische Dressurmannschaft ganz aus Andalusiern bzw. deren Nachkommen.

Die Verteilung der Geschlechter hat sich im Vergleich zu den Olympischen Spielen in Athen nur unwesentlich verändert. Stuten nehmen ca. 14 Prozent ein, zwei Drittel sind Wallache und 21 Prozent Hengste. Bei letzteren gibt es deutliche Unterschiede zwischen den Disziplinen. In der Vielseitigkeit spielen sie kaum eine Rolle, während sie im Springen und in der Dressur nahezu ein Drittel ausmachen.

Ein Land wie Deutschland hat durch seine hoch stehende Zucht und das hierauf abgestimmte Ausbildungs- und Prüfungssystem einen großen Vorteil gegenüber allen anderen Ländern. Durch die Verwendung von bewährtem deutschen Zuchtmaterial in allen Sportpferdezuchten beginnt der Vorsprung naturgemäß zu schmelzen. Für unsere Reiter wird dadurch der Aufbau ihrer Pferde durch das Prüfungssystem im Land mit dem Höhepunkt des Bundeschampionates immer wichtiger.

Vielseitigkeit

In Hongkong wurde die Vielseitigkeit zum zweiten Male im Kurzformat durchgeführt. Pferde mit nicht genügenden Grundgangarten haben keine Chance. Hierdurch bekommen die Teilprüfungen Dressur und Springen zwar eine größere Bedeutung, dennoch steht die Geländeprüfung weiterhin im Mittelpunkt und entscheidet maßgeblich über den Erfolg. Aber der Aufbau im Gelände hat sich dahingehend entwickelt, dass vermehrt Rittigkeit und Ausbildung abgefragt werden, was unseren Warmblütern entgegenkommt.

Andererseits sind die Anforderungen an Galoppiervermögen, Schnelligkeit, Härte und Ausdauer so hoch, dass nur ein Blutpferd reelle Chancen auf eine vordere Platzierung hat, was auch durch die Zusammensetzung des Pferdematerials bewiesen wurde.

Grundsätzlich hatten die Iren die Nase vorn. Das Irish Horse Board ist bereits mehrfach von der World Breeding Federation for Sport Horses als erfolgreichstes Zuchtgebiet des Jahres in der Vielseitigkeit ausgezeichnet worden. Mit 19 gestarteten Pferden stellten die Iren den Hauptanteil vor den Selle Français mit 7 und Deutschland mit 4 Pferden (2 Hannoveraner, 1 Holsteiner, 1 Baden-Württemberger).

Es ist nach sorgfältigen Recherchen davon auszugehen, dass 15 Pferde reine Vollblüter sind, womit sich deren Anzahl im Vergleich zu

Erfolgreiche Bundeschampionatsteilnehmer der genannten Pferde in Hongkong

Jahr BC	Pferd	Geb-Jahr	Ge-schl.	Zucht-verb.	Vater	Start für	Reiter
Disziplin Vielseitigkeit							
1999, 2000	Marius Voigt-Logistik	1994	W	Holst	Condrieu (xx)	Deutschland	Hinrich Romeike
2001	FBW Chico	1996	W	Ba-Wü	Carolus I (Holst)	China	Alex Hua Tian
2003	FRH Butts Abraxxas	1997	W	Hann	Heraldik (xx)	Deutschland	Ingrid Klimke
2003	Butts Leon	1997	W	Hann	Heraldik (xx)	Deutschland	Andreas Dibowski
Disziplin Dressur							
1993	Cinque Cento	1995	W	Holst	Cambridge (Holst)	Korea	Choi Jun-Sang
1996	Falcao	1992	W	Old	Feiner Stern (Hann)	Österreich	Victoria Max-Theurer
1996	Blue Horse Don Schufro	1993	H	Old	Donnerhall (Old)	Dänemark	Andreas Helgstrand
1999	Salinero	1994	W	Hann	Salieri (Hann)	Niederlande	Anky v. Grunsven
2000, 2001	Quando-Quando	1995	H	Old	Quattro B (SF)	Australien	Kristy Oatley
2003	Whisper	1997	S	Hann	Wolkenstein II (Hann)	Japan	Hiroshi Hoketsu
Disziplin Springen							
1999	Shutterfly	1993	W	Hann	Silvio I (Old)	Deutschland	M. Michaels-Beerbaum
2001	Cantus	1995	W	Ba-Wü	Cantus (Holst)	Schweiz	Niklaus Schurtenberger
2001	Peu a Peu	1996	W	Westf	Polydor (Westf)	Schweiz	Daniel Etter
2002	Caruso	1996	H	Holst	Caretino (Holst)	Saudi-Arabien	Adnan Al Baitony
2003, 2004	Lantinus	1998	W	Hann	Landkönig (Hann)	Irland	Denis Lynch
2004	Coulthard	1998	H	Old	Corofino I (Holst)	Norwegen	Christian Oien

vorigen Championaten nicht verändert hat. Bei 10 der 15 Vollblüter konnte das Herkunftsland nicht ausfindig gemacht werden. Darüber hinaus war bei weiteren 6 Pferden aufgrund der vorliegenden Informationen keine Rassezugehörigkeit festzustellen.

Die Iren haben auf bewährte Springpferdevererber zurückgegriffen, wie Cavalier Royal (Holsteiner von Cor de la Bryere (SF) x Liguster (Holst), 3 Nachkommen in der Vielseitigkeit), der auch einen Nachkommen im Springen hat. Auch der berühmte Cruising ist mit einem Nachkommen vertreten. Unsere deutschen Pferde sind wie die anderen Starter deutlich „vom Blut geprägt" mit mindestens 50 Prozent Vollblutanteil. Die Spezialeigenschaften kommen bei unseren Pferden von der Mutterseite. Der Vollblüter Heraldik hat mit FRH Butts Abraxxas und Butts Leon zwei Nachkommen in der Siegermannschaft. Diese beiden Vielseitigkeitspferde stammen aus dem Züchterstall von Herrn Friedrich Butt aus Bülkau und sind aus dem Hannoveraner Zuchtbuch für Halbblutrennpferde hervorgegangen.

Die Pferde aus deutscher Zucht in der Goldmedaillenmannschaft der Vielseitigkeit schließen sich nahtlos an den Erfolg von Athen an.

Butts Leon, 11 J., Hann. v. Heraldik (xx)

FRH Butts Abraxxas, 11 J., Hann., v. Heraldik (xx)

FBW Chico, 12 J., Ba-Wü. v. Carolus I (Holst)

Marius Voigt-Logistik, 14 J., Holst., v. Condrieu (xx)

Vielseitigkeit – Medaillengewinner

Mannschaftswertung

	Pferd	Geb-Jahr	Ge-schl.	Zucht-verb.	Vater	Start für	Reiter
Gold	The Ghost of Hamish	1996	W	xx	Unbekannt	Deutschland	Peter Thomsen
	Mr. Medicott	1999	W	ISH	Cruising	Deutschland	Frank Ostholt
	Butts Leon	1997	W	Hann	Heraldik (xx)	Deutschland	Andreas Dibowski
	FRH Butts Abraxxas	1997	W	Hann	Heraldik (xx)	Deutschland	Ingrid Klimke
	Marius Voigt-Logistik	1994	W	Holst	Condrieu (xx)	Deutschland	Hinrich Romeike
Silber	All Luck	1994	W	xx	Bao Luck	Australien	Shane Rose
	Ringwould Jaguar	1991	W	AUS	Jensens Man	Australien	Sonja Johnson
	Headley Britannia	1993	S	xx	Jumbo	Australien	Lucinda Fredericks
	Ben along time	1995	W	ISH	Cavalier Royale	Australien	Clayton Fredericks
	Irish Jester	1993	W	ISH	Irish Enough	Australien	Megan Jones
Bronze	Tankers Town	1994	W	ISH	Diamond Clover	Großbritannien	Sharon Hunt
	Spring along	1993	W	ISH	Pallas Digion	Großbritannien	Daisy Dick
	Parkmore Ed	1992	W	ISH	Parkmore Night	Großbritannien	William Fox-Pitt
	Miners Frolic	1998	W	xx	Miners Lamp (xx)	Großbritannien	Kristina Cook
	Call again Cavalier	1992	W	ISH	Cavalier Royale	Großbritannien	Mary King

Einzelwertung

Gold	Marius Voigt-Logistik	1994	W	Holst	Condrieu (xx)	Deutschland	Hinrich Romeike
Silber	McKinlaigh	1994	W	ISH	Highland King	USA	Gina Miles
Bronze	Miners Frolic	1998	W	xx	Miners Lamp (xx)	Großbritannien	Kristina Cook

Dressur

Die an sich schon erdrückende Übermacht der Zuchten, die gezielt auf Dressureignung züchten, hat sich in den Jahren nach Athen eher verstärkt. Mehr als 40 Prozent der gestarteten Pferde kommen aus deutscher Zucht. Sieht man von den iberischen Pferden und einem Orlow-Hengst ab, so gibt es kaum ein Pedigree, das nicht von deutschen Hengsten beeinflusst wurde, und zwar mit einem deutlichen Schwerpunkt auf Hannover.

So ist es auch nur folgerichtig, dass der Typ sehr einheitlich ist. In der Regel werden großrahmige gut linierte Pferde mit sehr guten natürlichen Grundgangarten vorgestellt. Unterschiede zwischen Zuchtgebieten sind nicht mehr feststellbar. Die Ausnahme sind die spanischen/portugiesischen Pferde, die in der Endabrechnung keine Rolle spielten. Positiv stach der Orlow-Hengst Balagur hervor, der am Ende auf Rang 6 lag.

Es gingen 47 Pferde an den Start, davon 19 aus Deutschland, und zwar 11 aus Hannover, 5 aus Oldenburg und je 1 aus Baden-Württemberg, Holstein und Westfalen. Dänemark brachte 6 Pferde, Holland 5, Schweden 3, Frankreich, Belgien, Lettland, Spanien, Italien und Polen je 1, und dazu die 7 iberischen Pferde. Bei einem Pferd konnte leider das Zuchtgebiet nicht identifiziert werden.

Eine Konzentration auf wenige Blutlinien ist nicht festzustellen. Donnerhall ist mit 2 Nachkommen (plus 1 Reservepferd) vertreten, Florestan I mit 1 Starter und 1 Reservepferd. Die Hannoversche WF-Linie ist insgesamt mit 6 Pferden (davon 1 Reservepferd) in der 1. Generation und in der 2. Generation vertreten. Auffallend ist die Tatsache, dass international doch einige Väter mit Springpedigree zu finden sind, insgesamt sechsmal — alle aus Holstein.

Bei den Medaillenpferden ist Deutschland sechsmal vertreten (5 Hannoveraner und 1 Oldenburger). Dänemark hat 2 Pferde und Holland 1 Pferd auf den Medaillenrängen. Die beiden Reservepferde der deutschen und holländischen Mannschaft kommen aus Baden-Württemberg und Holland. Die Siegermannschaft ritt ausschließlich auf Pferden aus Hannover und die drei Einzelmedaillenpferde sind ebenfalls Hannoveraner. Die beiden Nachkommen des Oldenburger Donnerhall gehören dem dänischen Team an, das die Bronzemedaille gewann.

Deutlicher kann die Überlegenheit von Zuchten mit zielgerichteten Zuchtprogrammen nicht bewiesen werden.

Blue Horse Don Schufro, 15 J., Old., v. Donnerhall (Old)

Bonaparte, 15 J., Hann., v. Bon Bonaparte (Hann)

Dressur — Medaillengewinner

Mannschaftswertung

	Pferd	Geb-Jahr	Ge-schl.	Zucht-verb.	Vater	Start für	Reiter
Gold	Bonaparte	1993	W	Hann	Bon Bonaparte (Hann)	Deutschland	Heike Kemmer
	Elvis VA	1996	W	Hann	Espri (Hann)	Deutschland	Nadine Capellmann
	Satchmo	1994	W	Hann	Sao Paulo (Old)	Deutschland	Isabell Werth
Silber	Nadine	1995	S	KWPN	TCN Partout	Niederlande	Hans Peter Minderhoud
	Hunter Douglas Sunrise	1994	S	Hann	Singular Jater (Bra.Rpf)	Niederlande	Imke Schellekens-Bartels
	Salinero	1994	W	Hann	Salieri (Hann)	Niederlande	Anky van Grunsven
Bronze	Clearwater	1998	W	DWB	Carpaccio	Dänemark	Anne van Olst
	Digby	1997	W	DWB	Donnerhall (Old)	Dänemark	Nathalie zu Sayn-Wittgenstein
	Blue Horse Don Schufro	1993	H	Old	Donnerhall (Old)	Dänemark	Andreas Helgstrand

Einzelwertung

	Pferd	Geb-Jahr	Ge-schl.	Zucht-verb.	Vater	Start für	Reiter
Gold	Salinero	1994	W	Hann	Salieri (Hann)	Niederlande	Anky van Grunsven
Silber	Satchmo	1994	W	Hann	Sao Paulo (Old)	Deutschland	Isabell Werth
Bronze	Bonaparte	1993	W	Hann	Bon Bonaparte (Hann)	Deutschland	Heike Kemmer

Brentina, 17 J., Hann., v. Bretano II (Hann)

Calimucho, 16 J, Hann., v. Cavalier (Hann)

Dow Jones, 14 J., Old., v. Don Primero (Old)

Cinque Cento, 13 J., Holst., v. Cambridge (Holst)

Elvis VA, 12 J., Hann., v. Espri (Hann)

Falcao, 16 J., Old., v. Feiner Stern (Hann)

Floresco NRW, 10 J., Westf., v. Florestan I (Rhld)

Gran Gesto, 13 J., Old., v. Grannox (Westf)

Hunter Douglas Sunrise,
14 J., Hann., v. Singular Joter I (Bw-Bra. Rpf)

Lancet 2, 15 J., Hann., v. Wenzel I (Hann)

Piroschka, 13 J., Ba-Wü., v. Piaster (Bay)

Quando-Quando, 13 J., Old., v. Quattro B (SF)

Vincent, 16 J., Hann., v. Weltmeyer (Hann)

Salinero, 14 J., Hann., v. Salieri (Hann)

What a Feeling, 13 J., Hann., v. Warkant (Hann)

Satchmo, 14 J., Hann., v. Sao Paulo (Old)

Whisper, 11 J., Hann., v. Wolkenstein II (Hann)

Springen

Im Springen hat sich die Konzentration auf deutsche und französische Blutlinien weiter fortgesetzt. Unabhängig vom Zuchtverband starteten nur Pferde mit genetischer Grundlage dieser Länder. 38 Prozent der Pferde kamen aus deutschen Zuchtgebieten, 26 Prozent aus den Niederlanden, 13 Prozent aus Belgien, 9 Prozent aus Frankreich. Die Stellung der deutschen Verbände ist weiter ausgebaut mit deutlicher Betonung auf den Holsteiner Verband, der alleine 20 Pferde stellte, über 25 Prozent aller gestarteten Pferde, und zusätzlich in der Mehrzahl der Pedigrees in der ersten und zweiten Generation vertreten war. Der Anteil holländischer Pferde mit 20 Pferden ist gegenüber der Anzahl gestarteter Pferde in Athen 2004 etwas höher ausgefallen, während Belgien mit zehn Pferden vertreten ist, was verglichen mit der geringen Populationsgröße höchst anerkennenswert ist. Der Anteil der Franzosen ist im Vergleich zu den letzten olympischen Spielen auf die Hälfte zurückgegangen, was auch durch das Fernbleiben der französischen Equipe, die sich nicht qualifiziert hatte, zu erklären ist. Vielleicht sind jedoch auch die bekannten Rittigkeitsprobleme, die französische Hengste bei allen Vorzügen doch gern weitergeben, ein Grund für den Rückgang französischer Pferde.

Im Finale der Einzelentscheidung gingen 34 Pferde an den Start, davon 17, also die Hälfte, aus Deutschland, davon 11 aus Holstein, 2 aus Hannover, 2 aus Westfalen und jeweils 1 aus Oldenburg und Baden-Württemberg. Der holländische Zuchtverband (KWPN) stellte 7 Pferde, Selle Français 4, Belgien 3, Irland und Zangersheide sowie der australische Hannoveraner Verband je ein Pferd. Wie in Athen stellte Holstein fast ein Drittel der Pferde. Die Überlegenheit Holsteins drückt sich auch in der Tatsache aus, dass nahezu 50 Prozent aller in den Springprüfungen der Olympischen Spiele in Hongkong gestarteten Pferde einen Holsteiner Vater haben. Cassini (Holst.), Calido (Holst.) und Burggraaf (KWPN) hatten je 3 Starter, Corofino (Holst.), Lasino (Holst.), C-Indoctro (Holst.) und Guidam (SF) je 2 Starter.

Insgesamt wurden 7 deutsche Pferde, darunter 6 Holsteiner und 1 Oldenburger, sowie 7 holländische Pferde und 1 belgisches Pferd während der olympischen Ehrenrunden gefeiert — bezogen auf den Stand direkt nach den Entscheidungen. Zu dem Zeitpunkt ist auch zu erwähnen, dass das gesamte norwegische Team mit Holsteinern beritten war. Allerdings wird das norwegische Team nach der positiven Medikationskontrolle von Tony Andre Hansens Pferd Camiro wahrscheinlich die Bronzemedaille an die Mannschaft aus der Schweiz verlieren, die mit zwei deutschen Pferden an den Start ging. Die Einzelmedaillen gewannen ausschließlich holländische Pferde, darunter zwei Nachkommen des Hengstes Guidam.

Die Betrachtung der Abstammungen der Springpferde im Vergleich zu denen der Dressurpferde machen deutlich, dass hier eine noch stärkere Spezialisierung stattgefunden hat als in der Dressur. Wenngleich die Prinzipien unserer Ausbildung und die Anforderungen der Reiter in den Reitervereinen und Pferdebetrieben eher auf ein vielseitig verwendbares Reitpferd ausgerichtet sind, so muss für den Spitzensport die Aussage getroffen werden, dass ohne eine gezielte Spezialisierung kaum Spitzenerfolge zu erzielen sind. In der weiteren Verfolgung dieser Zucht nach Spezialeigenschaften müssen wir dann in Kauf nehmen, dass negative Korrelationen zwischen Springen und Dressur sich verstärken werden, was wiederum zu der Entwicklung führt, dass nur Zuchtgebiete mit einer sehr großen Population beide Disziplinen (Dressur und Springen) berücksichtigen können, während sich kleinere Zuchtgebiete spezialisieren müssen. Bei aufmerksamer Verfolgung der Abläufe in Hongkong und auch der Platzierungen ist darüber hinaus aufgefallen, dass der Rittigkeit der Pferde wieder größere Beachtung zu schenken ist. Letztlich können noch so sophistische Gebisse und noch so enormes Springvermögen natürliche Rittigkeit — und selbstverständlich sorgfältige Ausbildung — nicht ersetzen. Wir haben in der Vergangenheit sogar in Deutschland zu große Kompromisse bei dieser wichtigen Eigenschaft gemacht.

Aladin, 10 J., Westf., v. Acadius (Host)

California, 10 J., Holst., v. Calido I (Holst)

All Inclusive NRW, 9 J., Westf., v. Arpeggio (Westf)

Camiro, 11 J., Holst., v. Cassini I (Holst)

Can Do (Catch me if you can), 9 J., Holst., v. Chambertin (Holst)

Cattani, 13 J., Holst., v. Corrado I (Holst)

Cantus, 13 J., Ba-Wü., v. Cantus (Holst)

Cayak DH, 11 J., Hoslt., v. Calido I (Holst)

Carlsson vom Dach, 12 J., Holst., v. Cassini I (Holst)

Chinobampo Lavita, 12 J., Holst., v. Coriano (Holst)

Casino, 10 J., Holst., v. Cash (Holst)

Chupa Chup, 10 J., Holst, v. Caretino (Holst)

Coertis, 9 J., Holst, v.Coriano (Holst)

Eurocommerce Monaco, 17 J., Holst. v. Locato (Holst)

Corlato, 11 J., Holst., v. Coronino (Holst)

In Style, 13 J., Holst, v. Acord II (Holst)

Cöster, 15 J., Holst., v. Calato (Holst)

Lantinus, 10 J., Hann., v. Landkönig (Hann)

Cumano BD, 15 J., Holst., v. Cassini I (Holst)

Le Beau, 13 J., Holst., v. Lasino (Holst)

Leconte, 12 J., Holst., v. Lasino (Holst)

Lord Spezi, 10 J., Old., v. Lord Pezi (Old)

Opium, 12 J., Westf., v. Polydor (Westf)

Magic Bengtsson, 14 J., Holst., v. Landos (Holst)

Russel, 13 J., Holst. , v. Corofino I (Holst.)

Nobless M, 10 J., Holst., v. Calido I (Holst.)

Shutterfly, 15 J., Hann., v. Silvio I (Old)

Special Ed, 14 J., Old., v. Argentinus (Hann) *Zorro*, 9 J., Hann., v. Rabino (Holst)

Springen – Medaillengewinner

Mannschaftswertung

	Pferd	Geb-Jahr	Ge-schl.	Zucht-verb.	Vater	Start für	Reiter
Gold	Sapphire	1995	S	BWP	Darco	USA	Ward Mclain
	Cedric	1998	W	KWPN	Unbekannt	USA	Laura Kraut
	Carlsson vom Dach	1996	W	Holst	Cassini I (Holst)	USA	Will Simpson
	Authentic	1995	W	KWPN	Guidam (de Dartay)	USA	Beezie Madden
Silber	Special Ed	1994	W	Old	Argentinus (Hann)	Kanada	Jill Henselwood
	Hickstead	1996	H	KWPN	Hamlet	Kanada	Eric Lamaze
	In Style	1995	H	Holst	Acord II (Holst)	Kanada	Ian Millar
	Ole	1996	W	KWPN	Burggraaf	Kanada	Mac Cone
Bronze*	Le Beau	1995	W	Holst	Lasino (Holst)	Norwegen	Stein Endresen
	Casino	1998	H	Holst	Cash (Holst)	Norwegen	Djupvik Morten
	Cattani	1995	W	Holst	Corrado I (Holst)	Norwegen	Geir Gulliksen
	Camiro	1997	W	Holst	Cassini I (Holst)	Norwegen	Tony Andre Hansen
Diplom* (4.Platz)	No Mercy	1995	W	KWPN	Achill-Libero H	Schweiz	Christina Liebherr
	Nobless M	1998	S	Holst	Calido I (Holst)	Schweiz	Pius Schwizer
	Cantus	1995	W	Ba-Wü	Cantus (Holst)	Schweiz	Niklaus Schurtenberger
	Jalisca Solier	1997	S	SF	Alligator Fontaine	Schweiz	Steve Guerdat

Einzelwertung

Gold	Hickstead	1996	H	KWPN	Hamlet	Kanada	Eric Lamaze
Silber	Ninja la Silla	1995	W	KWPN	Guidam (de Dartay)	Schweden	Rolf-Göran Bengtsson
Bronze	Authentic	1995	W	KWPN	Guidam (de Dartay)	USA	Beezie Madden

Medaillenspiegel aller Disziplinen*

Zuchtverbände	Vielseitigkeit Gold	Silber	Bronze	Gesamt	Dressur Gold	Silber	Bronze	Gesamt	Springen Gold	Silber	Bronze NOR	Bronze SUI	Gesamt NOR/SUI	Total NOR/SUI
Hannover	2			2	4	3	1	8						10
Holstein	2			2					1	1	4	1	6/3	8/5
Oldenburg							1	1		1			1	2
Baden-Württemberg												1	0/1	0/2
Gesamt deutsche Pferde	4			4	4	3	2	9	1	2	4	2	7/5	20/18
Irland	1	3	4	8										8
Holland (KWPN)						1		1	3	3	1	2	7/8	8/9
Vollblut	1	1	2	4										4
Dänemark							2	2						2
Australien		1		1										1
Belgien (BWP)									1				1	1
Frankreich												1	0/1	0/1
Gesamt ausländische Pferde	2	5	6	13		1	2	3	4	3	1	3	8/10	24/26
Vollblut (unbek. Pedigree)		1		1										1
Insgesamt	6	6	6	18	4	4	4	12	5	5	5	5	15	45

* Bei Drucklegung war die Entscheidung um die Vergabe der Bronzemedaille noch nicht endgültig geklärt.

Gestartete deutsche Pferde bei den Olympischen Spielen in Hongkong 2008

Pferd	Geb-Jahr	Ge-schl.	Zucht-verb.	Vater	Vater der Mutter	Züchter	Start für	Reiter
Disziplin Vielseitigkeit								
Butts Leon	1997	W	Hann	Heraldik (xx)	Star Regent (xx)	Friedrich Butt, Bülkau	Deutschland	Andreas Dibowski
FBW Chico	1996	W	Ba-Wü	Carolus I (Holst)	Venator (xx)	Karl Rehm, Friedrichshafen	China	Alex Hua Tian
FRH Butts Abraxxas	1997	W	Hann	Heraldik (xx)	Kronenkranich (xx)	Friedrich Butt, Bülkau	Deutschland	Ingrid Klimke
Marius Voigt-Logistik	1994	W	Holst	Condrieu (xx)	Laurin (Holst)	Hans Werner Ritters, Krumstedt	Deutschland	Hinrich Romeike
Disziplin Dressur								
Blue Horse Don Schufro	1993	H	Old	Donnerhall (Old)	Pik Bube I (Hann)	Martin Meier, Dörpstedt	Dänemark	Andreas Helgstrand
Bonaparte	1993	W	Hann	Bon Bonaparte (Hann)	Consul (Trak)	Monika Jacob-Goldeck, Wedemark	Deutschland	Heike Kemmer
Brentina	1991	S	Hann	Bretano II (Hann)	Lungau (Hann)	Wilhelm Rethorst, Badbergen	USA	Debbie McDonald
Calimucho	1992	W	Hann	Cavalier (Hann)	Matrose (Hann)	Hans v.d. Decken, Deckenhausen	Frankreich	Julia Chevanne Gimel
Cinque Cento	1995	W	Holst	Cambridge (Holst)	Liostro (Holst)	Kai Gerken, Lasbek	Korea	Choi Jun-Sang
Dow Jones	1994	W	Old	Don Primero (Old)	Raimondo (Holst)	Horst Riebeling, Krems	Japan	Mieko Yagi
Elvis VA	1996	W	Hann	Espri (Hann)	Garibaldi II (Hann)	Christian Pfeil, Bremerhaven	Deutschland	Nadine Capellmann
Falcao	1992	W	Old	Feiner Stern (Hann)	Figaro (Old)	Jutta Torhorst, Butjadingen	Österreich	Victoria Max-Theurer
Floresco NRW	1998	H	Westf	Florestan I (Rhld)	Rosenkavalier (Westf)	Konrad Langhorst, Rietberg	Schweden	Patrick Kittel
Gran Gesto	1995	W	Old	Grannox (Westf)	Goldstern (Hann)	Alfons Harren, Haselünne	Canada	Jacquie Brooks
Hunter Douglas Sunrise	1994	S	Hann	Singular Joter I	Werther (Hann)	Manfred Schäfer, Vechelde	Niederlande	Imke Schellekens
Lancet 2	1993	H	Hann	Wenzel I (Hann)	Shogun (xx)	Jürgen Clasen, Hiddestorf	Großbritanien	Emma Hindle
Piroschka	1995	S	Ba-Wü	Piaster (Bay)	Velasquez (Trak)	Gerold Leuser, Assamstadt	China	Lina Liu
Quando-Quando	1995	H	Old	Quattro B (SF)	Akzent II (Hann)	Peter Wreesmann, Lastrup	Australien	Kristy Oatley
Salinero	1994	W	Hann	Salieri (Hann)	Lungau (Hann)	Horst Bünger, Essel	Niederlande	Anky van Grunsven
Satchmo	1994	W	Hann	Sao Paulo (Old)	Legat (Hann)	Albert Kampert, Halle	Deutschland	Isabell Werth
Vincent	1992	H	Hann	Weltmeyer (Hann)	Azur (Hann)	H.uA. Bühmann, Eschede	Mexico	Bernadette Pujals
Wat a Feeling	1995	W	Hann	Warkant (Hann)	Werther (Hann)	Gabriele Schliffka, Burgdorf	Russland	Tatjana Miloserdova
Whisper	1997	S	Hann	Wolkenstein II (Hann)	Grenadier (Hann)	Klaus Kamps, Cuxhaven	Japan	Hiroshi Hoketsu
Disziplin Springen								
Aladin	1998	W	Westf	Acadius (Holst)	Romino (Holst)	Heinz Schmidt, Arnsberg	Ägypten	Karim El Zoghby
All Inclusive NRW	1999	W	Westf	Arpeggio (Westf)	Phantom (Westf)	ZG Heinrich und Georg Fornefeld, Altenbeken	Deutschland	Ludger Beerbaum
California	1998	S	Holst	Calido I (Holst)	Condrieux (xx)	Christian Erichsen, Breklum	Japan	Taizo Sugitani
Camiro	1997	W	Holst	Cassini I (Holst)	Lord (Holst)	Peter Diedrichsen, Borgsum	Norwegen	Tony Andre Hansen
Can Do (Catch me if you can)	1999	W	Holst	Chambertin (Holst)	Calypso I (Holst)	Helmut Gerken, Lasbek	Hong Kong	Kenneth Cheng
Cantus	1995	W	Ba-Wü	Cantus (Holst)	Lancer (Holst)	Herbert Schaudt, Winterlingen	Schweiz	Niklaus Schurtenberger
Carlsson vom Dach	1996	W	Holst	Cassini I (Holst)	Grundyman (xx)	Heinrich Horstmann, Tarp	USA	Will Simpson
Casino	1998	H	Holst	Cash (Holst)	Lord (Holst)	Jo Albers, Niederlande	Norwegen	Morten Djupvik
Cattani	1995	W	Holst	Corrado I (Holst)	Silvester (Holst)	Jürgen Hattebuhr, Winsen	Norwegen	Geir Gulliksen
Cayak DH	1997	H	Holst	Calido I (Holst)	Massetto (Holst)	Niederlande	Japan	Eiken Sato
Chinobampo Lavita	1996	S	Holst	Coriano (Holst)	Cassini I (Holst)	Heike Petersen, Ahrenviöl	Mexiko	Alberto Michan Halbinger
Chupa Chup	1998	W	Holst	Caretino (Holst)	Calato (Holst)	Hinnerk Clausen, Loit	Brasilien	Bernardo Alves
Coertis	1999	W	Holst	Coriano (Holst)	Locato (Holst)	ZG Clausen, Oldersbek	China	Bin Zhang
Corlato	1997	S	Holst	Corofino I (Holst)	Locato (Holst)	Anke Staben, Albersdorf	Großbritanien	Tim Stockdale
Cöster	1993	W	Holst	Calato (Holst)	Constant (Holst)	Werner Lattreuter, Hannover	Deutschland	Christian Ahlmann
Cumano BD	1993	H	Holst	Cassini I (Holst)	Landgraf I (Holst)	Willi Lührs, Neumünster	Belgien	Jos Lansink
Eurocommerce Monaco	1991	W	Holst	Locato (Holst)	Romino (Holst)	Uwe Marx, Schafstedt	Niederlande	Gerco Schröder
In Style	1995	H	Holst	Acord II (Holst)	Lord (Holst)	Hans Paulsen, Arlewatt	Canada	Ian Millar
Lantinus	1998	H	Hann	Landkönig (Hann)	Argentinus (Hann)	Henning Müller-Rulfs, Ritterhude	Irland	Denis Lynch
Le Beau	1995	W	Holst	Lasino (Holst)	Coriolan (Holst)	Ernst Krutzinna, Ahrensbök	Norwegen	Stein Endresen
Leconte	1996	W	Holst	Lasino (Holst)	Contender (Holst)	Manfred Kummetz, Lübeck	Australien	Matt Williams
Lord Spezi	1998	W	Old	Lord Pezi (Old)	Grandeur (Hann)	Karl Voßhage, Nortrup	Ukraine	Katharina Offel
Magic Bengtsson	1994	W	Holst	Landos (Holst)	Lagretto (Holst)	Jakob Arfsten, Oldsum/Föhr	Ukraine	Björn Nagel
Nobless M	1998	S	Holst	Calido I (Holst)	Landgraf I (Holst)	Gerd Magens, Ottenbüttel	Schweiz	Pius Schwizer
Opium	1996	H	Westf	Polydor (Westf)	Bormio (xx)	Adolf Haarlammert, Ladbergen	Niederlande	Marc Houtzager
Russel	1995	H	Holst	Corofino I (Holst)	Lincoln (Holst)	Johann Jürgens, Marne	Großbritanien	Nick Skelton
Shutterfly	1993	W	Hann	Silvio I (Old)	Forrest (xx)	Uwe Dreesmann, Hesel	Deutschland	Meredith Michaels-Beerbaum
Special Ed	1994	W	Old	Argentinus (Hann)	Grannus (Hann)	Karl Voßhage, Nortrup	Canada	Jil Henselwood
Zorro	1999	H	Hann	Rabino (Holst)	Westminster (Hann)	Adolf Bachmann, Hannover	Mexiko	Federico Fernandez

Reinhard Wendt

Zur Entwicklung in der Vielseitigkeit von 2004 bis 2008

Von Athen nach Hongkong
Die Suche nach verlorenem Gold

Athen ist Vergangenheit. Und immer so präsent. Das Größte, was ein Sportler erringen kann, die olympische Goldmedaille in Händen, durch einen Reiterfehler und richterliche Fehlentscheidung zurückgeben zu müssen: der Stachel sitzt tief und dauerhaft.

Wir wollen es beweisen. Sportlich gehören wir dorthin, wo wir sportlich rangierten; nicht dorthin, wo wir richterlich einrangiert wurden.

EM 2005 in Blenheim

Die erste Gelegenheit, die Spitzenstellung der deutschen Vielseitigkeitsreiter unter Beweis zu stellen, war die Europameisterschaft vom 8.–11. September 2005 im englischen Blenheim. Der Sichtungsweg wurde für die in Frage kommenden Paare individuell gestaltet. Für viele war der Auftakt die beliebte Veranstaltung in Marbach.

Hier siegte im CIC3* der junge Lokalmatador Michael Jung mit Miss Meller TSF vor den routinierten Championatsreitern Ingrid Klimke/Sleep Late, Frank Ostholt/Air Jordan, Andreas Dibowski/FRH Serve Well und Hinrich Romeike/Marius Voigt-Logistik.

Die Deutsche Meisterschaft in Bonn-Rodderberg war Pflichtveranstaltung für alle Europameisterschaftskandidaten. Hier holte sich zum zweiten Mal nach 2003 Frank Ostholt mit Air Jordan den Meistertitel, gefolgt von Hinrich Romeike/Marius Voigt-Logistik, Andreas Dibowski/ FRH Serve Well und Peter Thomsen/The Ghost auf Hamish.

So empfahlen sich auf dem im Hinblick auf Blenheim bewusst ausgewählten bergigen Rodderberger Geländekurs erfahrene Championatspaare für die Nominierung. Etwas Sorge bereitete Ingrid Klimke mit Sleep Late wegen eines Ungehorsams im Gelände.

Der DOKR-Vielseitigkeitsausschuss beschloss folgende Grundformation für die Europameisterschaft: Andreas Dibowski mit FRH Serve Well oder FRH Little Lemon, Bettina Hoy mit Ringwood Cockatoo, Ingrid Klimke mit Sleep Late, Frank Ostholt mit Air Jordan, Hinrich Romeike mit Marius Voigt-Logistik und Anna Warnecke mit Twinkle Bee.

In Blenheim angekommen offerierte die Mannschaftsführung Ingrid Klimke einen Einzelstartplatz, um ihr unbeschwert von Mannschaftsdruck und Mannschaftsorder die Chance auf eine Einzelmedaille einzuräumen. Gleiches wiederfuhr Andreas Dibowski, dessen Stute FRH Serve Well unter leichten allergischen Reizungen des Felles litt. Mannschaftstierarzt Dr. Karsten Weitkamp konnte nicht mit letzter Sicherheit ausschließen, dass diese Reizung möglicherweise negative Auswirkungen auf den Verlauf des Wettkampfes haben könnte. So entschieden sich Hans Melzer und Chris Bartle für die Mannschaftsaufstellung Anna Warnecke/Twinkle Bee, Hinrich Romeike/Marius Voigt-Logistik, Bettina Hoy/ Ringwood Cockatoo und Frank Ostholt/Air Jordan.

Auch die englische Mannschaft musste kurzfristig umstellen und schickte anstelle von Pippa Funell, deren Primmore's Pride ausgefallen war, die junge Königsenkelin Zara Phillips mit Toy Town ins Rennen.

Der Auftakt gelang nach Maß: Führung der deutschen Mannschaft nach der Dressur, mit besonders guten Vorstellungen von Bettina Hoy, Frank Ostholt und Hinrich Romeike. Auch die Einzelreiter Andreas Dibowski und Ingrid Klimke konnten sich gut positionieren.

Zum zweiten Mal Deutscher Meister: Frank Ostholt mit Air Jordan

Bronzemedaille in Blenheim für Ingrid Klimke und Sleep Late

Michael Jung, Marbacher Lokalmatador

EM 2005 Blenheim/GBR — Mannschaftswertung

Nation/Reiter	Pferd	Total
1. Großbritannien		**136,50**
Zara Phillips	Toy Town	38,0
William Fox-Pitt	Tamarollo	44,3
Jeanette Brakewell	Over to You	54,2
Leslie Law	Shear L'Eau	1000.0
2. Frankreich		**170,20**
Arnaud Boiteau	Expo du Moulin	48,5
Didier Willefert	Escape Lane *Mili	51,0
Gilles Viricel	Blakring *Mili HN	70,7
Nicolas Touzaint	Hildago de L'Ile	164,4
3. Deutschland		**181,90**
Frank Ostholt	Air Jordan	47,4
Hinrich Romeike	Marius Voigt-Logistik	66,4
Anna Warnecke	Twinkle Bee	68,1
Bettina Hoy	Ringwood Cockatoo	68,5

li.o.: Beim ersten Championatseinsatz makellos im Gelände: Anna Warnecke mit Twinkle Bee
re.o.: Einzelreiter Andreas Dibowski mit FRH Serve Well
li.: Frank Ostholt mit Air Jordan war bester Mannschaftsreiter

Das Gelände wurde zu einer Kraft- und Konditionsprobe bei teilweise heftigem Regen und immer schwerer werdendem Geläuf. Den Briten gelang es auf heimischem Terrain, sich mit drei makellosen Runden an die Spitze zu setzen. Anna Warnecke überzeugte bei ihrem ersten Championatseinsatz ebenfalls fehlerfrei und in der Zeit. Der Regen war am heftigsten, als Hinrich Romeike mit Marius Voigt-Logistik auf der Strecke war. Zwar ließ der grandiose Schimmel keine Zweifel an seiner Souveränität aufkommen, jedoch kosteten das viele Wasser und der schwere Boden 16 Zeitstrafpunkte. Schlimmer erwischte es Bettina Hoy, deren Ringwood Cockatoo an Hindernis Nummer 13, einem als nicht schwierig eingestuften Holzhäuschen vor einer Bergabpassage Richtung Wasser, seine frühere Unzuverlässigkeit wieder aufblitzen ließ. Das kostete 20 Punkte und machte Bettina Hoys erwartetes Spitzenergebnis leider zum Streichergebnis. Besser erging es Frank Ostholt und den beiden Einzelreitern. 6,4 Zeitstrafpunkte für ihn und 7,2 Zeitstrafpunkte für Andreas Dibowski wurden noch überboten durch die hindernis- und zeitfehlerfreie Runde von Ingrid Klimke und Sleep Late.

Das abschließende Springen gelang unseren Einzelreitern fehlerfrei, was Ingrid Klimke die Bronzemedaille und Andreas Dibowski Platz 7 einbrachte. Für die Mannschaft lief es nicht so glücklich. Drei Abwürfe für Anna Warnecke und zwei für Hinrich Romeike ließen auch die Franzosen noch an unserer Mannschaft vorbeiziehen. Bettina Hoy vollbrachte einen 4-Fehler-Ritt während Frank Ostholt und Air Jordan alle Hindernisse unangetastet ließen, aber 3 Zeitstrafpunkte in Kauf nehmen mussten. Er erzielte den 5. Platz in der Einzelwertung. Das Team

Zwei Bronzemedaillen für unsere Reiter: v.l. Frank Ostholt, Ingrid Klimke, Andreas Dibowski, Hinrich Romeike, Bettina Hoy

landete auf Platz 3 und freute sich über die Bronzemedaille hinter England und Frankreich.

Die Einzelwertung blieb bis zum Schluss spannend. Am Ende rangierten zwei Engländer vor Ingrid Klimke. William Fox-Pitt/Tamarillo auf Platz 2 und Zara Phillips mit ihrem Dressurergebnis mit 38,0 Strafpunkten auf Platz 1. Damit folgte sie 34 Jahre nach der damaligen Europameisterschaft in Burghley den Spuren ihrer Mutter Prinzessin Anne, die damals Europameisterin wurde.

Zwei Bronzemedaillen und drei Reiter unter den besten 7 Europas ist ein gutes Ergebnis, aber noch nicht die erhoffte Rehabilitation im Vergleich zu den Leistungen von Athen.

EM 2005 Blenheim/GBR — Einzelwertung

Reiter	Nation	Pferd	Dressur	Gelände	Springen	Gesamt
1. Zara Phillips	GBR	Toy Town	38,0	0	0	38,0
2. William Fox-Pitt	GBR	Tamarollo	43,3	0	0	43,3
3. Ingrid Klimke	GER	Sleep Late	45,2	0	0	45,2
4. Karin Donckers	BEL	Gormley	41,5	1,2	4	46,7
5. Frank Ostholt	GER	Air Jordan	38,0	6,4	3	47,4
6. Piia Pantsu	FIN	Ypaja Karuso	45,0	2,8	0	47,8
7. Andreas Dibowski	GER	FRH Serve Well	41,1	7,2	0	48,3
8. Arnaud Boiteau	FRA	Expo du Moulin	40,9	7,6	0	48,5
9. Pippa Funnell	GBR	Ensign	37,8	4,8	8	50,6
10. Didier Willefert	FRA	Escape Lane *Mili	40,2	6,8	4	51,0

Königsenkelin Zara Phillips mit Toy Town ist neue Europameisterin

Weltmeisterschaft 2006 in Aachen

Eine Premiere wird zum Maßstab

Sieben pferdesportliche Weltmeisterschaften beim besten und bewährtesten Veranstalter der Welt. Da kann nichts schiefgehen. Dennoch, drei der sieben Disziplinen sind für Aachen Neuland. Darunter die Vielseitigkeit. Organisation und Infrastruktur mussten neu geschaffen werden.

In idealer Nachbarschaft zum Stadion direkt in der Soers entstand ein idealer Geländekurs. Für die Entwicklung der Vielseitigkeit war dies ein Meilenstein: Eine Weltmeisterschaft ohne Rennbahn. In vielerlei Hinsicht ein Segen für diese reitsportliche Disziplin.

Neben dem gesamten Aachener Team gab es zwei Hauptverantwortliche fürs Gelingen: Rüdiger Schwarz als Parcourschef und Friedrich Otto-Erley für die gesamte Organisation. Was unter deren Leitung entstand, war wegweisend.

Verantwortlich für Aufbau und Organisation in Aachen: Rüdiger Schwarz (li.) und Fritz Otto-Erley (re.)

Der Weg unserer Reiter nach Aachen führte nach verschiedenen individuellen Aufbauetappen über Luhmühlen, wo erstmals auf dem Kontinent eine 4*-Prüfung ausgetragen wurde, und die Deutsche Meisterschaft in Schenefeld. In Luhmühlen errang Frank Ostholt mit Air Jordan seinen ersten 4*-Sieg, in Schenefeld holte sich Bettina Hoy mit Ringwood Cockatoo ihren dritten Meistertitel vor Andreas Dibowski und Michael Jung. Am Ende des Sichtungsweges war das Aufgebot für Aachen geformt: Hinrich Romeike, Ingrid Klimke, Frank Ostholt und Bettina Hoy mit den bewährten

FEI Mannschaft-Weltmeisterschaft Vielseitigkeit — Endergebnis

Nation/ Reiter	Pferd	Zwischenergebnisse nach Dressur		Gelände		Endergebnis nach Dressur, Gelände, Spri
1. **Germany**	Chef d'Equipe: Hans Melzer					156,00
Frank Ostholt	Air Jordan	46,90	11.	46,90	3.	50,90 4.
Hinrich Romeike	Marius Voigt-Logistik	52,40	27.	52,40	8.	52,40 5.
Bettina Hoy	Ringwood Cockatoo	36,50	1.	43,70	2.	52,70 6.
Ingrid Klimke	Sleep Late	39,10	2.	96,70	39.	96,70 34.
2. **Great Britain**	Chef d'Equipe: Yogi Breisner					180,00
Zara Phillips	Toy Town	41,70	5.	41,70	1.	46,70 1.
Daisy Dick	Spring Along	64,30	57.	64,30	15.	64,30 12.
William Fox-Pitt	Tamarillo	45,00	8.	69,00	17.	69,00 15.
Mary King	Call Again Cavalier	51,90	26.	81,10	29.	81,10 24.
3. **Australia**	Chef d'Equipe: Rob Hanna					197,30
Clayton Fredericks	Ben Along Time	44,40	7.	48,80	4.	48,80 2.
Megan Jones	Kirby Park Irish Jester	44,10	6.	70,10	19.	70,10 16.
Andrew Hoy	Master Monarch	47,60	15.	74,40	22.	78,40 22.
Sonja Johnson	Ringwould Jaguar	54,50	32.	1000,00		1000,00
4. **USA**	Chef d'Equipe: Mark Phillips					198,10
5. **Sweden**	Chef d'Equipe: Jan Jönsson					218,20
6. **New Zealand**						221,70
7. **France**						312,90
8. **Netherlands**						358,00
9. **Irland**						361,80
10. **Austria**						190,00

Pferden Marius Voigt-Logistik, Sleep Late, Air Jordan und Ringwood Cockatoo. Diese Mannschaft wurde ergänzt durch die Einzelreiter Andreas Dibowski, der auf FRH Serve Well setzte, und Dirk Schrade mit Sindy.

Die Dressur begann nicht wie gewünscht. Hinrich Romeike lag genauso fast 10 Punkte über dem erwarteten Ergebnis wie Frank Ostholt, dessen Air Jordan sich vor dem Einreiten stark auflud. 52,4 und 46,9 Punkte wurden notiert. Besser erging es Bettina Hoy, die sich mit 36,5 Zählern an die Spitze des gesamten Feldes setzte vor Ingrid Klimke und Sleep Late mit beachtlichen 39,1 Punkten. Auch Andreas Dibowski strahlte über gute 40,9 Punkte und Dirk Schrade konnte mit seinem Ergebnis von 50,2 Punkten durchaus zufrieden sein.

Trotz des Schwächelns zu Beginn war das erste Zwischenziel erreicht. Führung nach der Dressur, sowohl in der Mannschafts- als auch in der Einzelwertung. Es folgten Australien, England und USA.

Knapp vorbei an einer Einzelmedaille: Frank Ostholt mit Air Jordan

FEI Weltmeisterschaft Vielseitigkeit Einzel — Ergebnis nach Springen Finale

Reiter/ Nation	Pferd	Dressur		Gelände				Zwischen-		Springen				Total
		Pen.	Rank	Zeit	TP	JP	XC	ergebnis	Rank	Zeit	TP	SP	Pen.	Pen.
1. Zara Phillips, GBR TEAM	Toy Town	41,70	5.	11:07	0,00	0	0,00	41,70	1	95,74	1,00	4	5,00	46,70
2. Clayton Fredericks, AUS TEAM	Ben Along Time	44,40	7.	11:23	4,40	0	4,40	48,80	4	92,71	0,00	0	0,00	48,80
3. Amy Tryon, USA TEAM	Poggio	50,70	24.	11:07	0,00	0	0,00	50,70	7	89,55	0,00	0	0,00	50,70
4. Frank Ostholt, GER TEAM	Air Jordan 2	46,90	11.	11:01	0,00	0	0,00	46,90	3	91,64	0,00	4	4,00	50,90
5. Hinrich Romeike, GER TEAM	Marius Voigt-Logistik	52,40	27.	11:02	0,00	0	0,00	52,40	8	91,46	0,00	0	0,00	52,40
6. Bettina Hoy, GER TEAM	Ringwood Cockatoo	36,50	1.	11:30	7,20	0	7,20	43,70	2	95,66	1,00	8	9,00	52,70
7. Heelan Tompkins, NZL TEAM	Glengarrick	49,80	20.	11:12	0,00	0	0	49,80	5	86,58	0,00	4	4,00	53,80
8. Sharon Hunt, GBR IND.	Tankers Town	47,40	13.	11:18	2,40	0	2,40	49,80	6	83,26	0,00	4	4,00	53,80
9. Magnus Gällerdal, SWE TEAM	Keymaster 3	47,40	13.	11:45	13,20	0	13,20	60,60	11	95,62	1,00	0	1,00	61,60
10. Karim Florent Laghouag, FRA IND.	Make my Day	63,70	56.	11:09	0,00	0	0,00	63,70	14	89,78	0,00	0	0,00	63,70

Weltmeisterin Zara Phillips mit Toy Town (u.)

Was bringt nun das Gelände? Optisch wunderschön, übersichtlich für das Publikum, grandios in der Komposition von Streckenführung, Aufgabenstellungen und Sicherheitsaspekten. Ein Kurs, der es wahrlich in sich hatte. 44 000 Zuschauer waren begeisterte Zeugen dieser Soerser Premiere und ein Vielfaches verfolgte an den Fernsehschirmen beeindruckt das Geschehen.

Pfadfinder für Deutschland war Hinrich Romeike und sein Marius Voigt-Logistik. Noch gar nicht richtig in Fahrt, wurden sie wegen eines vorhergehenden Sturzes angehalten. Eine missliche Situation allemal. Sie konnte das imposante Paar aber nicht erschüttern. Nach Freigabe der Strecke ging es in gleichmäßig zügigem Tempo und immer auf direktem Weg weiter. Fehlerfrei und in der Zeit war eine ideale Pfadfinderleistung. Gleiches gelang Frank Ostholt mit Air Jordan, noch etwas schneller, erreicht nur noch von der Britin Daisy Dick. Bettina Hoy folgte auf derselben Spur. Am Ende der Strecke hatte sie aber mehr das Mannschaftsergebnis als ihre eigenen Chancen auf eine Einzelmedaille im Sinn und wählte zweimal den leichteren längeren Weg, um kein Risiko einzugehen. Respekt vor dieser mannschaftsdienlichen Einstellung.

Dirk Schrade und Sindy beim überzeugenden Geländeritt.

Ein famoses Mannschaftsergebnis war schon gesichert, als Ingrid Klimke auf die Strecke ging. Es war nicht der Tag von Sleep Late. Von Anfang an nicht richtig auf Zug, verweigerte er an zwei Hinderniskomplexen die Mitarbeit und handelte sich zusätzliche Zeitfehler ein. Schade für dieses championatserfahrene Paar, das so wichtig für die Mannschaft schien und dem man Chancen auf eine Einzelmedaille zutraute.

Auch Andreas Dibowski konnte nicht zufrieden sein, da ihm an einem schmalen, schrägen, technischen Komplex ein Vorbeiläufer widerfuhr. Auch hier wurden Medaillenhoffnungen begraben. Anders Dirk Schrade: trotz eines Rumplers am ersten Wasserkomplex erhielt der kämpferische Reiter nur Zeitstrafpunkte und rangierte auf dem hervorragenden 9. Platz. Leider blieb der Rumpler nicht ohne Folgen. Seine Stute Sindy hatte sich ein Eisen abgetreten, was zur Lahmheit führte, die sich bis zum nächsten Tag nicht beheben ließ. So konnte Dirk Schrade den Lohn für weltmeisterschaftsreife Leistungen leider nicht für sich verbuchen.

Das Ergebnis nach dem Gelände lautete: Deutschland weiter klar in Führung (143 Punkte), jetzt vor England (175 Punkte), USA (190,1 Punkte) und Australien (193,3 Punkte). Ein beeindruckender und beruhigender Vorsprung vor dem abschließenden Springen. In der Einzelwertung setzte sich die englische Europameisterin Zara Phillips an die Spitze, knapp vor Bettina Hoy und Frank Ostholt.

Das Springen im weitläufigen Aachener Stadion vor großem Publikum brachte Verschiebungen, die in der Einzelwertung weh taten, den Mannschaftssieg aber nicht gefährden konnten. Ingrid Klimke und Hinrich Romei-

ke blieben fehlerfrei. Hinrich Romeike und Marius Voigt-Logistik etablierten sich damit auf Platz 5. Frank Ostholt/Air Jordan unterlief ein Abwurf, dadurch rutschten beide vom Treppchen und landeten mit 0,2 Punkten Rückstand auf Platz 4. Bettina Hoy und Ringwood Cockatoo rutschten mit zwei Abwürfen ebenfalls vom Treppchen auf Platz 6. Einzelreiter Andreas Dibowski musste nach einem Springfehler mit Rang 21 vorlieb nehmen.

Als Führende nach Dressur und Gelände konnte Zara Phillips als letzte Starterin unbeschwert dem Weltmeistertitel entgegensteuern. Ein Hindernisfehler konnte den Gesamtsieg nicht verwehren. Nach fehlerfreier Runde schob sich der Australier Clayton Fredericks mit Ben Along Time auf den 2. Platz und auf Rang 3, ebenfalls fehlerfrei, rangierte die Amerikanerin Amy Tryon mit Poggio.

Der deutsche Mannschaftssieg war unumstritten und mehr als deutlich. 24 Punkte vor England, Australien und USA.

Am Ende gab es ein vielschichtiges, positives Fazit mit mehreren Siegern: Sieger Nummer 1 ist die Vielseitigkeit, die mit diesen tollen Aachener Tagen neues Terrain gewonnen und mit diesem Austragungsformat und diesem Geländekurs Tore in die Zukunft geöffnet hat. Sieger Nummer 2 sind die Macher dieses Ereignisses, Rüdiger Schwarz und Friedrich Otto-Erley mit dem dazugehörigen, perfekt funktionierenden Team. Sieger Nummer 3 ist Aachen, das die Vielseitigkeit für sich entdeckt und für die Zukunft des CHIO gewonnen hat. Sieger Nummer 4 ist das Publikum, das unwiederbringliche Eindrücke und Erlebnisse verinnerlichen durfte. Und Sieger Nummer 5 ist die Vielseitigkeit in Deutschland mit ihrer Top-Mannschaft und ihren Top-Trainern, denen eine wichtige Etappe zur Rehabilitation des Athener Dramas gelungen ist.

Die Weltmeister: Frank Ostholt, Ingrid Klimke, Bettina Hoy, Hinrich Romeike

Vorolympisches Jahr 2007

Test-Event in Hongkong/Rückschlag in Pratoni del Vivaro (ITA)

Das Jahr 2007 stand ganz im Zeichen der Vorbereitungen auf die Olympischen Spiele in Hongkong. Dazu gehörte die Testveranstaltung am Ort der olympischen Reiterspiele. Dazu gehörte auch die Gesamtplanung. Fitnesstests und Fitnessprogramme für Reiter und Pferde, physiotherapeutische und sportpsychologische Begleitung, wissenschaftliche Auswertung von Training und Wettkampf. Alles mit dem Ziel, den besonderen klimatischen Herausforderungen Hongkongs so gut wie möglich gewachsen zu sein.

Anna Junkmann und Cancun in Hongkong

Die Testveranstaltung brachte neben den erfreulichen Platzierungen auf Rang 1, 2, 4 und 8 für Frank Ostholt, Dirk Schrade, Andreas Ostholt und Anna Junkmann wertvolle Erkenntnisse über Klima, Wetterkapriolen, Prüfungsunterbrechungen und entsprechende Reaktionen bei Pferden und Reitern. Erfahrungen, von denen alle drei olympischen Reiterdisziplinen profitieren sollten.

Tina Richter-Vietor. Unvergessen und stete Mahnung

Das Geschehen in Europa wurde leider überschattet von tragischen Unfällen. So wird uns Tina Richter-Vietor, die mit ihrer passionierten Familie ganz für die Vielseitigkeit lebte, immer fehlen und immer unvergessen bleiben. Sie wird uns Mahnung sein, diesen Sport weiterzuentwickeln, sich der Risiken des Sports bewusst zu sein und um deren Minimierung zu ringen. Die Deutsche Meisterschaft in Schenefeld wurde abgebrochen. Zugleich wurde sie für 2008 wieder nach dort vergeben. Der Sichtungsweg für die Europameisterschaft konzentrierte sich neben individuellen Vorbereitungswegen auf Luhmühlen und Aachen.

In Luhmühlen machte einmal mehr Dirk Schrade mit einem hervorragenden 2. Platz von sich reden. Für die Europameisterschaft kam er verletzungsbedingt leider doch nicht zum Zuge. Auch Beeke Kaack machte in Luhmühlen mit Singjang und ihrem 8. Platz auf sich aufmerksam. In Aachen gewann Frank Ostholt mit Air Jordan den CICO3* als erste Vielseitigkeit im Rahmen dieses CHIO. Auch die deutsche Mannschaft mit Andreas Dibowski mit FRH Little Lemon, Frank Ostholt mit Air Jordan, Peter Thomsen mit The Ghost of Hamish und Hinrich Romeike mit Marius Voigt-Logistik setzte sich an die Spitze vor England und Schweden.

Bettina Hoy/Ringwood Cockatoo, Ingrid Klimke/FRH Butts Abraxxas, Beeke Kaack/ Singjang, Peter Thomsen/The Ghost of Hamish, Hinrich Romeike/Marius Voigt-Logistik und Frank Ostholt/Air Jordan zogen in Kreuth ins Trainingslager ein. Von dort gab es dann eine sehr lange Fahrt an den Rand von Rom, in das bergige Gelände von Pratoni del Vivaro. Entweder in Kreuth oder auf dem Transport muss etwas schiefgegangen sein. Drei unserer Mannschaftspferde kamen in Pratoni mit Fieber an: FRH Butts Abraxxas, Air Jordan und Marius Voigt-Logistik. Ein Manko für das Training in den letzten Tagen vor Prüfungsbeginn und auch ein Manko hinsichtlich der Kondition der Pferde und der konditionellen Anforderung der sehr bergigen Geländestrecke.

Ähnlich wie 2005 in Blenheim für Ingrid Klimke wurde diesmal Bettina Hoy mit Ringwood Cockatoo eine Einzelstartposition eingeräumt, um frei von Mannschaftserfordernissen die Chance auf eine Einzelmedaille zu nutzen. Zusätzliche Einzelreiterin war Championatsneuling Beeke Kaack mit Singjang. Die Dressur lief nach Plan, Führung für die Deutsche Mannschaft vor England und Frankreich und Führung für Bettina Hoy.

Ingrid Klimke mit FRH Butts Abraxxas

Die Hauptanforderung des Geländekurses war konditioneller Art. Lange Bergaufstrecken, die bei der großen Hitze alle Kräfte forderten und über den gesamten Kurs verteilt bis zum Ende hin ihren Tribut zollten. Nichts anhaben konnten diese Anforderungen FRH Butts Abraxxas und The Ghost of Hamish als erste Starter unserer Mannschaft. Allerdings mussten beide Reiter sehr früh im Kurs bei einer Bergabkombination einen Vorbeiläufer an

Testevent Hongkong August 2007

Reiter	Nation	Pferd	Dressur	Gelände	Springen	Total
1. Frank Ostholt	GER	After the Battle	53,40	0	0	53,40
2. Dirk Schrade	GER	Grand Amour	48,80	4,8	1	54,60
3. Megan Jones	AUS	Kirby Park Fedwell	54,40	8,8	4	67,20
4. Andreas Ostholt	GER	Rainman	62,60	2,4	4	69,00
...						
8. Anna Junkmann	GER	Cancun	51,20	16,4	4	71,60

EM 2007 Pratoni del Vivaro/ITA — Mannschaftswertung

Nation/Reiter	Pferd	Total
1. **Großbritannien**		**146,00**
Daisy Dick	Spring Along	53,10
Mary King	Call Again Cavalier	41,30
Oliver Townend	Flint Curtis	72,20
Zara Phillips	Toy Town	51,60
2. **Frankreich**		**212,90**
Didier Dhennin	Ismene du Temple	98,10
Nicolas Touzaint	Galan de Sauvagère	29,40
Arnaud Boiteau	Expo du Moulin	-
Eric Vigeanel	Coronado Prior	85,40
3. **Italien**		**244,10**
4. **Belgien**		**254,20**
5. **Dänemark**		**290,90**
6. **Schweiz**		**336,70**
7. **Deutschland**		**1.144,20**
8. **Irland**		**1.188,60**
9. **Österreich**		**1.226,30**
10. **Russland**		**1.246,10**

Bronzemedaille für Bettina Hoy und Ringwood Cockatoo

Beeke Kaak schaffte mit Sinjang eine überzeugende Championatspremiere

einem sehr schmalen Element in Kauf nehmen. Später wurde dieser direkte Weg nicht mehr geritten, weil das Risiko zu groß erschien. Für unsere beiden Mannschaftsreiter kam diese Erkenntnis aber zu spät. Marius Voigt-Logistik ging wie gewohnt wie an der Schnur gezogen und kam fehlerfrei ins Ziel. Allerdings hatte er sich schon bei Hindernis Nr. 10 eine Verletzung des linken Knies zugezogen, die sich im Verlaufe der abendlichen Behandlung als so gravierend erwies, dass das Pferd zur Verfassungsprüfung am nächsten Morgen nicht vorgestellt werden konnte. Air Jordan mit Frank Ostholt ging die Strecke zügig an und erreichte alle Minutenpunkte zu vorgegebener Zeit. Am Ende verließen ihn aber die Kräfte und nach zwei Verweigerungen ganz kurz vorm Ziel musste dieses Paar den Ritt beenden. Die Mannschaft war geplatzt und alle Köpfe hingen auf Halbmast. Wenn da nicht noch unsere Einzelreiterinnen gewesen wären. Sowohl Bettina Hoy

als auch Beeke Kaack schlugen sich bravourös und kamen lediglich mit Zeitfehlern ins Ziel.

Das sonntägliche Springen verlief dramatisch. Peter Thomsen landete mit einem sicheren Null-Fehler-Ritt auf Platz 15. Ingrid Klimkes FRH Butts Abraxxas leistete sich zwei Abwürfe und bescherte seiner Reiterin Platz 10. Auch Beeke Kaacks Singjang patzte zweimal. Platz 11 beim ersten Championat war für Beeke Kaack aber mehr als ein Achtungserfolg. Dieses Paar hat die in sie gesetzten Erwartungen voll erfüllt. Gedränge gab es auf den vorderen Plätzen, und am Ende ein Drama für die bis dahin führende Welt- und Europameisterin Zara Phillips. Kurz vor ihr startete Bettina Hoy, die ihren Ringwood Cockatoo routiniert über den Kurs steuerte, einen Abwurf aber nicht verhindern konnte. Schlimmer waren aber Zara Phillips drei Abwürfen, die sie von Platz 1 auf Platz 6 zurückwarfen. Des einen Pech ist des anderen Glück, und so wurde der Franzose Nicolas Touzaint zum zweiten Mal Europameister, vor Mary King und der glücklichen Bettina Hoy, die sich mit ihrer Routine den Bronzeplatz erkämpft und damit die deutsche Ehre gerettet hat.

EM 2007 Pratoni del Vivaro/ITA — Einzelwertung

Reiter	Nation	Pferd	Dressur	Gelände	Springen	Total
1. Nicolas Touzaint	FRA	Galan de Sauvagère	29,40	0	0	29,40
2. Mary King	GBR	Call Again Cavalier	36,50	4,80	0	41,30
3. Bettina Hoy	GER	Ringwood Cockatoo	27,10	11,20	4	42,30
4. Jean Teulere	FRA	Espoir de la Mare	41,30	4,40	4	49,70
5. Cedric Lyard	FRA	Jolly Hope de Treille	48,30	2,80	0	51,10
6. Zara Phillips	GBR	Tow Town	29,80	2,80	19	51,60
7. Daisy Dick	GER	Spring Along	42,30	2,80	8	53,10
8. Vittoria Panizzon	ITA	Rock Model	48,30	4,00	8	60,30
9. Joris van Springel	BEL	Bold Action	41,50	25,60	0	67,10
10. Ingrid Klimke	GER	FRH Butts Abraxxas	31,50	28,20	8	68,70
11. Beeke Kaack	GER	Sinjang 2	46,70	16,80	8	71,50
...						
15. Peter Thomsen	GER	The Ghost of Hamish	47,50	28	0	75,50

Marbach/Luhmühlen/ Aachen 2008

Auf dem Weg nach Hongkong

Drei Turniere, zwei Trainingslager, ein Ziel. So kann man den Weg nach Hongkong skizzieren. Marbach, Luhmühlen und Aachen waren die Turnieretappen. Bonn-Rodderberg wegen des bergigen Geländes und Warendorf wegen der Quarantänebestimmungen waren die Trainingslager. Marbach war ein freundlicher CIC3*-Auftakt. Für wenige Reiter stand alternativ das Weltcup-Turnier in Malmö auf dem Plan. Luhmühlen bot zwei alternative Möglichkeiten. CIC3* für die meisten deutschen Olympiakandidaten und CCI4* als sehr anspruchsvoller, echter Leistungstest. Während der CIC3*-Kurs in Luhmühlen noch als freundlich einzustufen war, siedelte Rüdiger Schwarz den Aachener Geländekurs zwischen 3*- und 4*-Niveau an und verlangte sehr präzises Reiten und vermögendes Springen. Ein Kurs, der Fehler provozieren konnte, der nach fehlerfreiem Überwinden aber das Gefühl vermitteln sollte: Wir haben es drauf und sind für Hongkong bestens gewappnet.

So war es dann auch für unsere Olympiakandidaten. Sieg der deutschen Mannschaft und Sieg und Platz 3 für Frank Ostholt in der Einzelwertung. Dazwischen auf Platz 2 entdeckte man ein sehr clever reitendes Jungtalent aus Holland. Tim Lips, Sohn des holländischen Nationaltrainers. Ein Geheimtipp für Hongkong?

Sieger in Luhmühlen: Bettina Hoy und Ringwood Cockatoo

Marbach 2008 — CIC***

	Reiter	Nation	Pferd	Dressur	Springen	Gelände	Total
1.	Frank Ostholt	GER	Air Jordan 2	40,40	0,00	0,40	40,80
2.	Michael Jung	GER	Miss Meller TSF	38,50	4,00	0,80	43,30
3.	Michael Jung	GER	La Biosthetique - Sam FBW	45,30	0,00	0,00	45,30
4.	Frank Ostholt	GER	Mr.Medicott	44,70	0,00	0,80	45,50
5.	Dirk Schrade	GER	Huskey	52,50	0,00	0,80	53,30
6.	Julia Mestern	GER	Schorsch 6	50,90	0,00	3,20	54,10
7.	Karin Donckers	BEL	Rose S Merlin	43,70	4,00	7,60	55,30
8.	Tim Lips	NED	Blom's Oncarlos	48,90	0,00	6,80	55,70
9.	Simone Deitermann	GER	Flambeau H 3	38,10	8,00	11,60	57,70
10.	Hinrich Romeike	GER	Marius Voigt-Logistik	44,00	4,00	11,20	59,20
11.	Katrin Norling	SWE	Pandora Emm	48,30	0,00	11,20	59,50
12.	Ingrid Klimke	GER	FRH Butts Abraxxas	39,80	8,00	12,00	59,80

Lumühlen 2008 — CIC **

	Reiter	Nation	Pferd	Dressur	Gelände	Springen	Total
1.	Bettina Hoy	GER	Ringwood Cockatoo	29,60	0	0	32,80
2.	Ingrid Klimke	GER	FRH Butts Abraxxas	33,90	0	4	37,90
3.	Hinrich Romeike	GER	Marius Voigt-Logistik	36,10	3,20	8	47,30
4.	Linda Algotsson	SWE	Stand By Me 4	41,30	2,40	4	47,70
5.	Janet Wiesner	GER	Horstfelde's Libero	49,60	1.20	0	50,80
6.	Frank Ostholt	GER	Mr.Medicott	50,70	0,80	0	51,50
7.	Peter Thomsen	GER	The Ghost of Hamish	50,90	0	4	54,90
8.	Viktoria Carlerbaeck	SWE	Ballys Geronimo	52,40	0,80	4	57,20
9.	Anna Warnecke	GER	Twinkle Bee	50,40	0	8	58,40
10.	Andreas Dibowski	GER	Euroridings Butts Leon	48,90	2	8	58,90

Luhmühlen 2008 — CCI ****

	Reiter	Nation	Pferd	Dressur	Gelände	Springen	Total
1.	William Fox-Pitt	GBR	Macchiato 8	47,40	3,60	0,00	51,00
2.	Frank Ostholt	GER	Little Paint	47,80	3,60	0,00	51,40
3.	Tinney	AUS	Vettori Stuart	48,20	4,00	0,00	52,20
4.	Andrew Hoy	AUS	Moonfleet	39,3	0,00	19,00	58,30
5.	Julie Tew	GBR	Sir Roselier	45,00	8,00	8,00	61,00
6.	Didier Dhennin	FRA	Ismene Du Temple	48,20	0,00	13,00	61,20
7.	Simone Deitermann	GER	Flambeau H 3	35,40	39,20	0,00	74,60
8.	Kai-Steffen Meier	GER	Karascada M 3	58,70	12,40	4,00	75,10
9.	Sacha Louise Pemble	IRL	I've Been Dun	65,40	14,40	0,00	79,80
10.	Dirk Schrade	GER	Adm.v.Schneider	45,90	23,60	17,00	86,50

Peter Thomsen und The Ghost of Hamish auf dem Weg in die Olympiamannschaft

CHIO Aachen 2008 — Mannschaftsergebnis CIC***

Nation/Reiter	Pferd	Total
1. Deutschland		**188,40**
Frank Ostholt	Mr. Medicott	54,10
Hinrich Romeike	Marius Voigt-Logistik	56,70
Ingrid Klimke	FRH Butts Abraxxas	77,60
Bettina Hoy	Ringwood Cockatoo	verzicht
2. Schweden		**192,50**
Magnus Gällerdal	Keymaster 3	57,20
Katrin Norling	Pandora	61,70
Viktoria Carlerbäck	Ballys Geronimo	73,60
Linda Algotsson	Stand by me	ausgeschieden
3. Großbritannien		**215,40**
Nicola Wilson	Opposition Buzz	58,00
Emily Baldwin	Drivetime	70,80
Heidi Woodhead	The Biz	86,60
Georgie Davies	Fachoudette	verzicht
4. Belgien		**275,20**
5. Italien		**357,20**
6. Frankreich		**1.160,00**

1. und 3. Platz
für Frank Ostholt, hier mit Mr. Medicott

Andreas Dibowski und Euroriding Butts Leon,
Vierte in Aachen

Nach gründlichem Abwägen aller zur Verfügung stehenden Paare folgte der DOKR-Vielseitigkeitsausschuss der Einschätzung der Bundestrainer und nominierte Andreas Dibowski/ Euroridings Butts Leon, Ingrid Klimke/ FRH Butts Abraxxas, Frank Ostholt mit Mr. Medicott, dem man unter den klimatischen Bedingungen und angesichts der Geländebeschaffenheit mehr Chancen einräumte als Air Jordan, Hinrich Romeike/Marius Voigt-Logistik und Peter Thomsen/The Ghost of Hamish für Hongkong. Als Reserven zogen ebenfalls in die Warendorfer Quarantäne ein: Beeke Kaack/Singjang, Anna Warnecke/ Twinkle Bee. Was war aber mit Bettina Hoy und Ringwood Cockatoo? Dieser Reiterin, die sich so gezielt auf Hongkong vorbereitet hatte und so auf eine Rehabilitation der Athener Ereignisse brannte, wiederfuhr in Aachen großes Missgeschick. Nach ausgezeichneter Dressur rutschte Ringwood Cockatoo im Parcours in ein Hindernis hinein und zog sich eine Zerrung zu. Ein Start im Gelände war ausgeschlossen. Eine Woche später sollte ein Fitnesstest im rheinischen Hünxe erfolgen. Die Zerrung war jedoch nicht ausgeheilt und damit war eine große Hoffnung jäh beendet. Bettina Hoy blieb aber Teil der Mannschaft, flog mit nach Hongkong und unterstützte unser Team nach besten Kräften.

Foto Werner Ernst

CHIO Aachen 2008 — Einzelwertung CIC***

Reiter	Nation	Pferd	Dressur	Gelände	Springen	Total
1. Frank Ostholt	GER	Air Jordan	50,20	0	0	50,20
2. Tim Lips	NED	Blom's Oncarlos	43,70	8	0	51,70
3. Frank Ostholt	GER	Mr. Medicott	46,10	4	4	54,10
4. Andreas Dibowski	GER	Euroriding Butts Leon	49,10	3,6	2	54,70
5. Hinrich Romeike	GER	Marius Voigt-Logistik	48,30	4,4	4	56,70
6. Magnus Gällerdal	SWE	Keymaster 3	47,20	6	4	57,20
7. Nicola Wilson	GBR	Opposition Buzz	57,60	0,4	0	58,00
8. Yoshiaki Oiwa	JPN	Gorgeous George	54,30	2	4	60,30
9. Katrin Norling	SWE	Pandora	48,90	8,8	4	61,70
10. Harald Ambros	AUT	Miss Ferrari	52,80	6,8	4	63,60

Sylvia Sánchez

Zur Entwicklung in der Dressur von 2004 bis 2008

Es war ein Jahr des Generationswechsels in und unter dem Sattel. Ein ganz Großer — im wörtlichen wie übertragenden Sinne — trat ab: Rusty wurde verabschiedet. Aber es ging auch ein neuer Stern im Viereck auf: ein Sterntaler, um genau zu sein. Es war das erfolgreichste Jahr von Wansuela suerte und Hubertus Schmidt, aber auch das Jahr, in dem der deutsche Dressursport sich geschlagen geben musste. Ein ganz großer Name fehlte, aber es kam auch ein nicht ganz neuer Name dazu.

DM Verden 2005
Zeichen setzen

Die Deutschen Meisterschaften waren die wichtigste Sichtung für das anstehende Championat: die Europameisterschaft, die zum Zeitpunkt der DM noch in Moskau stattfinden sollte. Verden zeigte dabei vor allem eins: die Topform der Warkant-Tochter

Heike Kemmer und Bonaparte waren erneut 2005 top in Form — und auch wenn es keine Punkte dafür gibt: Er hat einfach das freundlichste Gesicht von allen Pferden im internationalen Viereck.

Wansuela suerte, das heißt „Die Liebliche", hier in den Einerwechseln ist sie vor allem ausdrucksstark und verhalf ihrem ständigen Reiter Hubertus Schmidt zu EM-Einzelsilber.

Wansuela suerte unter Hubertus Schmidt und Heike Kemmer mit ihrem Bon Bonaparte-Sohn Bonaparte. Beide Reiter erreichten in den abschließenden Küren über 80% und verwiesen ihre Mitstreiter deutlich auf die Plätze, denn auf Platz drei ging es mit Klaus Husenbeth und seinem Piccolino mit gut drei Prozentpunkte weniger weiter. Die Deutsche Meisterin und der Deutsche Meister setzten also früh in der Saison Zeichen, die nachhaltig bestätigt wurden.

EM Hagen a.T.W. 2005
Spontan, kein bisschen improvisiert

Eigentlich sollten die Europameisterschaften 2005 in Moskau stattfinden. Nach monatelangem Tauziehen und Problemen, was Organisation vor allem aber Finanzierung des Championats anging, sagten die russischen Funktionäre ab — knapp zwei Wochen vor der EM. Zwar kam diese Entwicklung nicht ganz überraschend, dennoch war es erstaunlich, dass sich jemand bereit erklärte einzuspringen: Ullrich Kasselmann und sein Team. So wurden sie geboren, die Europameisterschaften 2005 in Hagen am Teutoburger Wald. 13 Tage Vorbereitung mussten genügen und sie taten es.

So aufregend es schon im Vorfeld um die EM war, so spannend ging es dann auch im Viereck los. Natürlich wurde ein Zweikampf mit den Niederländern erwartet, doch diesmal wurde es richtig knapp. Nach der Zwischenwertung führten die Niederländer sogar mit dem Hauch von sechs Punkte oder 0,2 Prozent. Dabei hatte vor allem einer für Deutschland gepunktet, der hier eine Premiere feierte: Sterntaler-Unicef, der bei den Deutschen Meisterschaften in Verden noch verletzt ausfiel, hatte bei dieser EM seinen ersten Championatseinsatz unter der erfahrenen Ann Kathrin Linsenhoff. Dass dieser Auftritt doch noch mit Mannschaftsgold dekoriert wurde, verdankte die Equipe dann Heike Kemmer mit Bonaparte und Hubertus Schmidt mit Wansuela suerte, die die Nerven behielten, Leistung zeigten und das Ergebnis umdrehten: Zum Schluss waren das 0,6 Prozent Vorsprung auf die Niederländer, die erneutes EM-Gold für Deutschland bedeuteten.

Auffallend war 2005 auch die Leistungsdichte der folgenden Mannschaften, denn Spanien und Schweden lagen den Punkten nach gleich auf. Laut Reglement bedeutete das Bronze für Spanien, denn bei Gleichstand entschied das Ergebnis des jeweils dritten Reiters über die Platzierung. In diesem Falle hatte Ignacio Rambla für Spanien die Nase vorne.

Ein echter Strahlemann, nicht nur im starken Trab: Sterntaler-Unicef feierte 2005 erfolgreich sein Championatsdebut.

Reiter	Pferd	Total
1. Heike Kemmer	Bonaparte	234,11
2. Carola Koppelmann	Le Bo	218,52
3. Anja Plönzke	Tannenhof's Solero TSF	214,46
1. Hubertus Schmidt	Wansuela suerte	231,45
2. Klaus Husenbeth	Piccolino	220,52
3. Martin Schaudt	Weltall VA	218,33

DM Verden 2005 — Endergebnis Dressurreiterinnen/ Dressurreiter

EM Hagen a.T.W. 2005 — Mannschaftswertung

Nation/Reiter	Pferd	Total
1. **Deutschland**		**221,708**
Klaus Husenbeth	Piccolino	(69,250)
Ann Kathrin Linsenhoff	Sterntaler-Unicef	74,250
Hubertus Schmidt	Wansuela suerte	74,625
Heike Kemmer	Bonaparte	72,833
2. **Niederlande**		**221,167**
Laurens van Lieren	Hexagon's Ollright	70,833
Edward Gal	Geldnet Lingh	72,917
Anky van Grunsven	Keltec Salinero	77,417
Sven Rothenberger	Barclay II,	(66,667)
3. **Spanien**		**213,125**
Ignacio Rambla	Distiguido	69,500
Jose Ignacio Lopez Porras	Nevado Santa Clara	(64,917)
Juan Antonio Jimenez	Guizo	71,792
Beatriz Ferrer-Salat	Beauvalais,	71,833
3. **Schweden**		**213,125**
Louise Nathhorst	Guinness	68,625
Tinne Vilhelmson	Just Mickey	70,208
Kristian von Krusenstierna	Wilson	-
Jan Brink	Björsells Briar	74,292
5. **Großbritannien**		**211,292**
6. **Dänemark**		**210,250**
7. **Frankreich**		**208,083**
8. **Schweiz**		**205,666**
9. **Russland**		**201,166**
10. **Österreich**		**200,542**

Diese dekadenalte Regelung, die bisher noch nie gebraucht wurde, brach eine Welle der Entrüstung hervor. Letztlich setzten die Spanier den Weltverband unter Druck, indem sie die Bronzemedaille nicht annehmen wollten,

wenn Schweden leer ausginge. Somit wurden zwei Mannschaftsbronzemedaillen vergeben: an Spanien und Schweden.

Die Einzelwertung war rechnerisch einfacher. Hubertus Schmidt zeigte mit seiner Wansula suerte konstant die zweitbeste Leistung im Grand Prix und Special, Jan Brink mit Briar platzierte sich hier jeweils auf dem dritten Rang. Vorne weg Anky van Grunsven mit Salinero. Lediglich in der Kür tauschten Schmidt und Brink die Plätze, hier war Schmidt es etwas ruhiger und weniger risikobereit angegangen. Diese kluge Entscheidung brachte ihm die Silbermedaille, sicher einer der wichtigsten Erfolge für den Reitmeister. Pech hatte Heike Kemmer, die ihren Bonaparte bereits nach dem Grand Prix verletzungsbedingt aus dem Turnier nehmen musste, bis dahin hatte sie auf Platz sechs in der Einzelwertung gelegen, durchaus noch eine Platzierung, die Richtung Treppchen hätte ausgebaut werden können.

Anky van Grunsven und Salinero waren bei der EM in Hagen a.T.W. auf ihrem Goldkurs nicht aufzuhalten. Sie siegten in allen Teilprüfungen.

CHIO Aachen 2005
Niederlande und Schweden top!

Beim CHIO in Aachen 2005 war irgendwie alles anders! Die Niederländer holten sich den Nationenpreis und im Großen Dressurpreis siegte ein glänzend aufgelegter Briar unter dem Schweden Jan Brink. Er war erst der zweite Mann nach Dr. Reiner Klimke, der sich diesen Preis erritt. Und es war das erste Mal seit 1977, dass Deutschland den Nationenpreis nicht gewann. Etwas, was in Ellen Schulten-Baumers Leben noch gar nicht vorgekommen war, denn mit Jahrgang 1979 hatte sie die Schwarz-

Rot-Gold-Equipe in Aachen immer siegen sehen. Dass es ausgerechnet bei ihrem ersten Einsatz für die Nationalequipe in der Soers passieren sollte, hatte sich die Stieftochter vom Doktor, Dr. Uwe Schulten-Baumer, sicher anders gewünscht. Tatsächlich zeigten sich im Grand Prix deutlich Schwächen im Team, denn Weltall unter Martin Schaudt und Sterntaler-Unicef unter Ann Kathrin Linsenhoff hatten mit Spannungen zu kämpfen. Einzig Hubertus Schmidt konnte erneut ähnlich konstante Leistungen wie in Hagen zeigen, mit dritten Plätzen in Grand Prix und Kür.

Es fehlte ein Name, der so sicher für Medaillen und Titel sorgte, wie keiner zuvor: Isabell Werth. Doch ihre sportliche Talsohle war erreicht und um es mit einer Fussballfloskel zu beschreiben: nach dem Championat ist vor dem Championat — nach 2005 kam 2006, das Jahr in dem die Dressurqueen wieder ganz oben auf sein sollte.

> Für viel Diskussionsstoff sorgten die Richter in diesem Jahr beim CHIO in Aachen. Unterschiede von bis zu 14 Rängen bei den einzelnen Richtern für ein Paar gaben Grund zum Grübeln. Die Konsequenz: Für die Weltreiterspiele ein Jahr später, nämlich 2006 in der Aachener Soers sollten sich die Richter gemeinsam „einrichten", also im Vorfeld zur WM schon einmal miteinander richten.

Noch ein Herr machte von sich reden, denn auch Jan Brink und sein schwedischer Hengst Briar feierten 2005 ihren größten Triumph: der Sieg im Großen Preis von Aachen.

EM Hagen a.T.W. 2005 — Endergebnis Einzelwertung

Reiter	Nation	Pferd	Grand Prix	Grand Prix Special	Kür	Total
1. Anky van Grunsven	NED	Keltec Salinero	77,417	76,160	83,000	236,577
2. Hubertus Schmidt	GER	Wansuela suerte	74,625	75,720	80,525	230,870
3. Jan Brink	SWE	Björsells Briar	74,292	73,720	81,000	229,012
4. Edward Gal	NED	Geldnet Lingh	72,917	73,560	76,650	223,127
5. Juan Antonio Jimenez	ESP	Guizo	71,792	70,600	79,550	221,942
6. Carl Hester	GBR	Escapado	72,792	74,320	74,675	221,787
7. Beatriz Ferrer-Salat	ESP	Beauvalias	71,833	73,840	75,375	221,048
8. Ann Kathrin Linsenhoff	GER	Sterntaler-Unicef	74,250	73,360	72,350	219,960
9. Andreas Helgestrand	DEN	Blue Horse Cavan	71,542	70,760	77,450	219,752
10. Silvia Iklé	SUI	Salieri CH	71,583	71,360	75,775	218,718

CHIO Aachen 2006
Generalprobe mit Durchmarsch

Es fühlte sich schon seltsam an, so ein CHIO im Mai. Das sonst direkt vor die Sommerferien platzierte Weltfest des Pferdesports wich vor dem ultimativen Event des Jahres, den Weltreiterspielen, die 2006 in der Aachener Soers stattfinden würden. So hatte der CHIO in diesem Jahr doch viel von einer Generalprobe für die bevorstehenden Weltreiterspiele. Eine geglückte noch dazu, denn die deutschen Reiter dominierten den CDIO, wobei die Niederländer nicht in A-Formation antraten. Im Nationenpreis siegte also die Schwarz-Rot-Goldene Equipe mit Nadine Capellmann und Elvis VA, Ann Kathrin Linsenhoff mit Sterntaler-Unicef, Hubertus Schmidt mit Wansuela suerte und Isabell Werth mit Warum nicht FRH vor den Dänen und Schweden. Die beste Turnierwoche in Aachen hatte eindeutig Nadine Capellmann, die auf ihrem „Hausturnier CHIO" auch in Special und Kür siegte und sich somit den Großen Preis von Aachen sicherte.

DM Münster 2006
Ein Sichtungsturnier

Man muss zugeben, die Titelvergabe bei den Deutschen Meisterschaften ging 2006 in Münster etwas unter, denn für viele Beobachter stand eher im Vordergrund, wer sich bei dieser letzten Sichtung vor dem Großereignis des Jahres für die WM-Equipe empfehlen würde. Sichtlich enttäuscht war Hubertus Schmidt dann über die Bekanntgabe, dass er bei der WM lediglich als Ersatzreiter antreten sollte. Richtig gut lief es für Klaus Husenbeth, dessen Leistungskurve in dieser Saison stetig angestiegen war und in Münster einen Höhepunkt

Der Deutsche Meister Klaus Husenbeth und sein Piccolino, der Prince Thatch-Sohn war in Münster glänzend aufgelegt.

mit dem Titel Deutscher Meister fand, vor Hubertus Schmdit mit Wansuela suerte und Jochen Vetters mit Fanano.

Ein tolles Jahr erwischte auch Isabell Werth, die mit zwei Pferden an der DM teilnahm und sich sowohl mit Warum nicht FRH alias Hannes als auch mit Satchmo ganz vorne platzierte und sich mit Hannes den Vizetitel sicherte, vor Nadine Capellmann, die zwar schwach in Münster anfing, sich aber noch stark auf Bronze vorkämpfte.

Die DM in Münster war das Comeback des sympathischen Bonaparte. Nach verletzungsbedingter Pause kam er nach Münster und tanzte mit neuer Kür zu Sixtie-Klängen auf den Goldrang.

WEG Aachen 2006
Vergoldete Superlative

40 000 Zuschauer, ein Viereck in der Mitte des gewaltigen Springstadions der Aachener Soers — eine wahrlich beeindruckende Kulisse. Noch nie hatte die Dressur so viele Zuschauer. Noch nie war die Vorfreude auf eine Weltmeisterschaft so groß, so schien es zumindest für viele.

Und doch war es wie verhext, denn gleich zwei Nominierte für die deutsche Dressurequipe fielen aus: Klaus Husenbeths Piccolino zerrte sich im Training, für ihn rückte Hubertus Schmidt mit Wansuela suerte nach. Isabell Werth wurde zunächst mit Warum nicht FRH nominiert. Das Vertrauen des Dressurausschusses in den mächtigen Fuchs war größer als in Satchmo, der in den Jahren zuvor schon manches Mal deutliche Aussetzer hatte. Doch aufgrund seiner bisherigen Leistungen im WM-Jahr wurde er als Ersatz auf die Longlist gesetzt. Dann fiel „Hannes" verletzungsbedingt aus, Sachtmo rückte nach. Der Anfang von Isabell Werths WM-Märchen.

Die Mannschaft bildeten neben Schmidt und Werth Nadine Capellmann mit Elvis VA und Heike Kemmer mit Bonaparte. Es war eine mehr als solide Grand Prix-Leistung der Deutschen, die mit fast 6 % Vorsprung die Goldmedaille vor den Niederländern und Dänen gewannen. Lediglich Wansuela suerte ließ sich etwas von der Atmosphäre beeindrucken, dafür ging Bonaparte einen Grand Prix mit herrlichen Trabverstärkungen und einer hervorragenden Piaffe. Eine fehlerfreie Prüfung von Elvis VA und ein Traum von Traversalen und Piaffe-Passage durch Satchmo brachten den Sieg. Es war eine Ansage, dieser Grand Prix des Sao

Sie legten beim CDIO in Aachen einen Durchmarsch in und rockten das Dressurstadion mit ihrer Kür: Nadine Capellmann und Elvis VA.

Sympathisch, kraftvoll, erfolgreich — im starken Galopp zum DM-Titel ging es für Heike Kemmer und Bonaparte.

FEI Mannschaftsweltmeisterschaft

	Nation/Reiter	Pferd	Total		Nation	Total
1.	**Deutschland/ GER**		**223.625**	4.	**Dänemark/ DEN**	**208.874**
	Hubertus Schmidt	Wansuela suerte	*69.208	5.	**Schweden/ SWE**	**208.750**
	Heike Kemmer	Bonaparte	75.792	6.	**Großbritannien/ GBR**	**206.292**
	Nadine Capellmann	Elvis VA	72.833	7.	**Frankreich/ FRA**	**204.125**
	Isabell Werth	Satchmo	75.000	8.	**Schweiz/ SUI**	**203.709**
2.	**Niederlande/ NED**		**217.917**	9.	**Australien/ AUS**	**199.250**
	Laurens van Lieren	Hexagon's Ollright	*68.500	10.	**Spanien/ ESP**	**197.750**
	Imke Schellekens-Bartels	Sunrise	71.542	11.	**Österreich/ AUT**	**194.459**
	Anky van Grunsven	Keltec Salinero	75.000	12.	**Polen/ POL**	**191.041**
	Edward Gal	Group 4 Securior Lingh	71.375	13.	**Belgien/ BEL**	**189.333**
3.	**USA**		**213.917**	14.	**Italien/ ITA**	**189.041**
	Leslie Morse	Tip Top	*64.250	15.	**Portugal/ POR**	**183.084**
	Günter Seidel	Aragon	69.792	16.	**Japan/ JPA**	**173.958**
	Steffen Peters	Floriano	72.708			
	Debbie McDonald	Brentina	71.417			

Richter: E: Ghislain Fouarage, NED H: Linda Zang, USA C: Stephen Clarke, CBR
M: Bernhard Maurel, FRA B: Dieter Schüle, GER

Paolo-Sohns, dem Sorgenkind, das so oft in Prüfungen widersetzlich gewesen war und Isabell Werth schlaflose Nächte bereitet hatte. Doch diese Zeiten sollten mit der WM in Aachen in die Vergangenheit entlassen werden.

Der Special ging unter die Haut. So oft hatte man den Wallach schon in Prüfungen aussteigen sehen. Und jetzt lief er wie wertvollste Perlen an der Schnur gezogen: Fehlerfrei, erneut mit herausragenden Traversalen und feinster Piaffe-Passage-Tour. Selbst die im Vergleich zum Grand Prix stark verbesserte Runde von Anky van Grunsven und Salinero konnte nicht mehr überzeugen als diese leichte, durchlässige und ausdrucksstarke Prüfung von Isabell Werth und ihrem „Satchie". Selten sah man die Dressurqueen so emotional, überströmt von Freudentränen, wie nach diesem Ritt, der ihr WM-Gold im Special brachte. Nadine Capellmann kam mit Elvis auf Platz fünf, Heike Kemmer mt Bonaparte auf Platz sieben. Etwas enttäuscht war Hubertus Schmidt. Für ihn und seine Wansuela suerte reichte es lediglich für Platz 13, das Aus für einen Startplatz in der Kür.

Beeindruckende Leistung vor beeindruckender Kulisse: Isabell Werth und Satchmo auf dem Weg zum Medaillenregen.

So emotional sieht man die erfolgsverwöhnte Isabell Werth selten – dieser Titel hatte sicher eine besondere Bedeutung für die Dressurqueen.

FEI Einzelweltmeisterschaft — Dressur Grand Prix Special

	Reiter	NAT	Pferd	- E -	- H -	- C -	- M -	- B -	Total
1.	Isabell Werth	GER	Satchmo	80.600 (1)	79.200 (1)	79.200 (2)	79.400 (1)	79.000 (1)	79.480
2.	Anky van Grunsven	NED	Keltec Salinero	76.200 (4)	78.200 (2)	79.600 (1)	78.000 (2)	77.000 (3)	77.800
3.	Andreas Helgstrand	DEN	Blue Hors Matine	76.600 (2)	76.600 (3)	75.800 (3)	75.600 (4)	78.200 (2)	76.560
4.	Steffen Peters	USA	Floriano	76.600 (3)	75.600 (4)	73.600 (7)	76.600 (3)	73.600 (6)	75.200
5.	Nadine Capellmann	GER	Elvis VA	72.800 (7)	75.000 (6)	74.800 (5)	75.200 (6)	76.000 (4)	74.760
6.	Silvia Iklé	SUI	Salieri CH	73.200 (6)	73.600 (7)	75.800 (4)	75.400 (5)	70.600 (12)	73.720
7.	Heike Kemmer	GER	Bonaparte	70.800 (14)	73.400 (8)	73.200 (10)	73.800 (7)	74.800 (5)	73.200
8.	Jan Brink	SWE	Björsells Briar	71.400 (11)	75.200 (5)	72.200 (12)	73.000 (9)	73.400 (7)	73.040
9.	Imke Schellekens-Bartels	NED	Sunrise	73.800 (5)	71.600 (11)	73.200 (9)	73.200 (8)	73.200 (8)	73.000
10.	Bernadette Pujals	MEX	Vincent	71.200 (13)	73.000 (9)	73.600 (8)	72.800 (10)	71.800 (9)	72.480

Richter: E: Linda Zang, USA H: Mary Seefried, AUS C: Dr. Wojciech Markowski, POL M: Dr. Dieter Sch̦le, GER B: Bernard Maurel, FRA

Dann starteten noch zwei, die im Vorfeld keiner für das WM-Treppchen auf der Liste hatte. Der Däne Andreas Helgstrand, gerade mal in seiner dritten Grand Prix-Saison, und Matine, gerade mal 9-jährig. Sie kamen, sahen, siegten. Zumindest im Grand Prix. Im Special reichte es immerhin für Bronze.

Das Trio der Special-Medaillen machte auch die Kür-Titelvergabe unter sich aus. Während Isabell Werth und Andreas Helgstrand mit frisch einstudierten und wenig praktizierten Küren an den Start gingen, triumphierte Anky van Grunsven in ihrer Paradedisziplin voll auf. Ein Tanz präzise auf jeden Takt, so zeigte Salinero seine Stärken in Passage-Piaffe und ließ die Konkurrenz hinter sich. Silber ging an Helgstrand, Bronze an Werth. In der Kür konnten sich Nadine Capellmann und Heike Kemmer steigern, Elvis rockte auf Platz vier, Bonaparte folgte auf Platz fünf.

Zweimal Gold, einmal Bronze nahm Isabell Werth mit nach Rheinberg, wo es sich einer nicht nehmen ließ, sich durch die Mengen der Gratulanten zu kämpfen und persönlich seine Glückwünsche zu überbringen: Dr. Uwe Schulten-Baumer.

Die Shootingstars der WM in Aachen aus Dänemark Andreas Helgstrand und Matine.

- Ann Kathrin Linsenhoff erklärt im April 2007 ihren Rücktritt aus dem aktiven Dressursport. Eine Borrelioseerkrankung zwingt die Topathletin die Turnierstiefel an den Nagel zu hängen. In ihrer reiterlichen Laufbahn im Seniorenlager gewann sie mehrere Medaillen bei Europa- und Weltmeisterschaften sowie Olympischen Spielen.

- Im August stirbt im Alter von 81 Jahren plötzlich George Theodorescu an einem Schlaganfall. Selbst hocherfolgreich im Sattel gehörte er zu den besten Ausbildern und Trainern der Welt. Seine Tochter Monica Theodorescu war seine Musterschülerin mit der Teilnahme an drei Olympischen Spielen, die jeweils mit Mannschaftsgold dekoriert waren.

Die Medaillen in der Kür – es war die WM dieser drei: Anky van Grunsven (Gold), Andreas Helgstrand (Silber) und Isabell Werth (Bronze).

FEI Einzelweltmeisterschaft Dressur — Grand Prix Kür

	Reiter	NAT	Pferd	- E -	- H -	- C -	- M -	- B -	Total
1.	Anky van Grunsven	NED	Keltec Salinero	78.000	78.500	80.500	83.500	82.500	
				91.000 (1)	89.000 (1)	92.000 (1)	92.000 (1)	94.000 (1)	86.100
2.	Andreas Helgstrand	DEN	Blue Hors Matine	73.000	76.500	80.500	76.000	79.000	
				85.000 (2)	87.000 (2)	89.000 (3)	84.000 (4)	85.000 (2)	81.500
3.	Isabell Werth	GER	Satchmo	72.500	73.500	79.000	77.000	75.500	
				83.000 (5)	82.000 (5)	92.000 (2)	89.000 (2)	84.000 (4)	80.750
4.	Nadine Capellmann	GER	Elvis VA	73.000	74.000	74.500	75.500	77.000	
				85.000 (2)	84.000 (4)	87.000 (5)	85.000 (3)	84.000 (3)	79.900
5.	Heike Kemmer	GER	Bonaparte	72.000	76.500	76.500	71.500	72.000	
				81.000 (6)	85.000 (3)	88.000 (4)	84.000 (8)	82.000 (7)	78.850
6.	Steffen Peters	USA	Floriano	74.000	73.500	72.500	76.000	75.000	
				84.000 (2)	81.000 (6)	84.000 (7)	84.000 (4)	82.000 (5)	78.600
7.	Kyra Kyrklund	FIN	Max	71.000	72.000	75.500	75.000	73.500	
				76.000 (12)	79.000 (9)	86.000 (5)	84.000 (7)	81.000 (6)	77.300
8.	Imke Schellekens-Bartels	NED	Sunrise S	71.000	71.500	70.000	76.500	72.000	
				82.000 (6)	78.000 (10)	82.000 (11)	83.000 (6)	78.000 (10)	76.400
9.	Jan Brink	SWE	Björsells Briar	68.500	71.500	72.500	71.000	71.500	
				80.000 (11)	82.000 (7)	84.000 (7)	79.000 (9)	78.000 (11)	75.800
10.	Bernadette Pujals	MEX	Vincent	72.000	70.500	72.000	72.000	71.500	
				79.000 (8)	75.000 (12)	84.000 (9)	75.000 (11)	79.000 (9)	75.000

Richter: E: Mary Seefried, AUS H: Ghislain Fouarge, NED C: Dr. Dieter Schüle M: Dr. Wojciech Markowski, POL B: Stephen Clarke, GBR

CHIO Aachen 2007
Revanche von Aachen

Es war das erste Wiederaufeinandertreffen in der Konstellation der Weltreiterspiele ein Jahr zuvor: Anky van Grunsven gegen Isabell Werth, Salinero gegen Satchmo. Und es schien ein Fingerzeig in Richtung der bevorstehenden Europameisterschaften in Turin zu sein. Es siegte Isabell Werth und zwar in allen drei Prüfungen der CDIO-Tour. Nicht mal knapp vor Anky van Grunsven, sondern nach homogener Meinung der Richter. Eine ähnlich konstante Leistung zeigte die Schweizerin Silvia Iklé mit Salieri und bekräftige damit ihren Anspruch auf eine EM-Medaille. Die Mannschaftswertung war übrigens ein recht souveräner Sieg der Deutschen vor den Niederländern und den Schweden. Doch im niederländischen Team fehlte noch jemand, ein Paar, das das Blatt in Turin wenden sollte.

Historischer Sieg beim Championat – endlich eine Team-Goldmedaille für die Oranjes mit Hans-Peter Minderhoud, Laurens van Lieren, Andy van Grunsven und Imke Schellenkens Bartels so wie Equipechefin Mariet Sanders-van Gansewinkel.

DM Gera 2007
Alte und neue Paare

Die Deutschen Meisterschaften in Gera waren ein Durchmarsch für Isabell Werth mit Warum nicht FRH und Siegen in allen drei Wertungsprüfungen. Der Vize-Titel ging an Nadine Capellmann mit Elvis VA. Bisher gewohnte Namen und auch der Bronzerang war von einem großen Namen besetzt, und trotzdem war es ein Neuling, denn die dritte auf dem Treppchen war Ellen Schulten-Baumer mit Donatha S, die damit das Ticket für ihr erstes Championat im Seniorenlager gelöst hatte.

Hubertus Schmidt kam mit einem neuen Pferd in Gera zum Titel, Andretti H, den seine Besitzerin und Schmidts Schülerin Anna Campanella bei der EM selber vorstellte. Silber holten Piccolino und Klaus Husenbeth, Bronze Jonny Hilberath mit Fariano.

EM Turin 2007
Historische Niederlage

„Wir haben nicht Silber gewonnen, sondern Gold verloren", brachte Isabell Werth es nach dem Grand Prix in Turin auf den Punkt. Nach 35 Jahren Abo auf die EM-Goldmedaille mit der Mannschaft musste die deutsche Equipe in Italien mit Silber leben lernen. Bronze ging an die Schweden, Gold an die Niederlande.

Der Grand Prix war der erste Einsatz für Monica Theodorescu und Whisper. Gerade mal 9-jährig hatte der Welt Hit I-Sohn bei der DM in Gera besonders im Grand Prix überzeugt und war somit vor allem für die Mannschaftsleistung bei der Nominierung berücksichtigt worden. Kleine Fehler machten die ansonsten frische, leichte und schwungvolle Vorstellung dann leider zum Streichergebnis. Noch jemand hatte seinen ersten Einsatz im Championatlager der Senioren: Ellen Schulten-Baumer und Donatha S, das Paar war als

Championatspremieren im und unter dem Sattel: Für den erst neunjährigen Baden-Württemberger Whisper ist Turin der erste Einsatz in der Nationalequipe, im Sattel sitzt allerdings die championatserfahrene Monica Theodorescu. (Foto links) Ellen Schulten-Baumer und die Hannoveranerin Donatha S sind beide EM-Neulinge, zumindest im Seniorenlager (Foto rechts).

einziges deutsches fehlerfrei durch den Grand Prix gekommen, konnte die fehlenden Punkte jedoch nicht retten. Selbst Isabell Werth musste einen kleinen Patzer mit Satchmo verbuchen, verpasste als Schlussreiterin nur knapp die nötigen 78%. Nadine Capellmann und Elvis VA mussten eine fragwürdige Richterleistung hinnehmen, die bis zu 5% Unterschied in den Bewertungen der Einzelrichter aufwies.

EM Turin/ITA 2007 — Mannschaftswertung

	Nation/Reiter	Pferd	Total
1.	**Niederlande**		**222,083**
	Hans Peter Minderhoud	Exquis Nadine	70,458
	Laurens van Lieren	Hexagon's Ollright	(68,542)
	Anky van Grunsven	Keltec Salinero	77,458
	Imke Schellekens-Bartels	Hunter Douglas Sunrise	74,167
2.	**Deutschland**		**220,834**
	Monica Theodorescu	Whisper	(69,708)
	Ellen Schulten-Baumer	Donatha S	71,667
	Nadine Capellmann	Elvis VA	72,417
	Isabell Werth	Satchmo	76,750
3.	**Schweden**		**208,000**
	Per Sandgaard	Orient	(66,583)
	Louise Nathhorst	Isidor	67,750
	Tinne Wilhelmsson-Silfven	Solos Carex	71,042
	Jan Brink	Björsells Briar	69,208
4.	**Schweiz**		**205,333**
5.	**Großbritannien**		**205,042**
6.	**Dänemark**		**202,792**
7.	**Russland**		**199,624**
8.	**Österreich**		**199,166**
9.	**Frankreich**		**194,875**
10.	**Spanien**		**193,375**

Maßgeblich am Erfolg der niederländischen Equipe betei-
ligt ist Equipe-Neuzuwachs: Imke Schellekens-Bartels
und die Hannoveraner Stute Sunrise.

Zeigten der Welt, dass das WM-Gold kein Zufall war,
Satchmo holt mit Isabell Werth auch ein Jahr später den
EM-Titel im Grand Prix Special.

DM Balve 2008
Zum letzten Mal getrennt

Die Titel bei den Deutschen Meisterschaften werden voraussichtlich ab 2009 nicht mehr getrennt an Herren und Damen vergeben. Ab dann wird es schwer für die Frackträger, sich bei so stark reitenden Amazonen durchzusetzen. 2008 nutzte noch mal einer die Gelegenheit, dem die Saison wohl wie ein wunderschöner Traum vorgekommen sein muss, aber es war alles Realität. Um Ostern rum hatte Ann Kathrin Linsenhoff beschlossen, ihrem Stiefsohn Matthias Alexander Rath ihr einstiges Championatspferd zur Verfügung zu stellen und so trat wieder einer auf die Dressurbühne, der die Fachwelt schon mal zum Strahlen hin-

Strahlt wieder im Viereck: Der Oldenburger Sterntaler-
Unicef, jetzt unter Matthias Alexander Rath.

Die Niederländer erstarkten im Vergleich zum CHIO vor allem durch einen neuen Stern am Dressurhimmel: Imke Schellekens-Bartels und ihrer Hannoveraner Stute Sunrise, die mit der Abstammung Singular Joter x Werther eigentlich eher Springreiter beglücken sollte. Die junge Niederländerin platzierte sich in allen Einzelrangierungen auf dem dritten Platz und holte sich somit nicht nur Mannschaftsgold, sondern auch noch jeweils Bronze in Special und Kür.

Im Special gab es dann ein déjà-vu zur WM 2006. Satchmo lieferte unter Isabell Werth erneut eine tadellose Runde, tänzerisch, leicht, ausdrucksstark — eben Gold wert. Auch Nadine Capellmann fing mit Elvis eine medaillentaugliche Runde im Special an, in die sich dann

doch Fehler einschlichen, die sie auf Platz vier zurückwarfen. Silber sicherte sich Anky van Grunsven mit Salinero.

Vor der Kür hatte Sjef Janssen eine Ermahnung für seine Ehefrau parat: Die Passage mehr nach vorne. Ob es das Quäntchen war, das zum Sieg verhalf? Knapp ging es jedenfalls zu in der Kür und nach dem Sieg beim vorangegangenen CHIO hatte sich Isabell Werth hier sicher eine weitere Goldmedaille erhofft, es reichte jedoch nicht ganz, aus Gold wurde Silber.

Silvia Iklé und die Schweizer Mannschaft mussten sich mit den Plätzen zufriedengeben. Platz vier mit der Mannschaft, Platz fünf im Special und den vierten in der Kür für Iklé, ein kleiner Trost war sicherlich die erreichte Qualifikation für Olympia 2008.

gerissen hatte: Sterntaler-Unicef. Ende April hatten die beiden in Hagen a.T.W. ihr Turnierdebüt, um gerademal sechs Wochen später bei der DM-Titelvergabe zuzuschlagen. Er verwies die „alten Championatshasen" Klaus Husenbeth und Piccolino auf den Silberrang, Hubertus Schmidt und Wansuela suerte auf Bronze.

EM Turin/ITA 2007 — Einzelwertung Grand Prix Special

Reiter	Nation	Pferd	Total
1. Isabell Werth	GER	Satchmo	78,360
2. Anky van Grunsven	NED	Keltec Salinero	77,480
3. Imke Schellekens-Bartles	NED	Hunter Douglas Sunrise	75,920
4. Nadine Capellmann	GER	Elvis VA	74,120
5. Silvia Iklé	SUI	Salieri CH	73,640
6. Tinne Wilhelmsson-Silfven	SWE	Solos Carex	73,600
7. Monica Theodorescu	GER	Whisper	72,880
8. Alexandra Korelova	RUS	Balaqur	72,360
9. Ellen Schulten-Baumer	GER	Donatha S	72,240
10. Jan Brink	SWE	Björsells Briar	71,880

EM Turin/ITA 2007 — Einzelwertung Grand Prix Kür

Reiter	Nation	Pferd	Total
1. Anky van Grunsven	NED	Keltec Salinero	85,800
2. Isabell Werth	GER	Satchmo	83,200
3. Imke Schellekens-Bartles	NED	Hunter Douglas Sunrise	81,750
4. Silvia Iklé	SUI	Salieri CH	79,500
5. Nadine Capellmann	GER	Elvis VA	78,300
6. Alexandra Korelova	RUS	Balaqur	78,200
7. Laurens van Lieren	NED	Hexagon's Ollright	76,950
8. Jan Brink	SWE	Björsells Briar	76,000
9. Andreas Helgstrand	DEN	Gredstedgaards Casimir	72,650
10. Anna Ross-Davis	GBR	Liebling II	71,950

Das Deutsche-Meister-Treppchen im olympischen Jahr: (v.l.) Klaus Husenbeth, Heike Kemmer,
Isabell Werth, Matthias Alexander Rath, Nadine Capellmann, Hubertus Schmidt.

Trotz kurzer Flucht in der Kür sicher zum DM-Titel: Isabell Werth und Warum nicht FRH.

CHIO Aachen 2008
Nicht nur deutsche Dominanz

Die CDIO-Tour beim CHIO in Aachen war ein einziger Rausch für alle Isabell Werth Fans, aber auch für Isabell Werth selbst: „Es war vielleicht der bisher beste Grand Prix, den Satchmo gegangen ist." Nach dem Special war sie sogar den Glückstränen nah, so überragend lief der Hannoveraner Wallach. Lediglich in der Kür gab es zwei Abstimmungsschwierigkeiten, die den Sieg aber nicht verhindern sollten. Tatsächlich hatte der inzwischen 14-Jährige noch mehr Reife demonstriert: noch bessere Anlehnung, noch mehr Gelassenheit, noch mehr Souveränität.

Der absolute Shootingstar des CHIO kam erneut aus Holland. Wer ist Adelinde Cornelissen? Das werden sich viele gefragt haben. Dass sie und ihr Parzival wer sind und die junge Englischlehrerin, die aber auch Bereiterin ist, reiten kann, bewies sie mit drei zweiten Plätzen hinter Isabell Werth.

Und wieder ein Shooting-Star aus den Niederlande: Adelinde Cornelissen und Parzival platzierten sich in der Aachener CDIO-Tour drei Mal auf Platz zwei.

Im Special erreichte Nadine Capellmann mit Elvis VA das drittbeste Ergebnis, Heike Kemmer kam auf Platz sechs. Matthias Alexander Rath konnte seine Topleistungen in Aachen leider nicht wiederholen. Ging Sterntaler-Unicef noch auf dem Abreiteplatz locker und durchlässig, mochte er in der Prüfung nicht mehr piaffieren.

Die Kür war wohl irgendwie als Warnschuss für Hongkong gedacht. Die bereits erwähnten Abstimmungsprobleme von Werth/Satchmo wirkten sich nicht weiter aus, doch ein siebter Platz für Nadine Capellmann/Elvis VA und sogar der elfte Platz für Heike Kemmer/Bonaparte sind absolut ungewohnte Bilder. Hier zeigte sich jedenfalls deutlich, dass für Hongkong noch Trainingsbedarf herrschte, denn es war klar: Hier gab es noch viel Luft nach oben.

Auch Deutschland hat eine neue Hoffnung: Responsible und Helen Langehanenberg standen immerhin auf der Longlist für Hongkong.

Bei den Damen dominierte erneut Isabell Werth mit ihrem wie sie sagte „1b-Pferd" Warum nicht FRH alias Hannes. Fasst könnte man meinen, es sei langweilig gewesen, doch Hannes machte es in der Kür noch mal richtig spannend, erschrak sich und sprang zur Seite. Damit machte er fast den Weg frei für Heike Kemmer und Bonaparte, die drei tadellose Runden gezeigt hatten. Nur 0,61 % Vorsprung hielt Isabell Werth auf den Goldrang, vor Heike Kemmer und Nadine Capellmann und Elvis VA.

Hatte noch vor zwei Jahren der Dressurausschuss zugunsten von Warum nicht FRH entschieden, weil dieser zuverlässiger und konstanter gewesen war, ging es diesmal andersherum. Satchmo war die erste Wahl für den Nationenpreis beim CHIO in Aachen. Außerdem mit dabei Heike Kemmer und Bonaparte, Nadine Capellmann und Elvis VA sowie Matthias Alexander Rath und Sterntaler-Unicef.

> Wansuela suerte, übersetzt heißt das „die Liebliche" oder „die Freundliche" wird 15-jährig aus dem Turniersport verabschiedet. Ihrem Ausbilder und Reiter Hubertus Schmidt brachte sie Mannschaftsgoldmedaillen bei den Olympischen Spielen 2004 in Athen und bei Welt- und Europameisterschaften. Bei der EM in Hagen a.T.W. war sogar Einzelsilber drin.

Dominierten den CDIO in Aachen: Isabell Werth und Satchmo.

In der CDI-Tour empfahlen sich quasi durch die Hintertür zwei Wiederholungstäter: Whisper und Monica Theodorescu glänzten erneut im Grand Prix und lösten erneut durch diese mannschaftsrelevante Leistung das Ticket nach Hongkong, zumindest als Ersatzreiter. Die Siege in dieser Tour gingen übrigens an Isabell Werth mit Warum nicht FRH.

Bei aller Euphorie ist jedoch anzumerken, dass die Niederländer ein B-Team an den Start brachten, das bis auf Adelinde Cornelissen nicht glänzen konnte. Die Karten um die Medaillen würden also in Hongkong neu gemischt werden und Vorhersagen ließen sich bei diesen Olympischen Spielen schlechter treffen denn je.

Aachen 2008 — Grand Prix Special

Reiter	Nation	Pferd	Total
1. Isabell Werth	GER	Satchmo	78,640
2. Adelinde Cornelissen	NED	Parzival	75,200
3. Nadine Capellmann	GER	Elvis VA	72,240
4. Silvia Iklé	SUI	Salierie CH	72,160
5. Kyra Kyrklund	FIN	Max	71,560
6. Heike Kemmer	GER	Bonaparte	71,160
7. Nathalie zu Sayn-Wittkgenstein	DEN	Digby	70,400
8. Matthias Alexander Rath	GER	Sterntaler-Unicef	70,320
9. Andreas Helgstrand	DEN	Gredstedgårds Casmir	70,080
10. Alexandra Korelova	RUS	Balagur	69,720

Aachen 2008 — Grand Prix Special — Kür

Reiter	Nation	Pferd	Total
1. Isabell Werth	GER	Satchmo	80,150
2. Adelinde Cornelissen	NED	Parzival	77,500
3. Silvia Iklé	SUI	Salierie CH	77,350
4. Kyra Kyrklund	FIN	Max	75,900
5. Alexandra Korelova	RUS	Balagur	74,600
6. Andreas Helgstrand	DEN	Gredstedgårds Casmir	73,600
7. Jan Brink	SWE	Briar	73,050
7. Nadine Capellmann	GER	Elvis VA	73,050
9. Juan Manuel Munoz Diaz	ESP	Fuego XII	72,800
10. Karen Tebar	FRA	Falda	71,150

Sabine Abt

Der deutsche Springsport von 2004 bis 2008

Von Dopingkampf und Frauenpower

Die Olympischen Spiele von Athen waren für den Springsport der folgenden Jahre richtungsweisend: Die Parcours zeichneten sich zunehmend durch höchsten technischen Anspruch und optische Finessen aus. Aus dem Medaillenverlust durch „Doping", sprich eine unangemeldete Medikation, spielten Medikationskontrollen in den Jahren zwischen den Spielen eine immer größere Rolle. Gerade für die großen Championate ging man seitdem auf Nummer sicher und ließ auf freiwilliger Basis schon im Vorfeld Proben untersuchen.

Neben der Riders Tour schossen weitere internationale Springserien oder gar mehrwöchige Touren aus dem Boden, die die weltbesten Reiter mit hohen Preisgeldern zur Teilnahme lockten. Wehrmutstropfen: Die Bedeutung nationaler Championate rückte dadurch für viele Aktive etwas in den Hintergrund.

Die deutschen Springreiter spielten auf internationalem Parkett weiterhin eine bedeutende Rolle. Jedoch konnten sie nicht immer und überall gewinnen, mischten aber immer ganz vorne mit. Vor allem eine Frau setzte

Nicht nur Otto Becker, auch der Stadionsprecher und die Fernsehkommentatoren waren zu Tränen gerührt, als Dobel's Cento verabschiedet wurde. Hier endete eine sagenhafte Karriere, auch bei den Olympischen Spielen in Athen war Cento erfolgreich gewesen.

neue Maßstäbe: Meredith Michaels Beerbaum. Sie setzte sich mit kontinuierlich überragenden Leistungen nach und nach an die Weltspitze und wurde die erste Frau, die bei Welt- und Europameisterschaften zur deutschen Springequipe gehören durfte.

In der Olympiade wurden zwei legendäre Pferde des deutschen Springsports in den verdienten Ruhestand entlassen: Spitzenschimmel Dobel's Cento, jahrelang mit Otto Becker an der Weltspitze, wurde während der Weltreiterspiele in Aachen 2006 in einer feierlichen Zeremonie zur abendlichen Fernseh-Hauptsendezeit gebührend aus dem Sport verabschiedet. Ebenso For Pleasure — der Jahrhunderthengst wurde im Alter von 20 Jahren beim CHIO im Mai 2006 in Aachen aus dem Sport verabschiedet.

EM 2005 in San Patrignano
Deutsche Goldreiter in Italien

Sie hatten einen Titel zu verteidigen, und sie verteidigten ihn gut: Bei der EM im italienischen San Patrignano gewannen die Reiter rund um Bundestrainer Kurt Gravemeier fast alles, was zu gewinnen war. Die Mannschaft setzte sich im Nationenpreis aus Marcus Ehning, Christian Ahlmann, Marco Kutscher und Meredith Michaels-Beerbaum zusammen. Nach der ersten Wertungsprüfung konnten die Reiter knapp die Führung vor Frankreich und den Niederlanden übernehmen. „Schon der erste Umlauf in der zweiten Wertungsprüfung lief ideal", erinnert sich Bundestrainer Kurt Gravemeier. „Wir sammelten nur vier Strafpunkte, was bedeutete, dass uns nur zwei Totalausfälle den Sieg gekostet hätten." Beruhigende Voraussetzungen, die das Team ganz risikofreudig in den zweiten Umlauf starten ließ. Als dritte Mannschaftsreiterin machte Meredith Michaels-Beerbaum dann bereits das Teamgold perfekt. Marcus Ehning sammelte 12 Strafpunkte, was jedoch nicht mehr ins Gewicht fiel und nur für ihn persönlich für eine schwache Platzierung sorgte. Das Schweizer Team arbeitete sich vom achten Platz nach dem Zeitspringen auf den Silberrang vor, was vor allem Christina Liebherr zu verdanken war, die eine Doppelnullrunde hinlegte. Bronze ging an die Holländer, die in der bisherigen Saison durch mehrere krankheitsbedingte Ausfälle geschwächt und weniger erfolgreich gewesen waren. Katastrophal lief es für die Franzosen, die als zweifache Super-League-Gewinner im Vorfeld als Favoriten gehandelt wurden: Sie fielen auf den siebten Platz zurück.

Verdiente Rente auch für For Pleasure — Tränen bei allen Beteiligten. Würde Marcus Ehning jemals wieder ein solches Erfolgspferd unter dem Sattel haben?

damit auf den Silberrang. Bronze ging an den Niederländer Jeroen Dubbeldam. Vierter wurde der für Belgien startende Jos Lansink, gefolgt von Christian Ahlmann. Meredith Michaels-Beerbaum konnte sich mit ihrem noch etwas unerfahrenen Checkmate, der für den verletzten Shutterfly eingesprungen war, auf Platz neun setzen. Marcus Ehning gab auf, nachdem seine etwas müde wirkende Gitania verweigert hatte, wurde damit aber noch 20. Der glückliche Bundestrainer zog eine positive Bilanz: „Unsere Reiter haben sich in sehr guter Form gezeigt. Das ist nun der sechste EM-Mannschaftstitel seit 1963, spitze!", so Gravemeier nach seiner legendären Taufe im Wassergraben. Mit dieser Medaillenbilanz konnte Deutschland sogar die Briten übertrumpfen, die bis dato fünf EM-Medaillen mit nach Hause genommen hatten.

EM San Patrignano 2005 — Mannschaftswertung

Nation/Reiter	Total/Pferd	Zeitspringen	1.Umlauf	2.Umlauf
1. Deutschland	**18**	**6**	**4**	**8**
Marco Kutscher	Montender	3,79	0	4
Christian Ahlmann	Cöster	2,21	4	8
Meredith Michaels-Beerbaum	Checkmate	(4,81)	(8)	0
Marcus Ehning	Gitania	0	4	(12)
2. Schweiz	**34,42**	**18,42**	**8**	**8**
Markus Fuchs	La Toya III	(10,73)	(16)	4
Christina Liebherr	L.B. No Mercy	8,69	0	0
Fabio Crotta	Madame Pompadour M	3,39	4	(8)
Steve Guerdat	Isovlas Pialotta	6,34	8	1
3. Niederlande	**35,76**	**7,76**	**16**	**12**
Jeroen Dubbeldam	BMC Nassau	3,62	4	0
Yves Houtackers	Gran Corrado	(8,43)	(20)	(16)
Leon Thijssen	Nairobi	2,33	4	12
Gerco Schröder	Eurocommerce Monaco	1,81	8	0
4. Italien	**50,78**	**14,78**	**20**	**16**
5. Belgien	**54,04**	**14,04**	**16**	**24**
6. Großbritannien	**58,03**	**12,03**	**28**	**18**
7. Frankreich	**59,48**	**7,48**	**28**	**24**
8. Schweden	**77,75**	**13,75**	**28**	**36**
9. Dänemark	**93,04**	**24,04**	**32**	**37**
10. Spanien	**77,52**	**41,52**	**36**	

In der Einzelwertung verteilten sich die Medaillen genauso wie in der Mannschaftswertung: Deutschland siegte vor der Schweiz und den Niederlanden. Christian Ahlmann hatte als amtierender Doppel-Europameister erst die Führung übernommen, musste diese nach einem Fehler im zweiten Umlauf aber an Marco Kutscher mit Montender abtreten. Der hatte seine Chance genutzt, denn die vier führenden Reiter leisteten sich alle einen oder mehrere Abwürfe, während Kutscher zwei saubere Nullrunden hinlegte. In der Schlussabrechnung bedeutete dies Gold — und für den damals 30-Järigen seinen ersten internationalen Einzeltitel. Auch die Schweizerin Christina Liebherr lieferte zwei Nullrunden ab und kam

EM San Patrignano 2005 — Einzelwertung

Reiter	Nation	Pferd	1. Wert	2. Wert	Finale	Total
1. Marco Kutscher	GER	Montender	3,79	0	4	7,79
2. Christina Liebherr	SUI	L.B. No Mercy	8,69	0	0	8,69
3. Jeroen Dubbeldam	NED	BMC Nassau	3,62	4	4	11,62
4. Jos Lansink	BEL	Cavalor Cumano	1,34	8	4	13,34
5. Christian Ahlmann	GER	Cöster	2,21	4	8	14,21
6. Juan Carlos Garcia	ITA	Loro Piana Albin III	2,75	12	0	14,75
7. Steve Guerdat	SUI	Isovlas Pialotta	6,34	8	1	15,34
8. Fabio Crotta	SUI	Madame Pompadour M	3,39	12	0	15,39
9. Meredith Michaels-Beerbaum	GER	Checkmate	4,81	12	0	16,81
10. Andrea Heroldt	ITA	Nanta	8,46	4	8	20,46

Chance genutzt. Bei der EM in San Patrignano sicherte sich Marco Kutscher Einzelgold — seinen ersten internationalen Einzeltitel.

DM 2006 in Münster
Nervenkitzel und Überraschungen

Die DM in Münster waren 2006 ein wichtiger Meilenstein für die Vergabe der Tickets zu den Weltreiterspielen in Aachen. Erst hier wollte Bundestrainer Kurt Gravemeier schlussendlich entscheiden, wer zu seinem WM-Team gehören sollte. So entstand für die Springreiter des A-Kaders ein gewisser Druck, unter dem sie gegeneinander antraten und jeden Konkurrenten genau beobachteten. Als Favorit wurde Marcus Ehning gehandelt, der mit Gitania und Sandro Boy gleich zwei Spitzenpferde unter dem Sattel hatte. Doch der Borkener musste mit seinem Erfolgshengst gleich in beiden Umläufen einen Hindernisfehler hinnehmen und landete damit auf dem Silberplatz. Dort stand er jedoch nicht alleine, denn auch genau wie ihm erging es seinen Kollegen Ludger Beerbaum mit Enorm und Heinrich-Hermann Engemann mit Aboyeur W, sodass das Trio zu dritt auf der zweiten Stufe des Treppchens stand und Ulrich Kirchhoff

schließlich auf Rang fünf statt drei verdrängte. Den Sieger der letzten DM hatte, wie schon im Jahr zuvor, irgendwie wieder niemand so recht auf dem Zettel gehabt: Doch René Tebbel zeigte sich mit seinem noch relativ unbekannten Schimmel Coup de Coeur so überragend, dass er den Sieg mit Leichtigkeit einsteckte; lediglich 1,75 Zeit-Strafpunkte hatte er auf dem Konto zu verbuchen und strahlte bis über beide Ohren.

Dass er dennoch nicht zur WM-Mannschaft gehören sollte, ärgerte ihn sehr. Doch Kurt Gravemeier argumentierte: „Das Pferd ist überragend, aber wir haben es viel zu wenig gesehen in der Saison. Für die WM brauchen wir sehr sichere, zuverlässige Paare." Die DM-Wertung der Damen machten die „jungen Wilden" unter sich aus. Bei hochsommerlichen Temperaturen verbuchten fast alle Damen Hindernisfehler, sodass es schlussendlich nur zwei Amazonen ins Stechen vor dem Münsteraner Schloss schafften: Janne-Friederike Meyer mit Büttner's Calando und die Baden Württembergerin Barbara Steurer-Collee. „Das war ein Krimi, ein Kopf an Kopf Rennen bis zum Schluss", so Meyer, die den Stechparcours als erste und fehlerfrei absolvierte. Steurer-Collee musste also Tempo machen und war mit Chi Mai extrem schnell. Doch dann fiel am letzten Hindernis noch eine Stange — und sie holte, wie im Jahr zuvor, Silber. „Irgendwie bin ich auf den ewigen zweiten gebucht, aber ich bleibe am Ball", lachte sie im Anschluss dennoch zufrieden. Bronze ging an Karin Ernsting-Engemann, die über ihren Platz sichtlich erfreut war.

WEG 2006 in Aachen
Die schönsten Spiele der Welt

Die Welt zu Gast in Aachen. Nur kurze Zeit nach der Fußball-WM in Deutschland starteten die Weltreiterspiele in Aachen. Und die phantastische Stimmung schwappte über: Disziplin übergreifend feuerten sich die Aktiven an. Zuschauermassen strömten in ihren Nationalfarben durch die Soers, es wurden Fahnen geschwenkt und mitgefiebert — und in keiner der vielen feierlichen Siegerehrungen blieben die Augen trocken. Die ganze Welt konnte diesen einmaligen Geist spüren, der die Reiter zu Bestleistungen beflügelte.

Es ging in Aachen jedoch nicht „nur" um die heiß begehrten WM-Titel. Nein, die Weltreiterspiele waren auch schon Olympiasichtung für Hongkong 2008. Hier konnten die Mannschaften der teilnehmenden Nationen ihre Olympiatickets lösen. Ohne Zweifel zählte die Deutsche Mannschaft, die sich aus Christian Ahlmann, Ludger Beerbaum, Marcus Ehning und Meredith Michaels-Beerbaum — die als erste Amazone bei Weltreiterspielen für die Deutsche Springequipe an den Start gehen

durfte — zusammensetzte, zu den Favoriten. Doch dann kam alles ganz anders. „Bei einer WM geht es um Zentimeter. Da wird man mit einem Fehler schon nach hinten durchgereicht", so Christian Ahlmann enttäuscht, nachdem er mit Cöster in drei Prüfungen je vier Fehler kassiert hatte und auf Platz 37 gelandet war. Viel schlimmer kam es jedoch für Teamkollegen Marcus Ehning, der mit seinem relativ neuen „Springwunder" Noltes Küchengirl am Start war: Im Zeitspringen setzte er die Stute in den vorletzten Sprung, daraufhin war das Vertrauen dermaßen blockiert, dass im zweiten Umlauf des Nationenpreises gar nichts mehr ging. Küchengirl streikte an der Mauer, Ehning musste aufgeben. „Damit habe ich mir die ganze WM versaut", sagte Ehning resigniert.

Zwischen Genie und Wahnsinn:
Marcus Ehnings Noltes Küchengirl.

Auch Bundestrainer Kurt Gravemeier kam ins Grübeln. Hatte er die Mannschaft richtig zusammengesetzt? Alles hing nun noch an zwei Reitern: Ludger Beerbaum, mit dem noch unerfahrenen L'Espoir unterm Sattel, und Schwägerin Meredith Michaels-Beerbaum mit dem 13-jährigen Shutterfly. Beide zeigten sich überragend: L'Espoir lieferte drei einwandfreie Nullrunden, erst im Springen der besten 25 kassierte er vier Fehler. Dadurch landete Ludger Beerbaum auf Rang fünf und schlidderte haarscharf am Finale, in das die vier besten einzogen, vorbei. „Jetzt muss ich auf eine neue Chance in Kentucky warten", sagte Beerbaum enttäuscht. Dennoch konnte er sich über das gerade noch ergatterte Team-Bronze freuen, das die Mannschaft nicht zuletzt Meredith

Sagenhaft: Rene Tebbel und Coupe de Coeur,
Deutsche Meister 2006. Für eine WM-
Nominierung sollte es dennoch nicht reichen.

Michaels-Beerbaum zu verdanken hatte. Zwei Zeitfehler und zwei am Wassergraben musste die gebürtige Kalifornierin verbuchen, schaffte es aber ins legendäre Finale. Hier traten erstmals drei Damen gegen einen Herrn an: Der Belgier Jos Lansink gegen die Amerikanerin Beezie Madden, Meredith Michaels-Beerbaum und die Australierin Edwina Alexander. Letztere galt als große Finalüberraschung, ihre Westfalenstute Pialotta war jedoch keine Unbekannte: Auf internationalem Parkett war sie bereits mit Rolf Göran-Bengtsson, Steve Guerdat und Tatjana Freytag von Loringhoven unterwegs gewesen.

Richtig spannend wurde der Titelkampf unter den letzten Dreien: Das Finale mit Pferdewechsel. Hier musste „jeder mit jedem" einmal durch den Parcours. Alle blieben sie fehlerfrei und man rätselte bereits: war das Springen zu einfach, die Pferde zu gut oder die Reiter zu perfekt? Wie auch immer, es kam zu einem Stechen mit drei Reitern um Gold. Am überragendsten zeigte sich, egal wer im Sattel saß, Jos Lansinks weißer Riese Cumano. Und so wurde der Belgier vom Gefürchteten zum Gewinner, ließ die Damen hinter sich und heimste für

sein Land erstmals den WM-Titel ein. „Ladies first gilt nicht mehr, wenn Männer gegen Frauen antreten", strahlte der Sieger, nachdem er bei der Medaillenvergabe seine Konkurrentinnen im Arm hielt. Silber ging an die Amerikanerin Beezie Madden, Bronze sicherte sich Meredith Michaels-Beerbaum, genau wie in der Teamwertung.

Bei den Mannschaften setzten sich die Niederländer vor alle anderen: Völlig unerwartet holten sich Jeroen Dubbeldam, Albert Zoer, Piet Raymakers und Gerco Schröder als Außenseiter Gold und ihr Olympiaticket. Die USA sicherten sich Silber, Deutschland Bronze. Auch für die viertplatzierte Ukraine und die Schweiz auf Platz fünf gab es eine Fahrkarte nach Hongkong. Ein Desaster für die Franzosen, die als Titelverteidiger angereist waren: Sie schafften es nicht einmal unter die besten zehn Teams, was man auf Unstimmigkeiten im Verband und damit verbundene Führungsprobleme schob. Auch ein weiteres Favoritenteam hatte Pech: Die Schweden, die bei der WM in Jerez Silber geholt hatten, schafften es ebenfalls nicht in die Runde der besten zehn Teams. „Wenn man sich diese überraschenden Ergebnisse anschaut, haben wir mit unserem Bronzerang doch wirklich Glück gehabt", gab Bundestrainer Kurt Gravemeier im Nachhinein zu. Doch das, was wirklich zählte, war die Olympiaqualifikation.

Meredith Michaels Beerbaum auf dem „weißen Riesen" Cumano: Im Finale mit Pferdewechsel sicherte sie sich die Bronzemedaille in der WM-Einzelwertung.

Beim Kampf um Gold galt für Jos Lansink nicht „Ladies First", er siegte vor Beezie Madden, Meredith Michaels-Beerbaum und Edwina Alexander.

Bronze in der WM-Mannschaftswertung sicherte den deutschen Springreitern die Fahrkarte zu den Olympischen Spielen nach Hongkong.

Finale für die Mannschaftswertung der FEI Weltmeisterschaft — Springprüfung mit zwei Umläufen

	Nation / Pferd	Reiter	Gesamt	1. Tag	2. Tag R1	3. Tag R2
1.	Niederlande		11.01	6.01	1	4
	Van Schijndel's Curtis	Piet Raymakers		(4.05)	(5)	(18)
	BMC Up and Down	Jeroen Dubbeldam		3.10	1	0
	Okidoki	Albert Zoer		2.48	0	4
	Eurocommerce Berlin	Gerco Schröder		0.43	0	0
2.	USA		18.85	6.85	8	4
	Hidden Creek's Quervo Gold	Margie Engle		(12.07)	4	4
	Miss Independent	Laura Kraut		5.98	(4)	(8)
	Sapphire	McLain Ward		0.87	4	0
	Authentic	Beezie Madden		0.00	0	0
3.	Deutschland		19.16	10.16	5	4
	L'Espoir	Ludger Beerbaum		2.70	0	0
	Cöster	Christian Ahlmann		(4.00)	(8)	4
	Shutterfly	Meredith Michaels-Beerbaum		3.92	1	0
	Noltes Küchengirl	Marcus Ehning		3.54	4	(EL)
4.	Ukraine		19.17	11.17	2	6
5.	Schweiz		24.89	14.89	5	5
6	Irland		29.08	11.08	13	5
7.	Belgien		30,82	9.82	13	8
8.	Spanien		30.85	9.85	12	9
9.	Großbritannien		32.90	14.90	7	11
10.	Brasilien		56.99	6.99	13	37

FEI Einzelweltmeisterschaft Springen — Ergebnis Runde A+B der 25 Besten

Rank	Pferd/ Horse	Reiter/ Rider	NAT	Total	Rank	Pferd/ Horse	Reiter/ Rider	NAT	Total
1.	Authentic	Beezie Madden	USA	4.00	6.	Eurocommerce Berlin	Gerco Schröder	NED	12.43
2.	Cavalor Cumano	Jos Lansink	BEL	5.01	7.	Sapphire	McLain Ward	USA	12.87
3.	Shutterfly	Meredith Michaels-Beerbaum	GER	9.92	8.	Insul Tech Portofino	Michael Whitaker	GBR	13.53
4.	Isovlas Pialotta	Edwina Alexander	AUS	10.24	9.	Parco	Ludo Philippaerts	BEL	14.05
5.	L'Espoir	Ludger Beerbaum	GER	10.70	10.	Cantus	Niklaus Schurtenberger	SUI	14.64

WEG Aachen 2006 — Finale Einzelwertung

	Cavalor Cumano	Isolvas Pialotta	Shutterfly	Authentic	Gesamt	Stechen
Jos Lansink	0	0	0	0	0	0/45,01
Beezie Madden	0	0	0	0	0	4/43,73
Meredith Michaels-Beerbaum	0	0	0	0	0	4/45,40
Edwina Alexander	0	0	4	0	4	

Eva Bitter siegte vor Janne-Friederike Meier und Barbara Steurer-Collee.

DM in Gera 2007
Beerbaums treten nicht an

Zur DM reisten 2007 alle gen Osten, denn Gera war als Austragungsort gewählt worden. Was sehr überraschte: Zwei Titelfavoriten traten bei der Meisterschaft, die gleichzeitig als EM-Sichtung für Mannheim galt, nicht an: Ludger Beerbaum, der zwar vor Ort war, jedoch nur Nachwuchspferde in der Youngster Tour vorstellte, und Meredith Michaels-Beerbaum, die stattdessen in Elmlohe ritt. So wurden die Karten neu gemischt, und auch die üblichen Verdächtigen änderten ihre Strategie. Christian Ahlmann schonte seinen Cöster und ging mit Lorenzo an den Start. Marcus Ehning ließ Noltes Küchengirl in Borken und startete mit Gitania und Sandro Boy, um 16 Tage vor der Europameisterschaft ein weiteres EM-Pferd zu qualifizieren. Wer noch auf ein EM-Ticket hoffte, reiste aber mit seinem Spitzenpferd an: Holger Wulschner, Heinrich Hermann Enge-

Hattrick gelungen. Zum dritten Mal in Folge wurde René Tebbel Deutscher Meister. Mit Coupe de Coeur verwies er Christian Ahlmann und Heinrich Herrmann Engemann auf die Plätze – und sicherte sich seinen Platz als Ersatzreiter für die EM.

Siegessprünge. Die Deutsche Meisterin mit
Argelith Giha auf ihrem Ritt zum Titel.

EM in Mannheim 2007
Pleiten, Pech, Pannen —
und ein Happy End

Teamgeist war bei der EM in Mannheim mehr denn je gefragt. Denn die Europameisterschaft, die mit einer Deutschen Mannschaft aus Christian Ahlmann, Marcus Ehning, Ludger Beerbaum und Meredith Michaels-Beerbaum besetzt war, wäre beinahe zur Katastrophe geworden. Ehning hieß der Pechvogel, für den die anderen das Eisen aus dem Feuer holen mussten. Viele fühlten sich zurückversetzt zur Aachener WM, als Noltes Küchengirl streikte. In Mannheim passierte es wieder. „Ich habe keine Ahnung warum, aber sie wollte nicht mehr. Totalausfall. In jeder Runde schied sie durch Verweigerungen aus. Das hat es im Springsport noch nicht gegeben", so der resignierte Reiter, der im Vorfeld in vier Nationenpreisen mit konstant guten Runden überzeugt hatte.

Nun hing alles an seinen Teamkollegen. „Der Druck war enorm. Unsere Reiter wussten genau, dass uns jeder noch so kleine Fehler ins Aus katapultieren konnte. Damit umzugehen, ist eine echte Leistung", so der Bundestrainer mit Hochachtung. Doch sie schafften es. In der Schlussabrechnung landete das Team auf dem Silberrang, womit es seinen Titel zwar nicht verteidigen konnte, aber dennoch mehr als zufrieden war. „Unter diesen Umständen war es das Maximale, das wir erreichen konnten. Der Abstand zu den Holländern waren nur zwei Zeitfehler", erklärte Ludger Beerbaum. Die Niederländer, offenbar noch beflügelt von ihrem WM-Titel aus dem Vorjahr, übertrafen sich

Der Tragödie zweiter Teil:
Marcus Ehnings Noltes Küchengirl verweigerte auf der
EM in Mannheim komplett den Dienst.

selbst und holten Gold. Auch für die Engländer, die bereits zehn Jahre zuvor in Mannheim EM-Bronze geholt hatten, war der Austragungsort ein gutes Pflaster. Sie stießen ganz zum Schluss die Schweizer vom Treppchen und holten sich den dritten Platz.

In der Einzelwertung ließen sich die Schweizer nicht so schnell verdrängen. Christina Liebherr ritt bis zum letzten Tag ganz vorne mit. Nach einem schlimmen Sturz einige Wochen zuvor beim CHIO Aachen war die 28-Jährige mit einem Mentaltrainer angereist, der sie zu Höchstleistungen zu animieren schien. Doch ausgerechnet am letzten Tag sprang Liebherrs No Mercy mit der Vorhand in ein Hindernis, lahmte und zog sich eine Hufzerrung zu, sodass das Paar ausschied. Diese Chance

mann und Titelverteidiger René Tebbel. Letzterer schaffte, was selten zu schaffen ist: Zum dritten Mal in Folge holte er sich den Titel, abermals im Sattel des Schimmelhengstes Coupe de Coeur. „Ich freue mich riesig. Vor allem jetzt, wo ich als fünfter Mann für die EM in Mannheim nominiert bin und weiß, dass mein Pferd auf Sand noch viel besser ist als auf Rasen", so der Meister, der Christian Ahlmann und Heinrich Hermann Engemann auf die Plätze verwiesen hatte.

In der Damenwertung tauchten auf dem Treppchen ähnliche Namen wir im Vorjahr auf: Die offenbar auf Silber gebuchte Barbara Steurer-Collee bekam 2007 Bronze. Vorjahressiegeren Janne-Friederike Meyer wurde Zweite und Eva Bitter holte sich mit Argelith Giha den Titel. „Gera ist ein gutes Pflaster für mich. Hier habe ich gute Erinnerungen dran. Noch im Junge Reiter Lager habe ich hier meinen ersten Nationenpreis geritten", strahlte die 33-jährige Siegerin.

Doch Gera war auch von vielen Diskussionen geprägt: Das Ausbleiben von Spitzenpaaren ließ den Stellenwert einer Meisterschaft in Frage stellen. Und auch die Wahl des Sichtungstermins 16 Tage vor der EM wurde heiß diskutiert. „Sicher muss man sich auch über den Austragungsort bessere Gedanken machen", erklärte Kurt Gravemeier. „Wenn eine EM auf Sand stattfindet, ist es schlecht, eine Sichtung auf Gras durchzuführen", so die Kritik des Bundestrainers. Im Jahr zuvor war es umgekehrt gewesen: WM-Sichtung auf Sand in Münster und die Weltreiterspiele auf Rasen in Aachen. „Daran müssen wir künftig tatsächlich besser arbeiten", erklärte auch FN-Präsident Breido Graf zu Rantzau nach der Meisterschaft.

EM Mannheim 2007 — Mannschaftswertung

	Nation/Reiter	Total/Pferd		Zeitspringen	1.Umlauf	2.Umlauf
1.	**Niederlande**	**7,37**		**7,37**	**0**	**0**
	Vincent Voorn	Audi's Alpüapillon-Aemanie	2.01		0	0
	Jeroen Dubbeldam	BMC up and down	2.24		(0)	0
	Albert Zoer	Okidoki	(7.08)		0	0
	Gerco Schröder	Eurocommerce Berlin	3.12		0	(8)
2.	**Deutschland**	**9,18**		**5,18**	**0**	**4**
	Marcus Ehning	Noltes Küchengirl	(44.76)		(EL)	(RET)
	Christian Ahlmann	Cöster	2.53		0	4
	Meredith Michaels-Beerbaum	Shutterfly	1.54		0	0
	Ludger Beerbaum	Goldfever	1.11		0	0
3.	**Großbritannien**	**15,43**		**9,43**	**1**	**5**
	Michael Whitaker	Suncal Portofino	2,89		(4)	(13)
	David McPherson	Pilgrim II	3,05		0	4
	Ellen Whitaker	Locarno	3,49		0	1
	John Whitaker	Peppermill	(4,98)		1	0
4.	**Schweiz**	**18,13**		**7,13**	**1**	**10**
5.	**Schweden**	**19,65**		**13,65**	**1**	**5**
6.	**Norwegen**	**22,26**		**16,26**	**1**	**5**
7.	**Italien**	**24,53**		**16,53**	**2**	**6**
8.	**Spanien**	**25,69**		**9,69**	**8**	**8**
9.	**Ukraine**	**25,96**		**12,96**	**5**	**8**
10.	**Belgien**	**26,45**		**11,45**	**1**	**14**

Freude über EM-Silber für Deutschland. Nur Marcus Ehning war nicht nach Lachen zumute, fühlte er sich am Erfolg doch nicht beteiligt.

Frauenpower: Meredith Michaels-Beerbaum holte sich in der EM-Einzelwertung Gold vor Jos Lansink und Ludger Beerbaum.

EM Mannheim 2007 — Einzelwertung

Reiter	Nation	Pferd	1. Wert	2. Wert	Finale	Total
1. Meredith Michaels-Beerbaum	GER	Shutterfly	1,54	0	0	1,54
2. Jos Lansink	BEL	Cavalor Cumano	2,42	0	1	3,42
3. Ludger Beerbaum	GER	Goldfever	1,11	0	4	5,11
4. Albert Zoer	NED	Okidoki	7,08	0	0	7,08
5. John Whitaker	GBR	Peppermill	4,98	1	4	9,98
6. Jeroen Dubbeldam	NED	BMC Up and Down	2,24	0	8	10,24
7. Olivier Guikkon	FRA	Ionesco de Brekka	5,50	5	0	10,50
8. Christian Ahlmann	GER	Cöster	2,53	4	4	10,53
9. Florian Angot	FRA	First de Launay*HN	5,76	0	5	10,76
10. Morten Djupvik	NOR	Bessemeinds Casino	3,55	0	8	11,55

Überflieger: Shutterfly und Meredith Michaels-Beerbaum.

erkannten und nutzten Meredith Michaels- Beerbaum und auch Ludger Beerbaum sofort. Shutterfly sammelte in allen fünf Runden lediglich 1,54 Strafpunkte und sicherte seiner Reiterin damit EM-Gold.

Goldfever kassierte nur im ersten Umlauf vier Fehler und trug Ludger Beerbaum damit zu Bronze. Und zwischen den beiden landete der amtierende Weltmeister Jos Lansink auf dem Silberrang. Der Siegerin fiel ein Stein vom Herzen. „Nach all dem Druck ist es unglaublich, erst Mannschafts-silber zu holen und jetzt auch noch Einzelgold. Für mich ist ein Traum wahr geworden!" Auch der Bundestrainer war froh, dass aus dem anfänglichen Albtraum doch noch ein Happy End hervorging. Meredith Michaels-Beerbaum war die erste Frau, die für Deutschland EM-Gold holte, und da-mit die 14. Europameisterschaft-Einzel-Medaille in Gold.

Auch die EM in Mannheim war wieder eine Olympia-Qualifikation für die Europäischen Teams. Während der Weltreiterspiele hatten es bereits die Niederlande, Deutschland, die Schweiz und die Ukraine geschafft, sich zu empfehlen. Diesmal schafften es Großbritannien, Schweden und Norwegen auf die Liste.

Sprunggewaltig: Cumano und Jos Lansink.

DM in Balve 2008
Geschlechtertrennung in der Diskussion

Nachdem 2007 über den Stellenwert der Deutschen Meisterschaften, Terminauswahl und Böden diskutiert wurde, kam im Olympiajahr eine ganz andere Frage auf: Macht die Geschlechtertrennung einen Sinn? Ursprünglich wurde immer nur die Meisterschaft der Herren als Sichtungsprüfung für anstehende Championate gewertet. Das hatte zur Folge, dass in der Damenwertung stets die großen Namen fehlten, Amazonen aber auch in der Männerprüfung antraten. 2008 passierte dann das, was schon lange ausstand: Eine Frau gewann die Herrenwertung.

Meredith Michaels-Beerbaum blieb im Sattel von Checkmate als einzige in allen vier Runden fehlerfrei und wurde damit Deutscher Meister. Schmunzelnd wurde sie von Alois Pollmann-Schweckhorst, der mit Lord Luis Zweiter geworden war, und Marco Kutscher, im Sattel von Cornet Obolensky Dritter, zur Meistertaufe in den Wassergraben getragen.

Sympathisch und konstant gut: Alois Pollmann-Schweckhorst und Lord Luis wurden Zweite bei den Deutschen Meisterschaften 2008.

Dritter, und Olympia schon im Blick:
Marco Kutscher mit Cornet Obolensky.

Emanzipation pur – „die" Deutsche Meister 2008: Meredith Michaels-Beerbaum wurde von den Herren zur Taufe im Wassergraben getragen.

„Irgendwie übernehme ich immer die Vorreiter-Rolle. Ich starte als erste Frau für Deutschland bei der WM, hole als erste Frau EM-Gold und gewinne als erste den Herren-DM-Titel. Ich finde das traumhaft", so die 38-jährige Siegerin.

Trotz allem wurde in Balve auch eine Deutsche Meisterschaft der Damen ausgetragen: Eva Bitter konnte sich, diesmal im Sattel von Argelith Niels, erneut Gold sichern und ihren Titel verteidigen. Silber ging an Pia-Luise Aufrecht und Bronze an Karin Ernsting-Engemann.

DM Balve 2008

Reiter	Pferd	1. Wertung	2. Wertung	Total
1. Meredith Michaels-Beerbaum	Checkmate	0	0	0
2. Alois Pollmann-Schweckhorst	Lord Luis	0	4	4
3. Marco Kutscher	Cornet Obolensky	4	0	4
4. Mario Stevens	Mac Kinley	0	8	8
5. Marcus Ehning	Noltes Küchengirl	4	4	8
6. Carsten-Otto Nagel	Corradina	4	4	8
7. Thomas Mühlbauer	Asti Spumante	4	4,25	8,25
8. Heinrich Hermann Engemann	Aboyeur W	8	0,25	8,25
9. Ludger Beerbaum	Coupe de Coeur	0	12	12
10. Holger Wulschner	Clausen	4	8	12

CHIO Aachen 2008
Olympia lässt grüßen

Der CHIO Aachen 2008 war letzte Olympia-sichtung, Formüberprüfung und Konkurrenz-analyse vor Hongkong. Nach dem Turnier wur-den die Mannschaften aufgestellt und es ging in die Quarantäne. Vor allem für die Nominie-rung der Ersatzreiter war ein gutes Ergebnis hier noch einmal wichtig.

Kurt Gravemeiers Erfolgsreiter zeigten sich in Bestform. Mit souveränen Leistungen si-cherten sie sich mit einem Gesamtergebnis von 16 Fehlerpunkten die Goldmedaille im Na-tionenpreis, gefolgt von den Niederländern und den Amerikanern. Doch Ludger Beerbaum blieb vorsichtig mit den Olympia-Chancen auf Gold: „Wir haben hier schon dreimal im Natio-nenpreis gewonnen und dreimal im darauffol-genden Championat ein langes Gesicht ge-macht. Das ist also keine Medaillen-Garantie und sollte nicht überbewertet werden." Den-noch brauchte sich der erfahrene Olympia-reiter nicht verstecken: In der Einzelwertung schlidderte er mit Olympiapferd All inclusive nur ganz knapp am Sieg vorbei und holte sich den zweiten Platz.

Besser als er war nur der Niederlän-der Albert Zoer mit Sam. Dritter im Großen Preis wurde Carsten-Otto Na-gel mit Corradina, der sich in der Sai-son durch überragende Leistungen empfahl und auf der Longlist für Olympia stand. „Aus einer Nominie-rung ist aber schon deshalb nichts ge-worden, weil der Besitzer ausgeschlos-sen hat, dass das Pferd nach Hong-kong fliegt", so der Reiter. Für Bundes-trainer Kurt Gravemeier stand seine Mannschaft nach Aachen fest: Ludger Beerbaum, Meredith Michaels-Beer-baum, Christian Ahlmann, Marco Kut-scher und als Ersatzreiter Heinrich-Hermann Engemann sollten die Kandi-daten für Olympiagold werden. Als zweite Reserve war Alois Pollmann-Schweckhorst vorgesehen. „Natürlich hoffen wir, viele gute Medaillen nach Hause zu holen. Schließlich wollen wir Ludger Beerbaum mit seiner sechsten Olympia-Teilnahme zum erfolgreichs-ten Reiter aller Zeiten machen", so Gravemeiers Vision vor Beginn der Spiele.

Fielen mit überragenden Leistungen in der Saison 2008 auf, sollten aber nicht mit nach Hongkong reisen: Carsten Otto-Nagel und Corradina.

Olympische Goldaussichten? Heinrich Hermann Engemann und Aboyeur flogen als Reservisten mit zu den Olympischen Spielen nach Hongkong.

Zeigten sich in bester Olympia-Form: Ludger Beerbaum und All inclusive.

CSIO Aachen 2008 — Großer Preis

Reiter	Nation	Pferd	Total nach Stechen
1. Albert Zoer	NED	Sam	0/48,99
2. Ludger Beerbaum	GER	All Inclusive NRW	0/49,03
3. Carsten-Otto Nagel	GER	Corradina	0/49,33
4. Beezie Madden	USA	Authentic	0/50,68
5. Meredith Michaels-Beerbaum	GER	Shutterfly	0/50,69
6. McLain Ward	USA	Saphire	4/47,90
7. Rolf-Göran Bengtsson	SWE	Ninja la Silla	4/50,00
8. Holger Wulschner	GER	Clausen	8/49,67

Stockholm 1912

Military – Einzel
1. Lt. Axel Nordlander/SWE (Lady Artist)
2. Oblt. Harry von Rochow/GER (Idealist)
3. Cpt. Jean Cariou/FRA (Cocotte)
5. Lt. Richard von Schaesberg/GER (Grundsee)
8. Oblt. Eduard von Lütcken/GER (Blue Boy)
15. Rittm. Carl von Moers/GER (Mary Queen)

Mannschaft
1. Schweden
2. Deutschland (Oblt. Harry von Rochow - Idealist, Lt. Graf Richard von Schaesberg - Grundsee, Oblt. Eduard von Lütcken - Blue Boy)
3. USA

Dressur – Einzel
1. Rittm. Graf Carl Bonde/SWE (Emperor)
2. Maj. Gustav A. Boltenstern/SWE (Neptun)
3. Lt. Frhr. Hans von Blixen-Finecke/SWE (Maggie)
4. Rittm. Frhr. Karl von Oesterley/GER (Condor)
7. Oblt. Felix Bürkner/GER (King)
11. Oblt Andreas von Flotow/GER (Senta)
12. Rittm. Carl von Moers/GER (New Bank)

Mannschaft
- nicht ausgetragen -

Springen – Einzel
1. Cpt. Jean Cariou/FRA (Mignon)
2. Oblt. Rabot W. von Kröcher/GER (Dohna)
3. Cpt. Baron E. de Blommaert/BEL (Clonmore)
5. Oblt. Sigismund Freyer/GER (Ultimus)
6. Lt. Willi von Hohenau/GER (Pretty Girl)
9. Lt. Ernst Deloch/GER (Hubertus)
18. Lt. Ernst Grote/GER (Polyphem)
   Lt. Friedrich Karl von Preußen/GER (Gibson Boy)

Mannschaft
1. Schweden
2. Frankreich
3. Deutschland (Oblt. S. Freyer - Ultimus, Lt. Willi von Hohenau - Pretty Girl, Lt. Ernst Deloch - Hubertus, Lt. Friedrich K. v. Preußen - Gibson Boy)

Antwerpen 1920

Deutschland, Österreich, Bulgarien, Ungarn und Türkei waren von den Spielen ausgeschlossen!

Military – Einzel
1. Lt. Graf Helmer Mörner/SWE (Germania)
2. Lt. Age Lundström/SWE (Yrsa)
3. Maj. Ettore Caffaratti/ITA (Caniche)

Mannschaft
1. Schweden
2. Italien
3. Belgien

Dressur – Einzel
1. Rittm. Janne Lundblad/SWE (Uno)
2. Lt. Bartil Sandström/SWE (Sabel)
3. Lt. Hans von Rosen/SWE (Running Sister)

Mannschaft
- nicht ausgetragen -

Springen – Einzel
1. Lt. Tommaso Lequio di Assaba/ITA (Trebecco)
2. Maj. Alessandro Valerio/ITA (Cento)
3. Rittm. Carl G. Lewenhaupt/SWE (Mon Coeur)

Mannschaft
1. Schweden
2. Belgien
3. Italien

Paris 1924

Deutschland war von den Spielen ausgeschlossen!

Military – Einzel
1. Lt. A. D. C. van der Voort van Zijp/NED (Silver Piece)
2. Lt. Frode Kirkebjerg/DEN (Metoo)
3. Maj. Sloan Doak/USA (Pathfinder)

Mannschaft
1. Niederlande
2. Schweden
3. Italien

Dressur – Einzel
1. General Ernst von Linder/SWE (Piccolomini)
2. Lt. Bartil Sandström/SWE (Sabel)
3. Cpt. Xavier F. Lesage/FRA (Plumaro)

Mannschaft
- nicht ausgetragen -

Springen – Einzel
1. Lt. Alphonse Gemuseus/SUI (Lucette)
2. Lt. Thommaso Lequio di Assaba/ITA (Trebecco)
3. Lt. Adam Krolikiewicz/POL (Picador)

Mannschaft
1. Schweden
2. Schweiz
3. Portugal

Amsterdam 1928

Military – Einzel
1. Lt. Ch. Pahud de Mortanges/NED (Marcroix)
2. Cpt. Gerard P. de Kruiyff/NED (Va-t-en)
3. Maj. Bruno Neumann/GER (Ilja)
10. Lt. Rudolf Lippert/GER (Flucht)
teilgen.: Cpt. Walter Feyerabend/GER (Alpenrose)

Mannschaft
1. Niederlande
2. Norwegen
3. Polen
eliminated: Deutschland

Dressur – Einzel
1. Carl Friedrich Frhr. von Langen/GER (Draufgänger)
2. Cmdt. Pierre Marion/FRA (Linon)
3. Ragner Olson/SWE (Günstling)
6. Rittm. Hermann Linkenbach/GER (Gimpel)
11. Maj. Frhr. Eugen von Lotzbeck/GER (Caracalla)

Mannschaft
1. Deutschland (Carl Friedrich Frhr. von Langen - Draufgänger, Rittm. Hermann Linkenbach - Gimpel, Maj. Frhr. Eugen von Lotzbeck - Caracalla)
2. Schweden
3. Niederlande

Springen – Einzel
1. Cpt. Frantisek Ventura/TCH (Elliot)
2. Lt. Pierre Bertran de Ballanda/FRA (Papillon)
3. Maj. Charles Kuhn/SUI (Pepita)
11. Cpt. Eduard Krüger/GER (Donauwelle)
14. Lt. Richard Sahla/GER (Coreggio)
28. Carl Friedrich Frhr. von Langen/GER (Falkner)

Mannschaft
1. Spanien
2. Polen
3. Schweden
7. Bundesrepublik Deutschland (Cpt. Eduard Kueger - Donauwelle, Lt. Richard Sahla - Coreggio, Carl Friedrich Frhr. von Langen - Falkner)

Los Angeles 1932

Teilnahme der deutschen Reiter scheiterte an der finanziellen Hürde!

Military – Einzel
1. Lt. Ch. F. Pahud de Mortanges/NED (Marcroix)
2. Lt. Earl F. Thomson/USA (Jenny Camp)
3. Lt. Graf Clarence von Rosen jun./SWE (Sunnyside Maid)

Mannschaft
1. USA
2. Niederlande
3. nicht vergeben

Dressur – Einzel
1. Cmdt. F. Xavier Lesage/FRA (Taine)
2. Cmdt. Pierre Marion/FRA (Linon)
3. Cpt. Hiram E. Tuttle/USA (Olympic)

Mannschaft
1. Frankreich
2. Schweden
3. USA

Springen – Einzel
1. Lt. Baron Takeichi Nishi/JPN (Uranus)
2. Maj. Harry D. Chamberlin/USA (Show Girl)
3. Lt. Graf Clarence von Rosen/SWE (Empire)

Mannschaft
- nicht ausgetragen -

Berlin 1936

Military – Einzel
1. Cpt. Ludwig Stubbendorff/GER (Nurmi)
2. Cpt. Earl F. Thomson/USA (Jenny Camp)
3. Cpt. Hans Mathiesen Lunding/DEN (Jason)
6. Rittm. Rudolf Lippert/GER (Fasan)
24. Oblt. K. Frhr. von Wangenheim/GER (Kurfürst)

Mannschaft
1. Deutschland (Cpt. Ludwig Stubbendorff - Nurmi, Rittm. Rudolf Lippert - Fasan, Oblt. Konrad Frhr. von Wangenheim - Kurfürst)
2. Polen
3. Großbritannien

Dressur – Einzel
1. Oblt. Heinz Pollay/GER (Kronos)
2. Maj. Friedrich Gerhard/GER (Absinth)
3. Maj. Alois Podhajsky/AUT (Nero)
10. Rittm. v. Oppeln-Bronikowski/GER (Gimpel)

Mannschaft
1. Deutschland (Oblt. Heinz Pollay - Kronos, Maj. Friedrich Gerhard - Absinth, Rittm. von Oppeln-Bronikowski - Gimpel)
2. Frankreich
3. Schweden

Springen – Einzel
1. Oblt. Kurt Hasse/GER (Tora)
2. Oblt. Henri Rang/ROM (Delfis)
3. Rittm. Josef v. Platthy/HUN (Sellö)
16. Cpt. Marten v. Barnekow/GER (Nordland)
teilgen.: Rittm. Heinz Brandt/GER (Alchimist)

Mannschaft
1. Deutschland (Oblt. Kurt Hasse - Tora, Cpt. Marten von Barnekow - Nordland, Rittm. Heinz Brandt - Alchimist)
2. Niederlande
3. Portugal

London 1948
Deutschland und Japan waren zu den Spielen nicht eingeladen!

Military – Einzel
1. Cpt. Bernhard Chevalier/FRA (Aiglonne)
2. Oblt. Frank S. Henry/USA (Swing Low)
3. Cpt. J. Robert Selfelt/SWE (Claque)

Mannschaft
1. USA
2. Schweden
3. Mexiko

Dressur – Einzel
1. Hptm. Hans Moser/SUI (Hummer)
2. Oberst André Jousseaume/FRA (Harpagon)
3. Rittm. Gustav A. Boltenstern/SWE (Trumpf)

Mannschaft
1. Frankreich
2. USA
3. Portugal

Springen – Einzel
1. Oberst Humberto Mariles Cortes/MEX (Arete)
2. Cpt. Ruben Uriza-Castro/MEX (Hatvey)
3. Jean F. Chev. d'Orgeix/FRA (Sucre-de-Pomme)

Mannschaft
1. Mexiko
2. Spanien
3. Großbritannien

Helsinki 1952

Military – Einzel
1. Hans v. Blixen-Finecke/SWE (Jubal)
2. Guy Lefrant/FRA (Verdun)
3. Dr. Willi Büsing/GER (Hubertus)
5. Klaus Wagner/GER (Dachs)
11. Otto Rothe/GER (Trux von Kamax)

Mannschaft
1. Schweden
2. Deutschland (Dr. Willi Büsing - Hubertus, Klaus Wagner - Dachs, Otto Rothe - Trux von Kamax)
3. USA

Dressur – Einzel
1. Henri St. Cyr/SWE (Master Rufus)
2. Lis Hartel/DEN (Jubilee)
3. André Jousseaume/FRA (Harpagon)
7. Heinz Pollay/GER (Adular)
10. Freiin Ida von Nagel/GER (Afrika)
12. Fritz Thiedemann/GER (Chronist xx)

Mannschaft
1. Schweden
2. Schweiz
3. Deutschland (Heinz Pollay - Adular, Freiin Ida von Nagel - Afrika, Fritz Thiedemann - Chronist xx)

Springen – Einzel
1. Pierre Jonquéres d'Oriola/FRA (Ali Baba)
2. Oscar Cristi/CHI (Bambi)
3. Fritz Thiedemann/GER (Meteor)
16. Georg Hölting/GER (Fink)
34. Hans Hermann Evers/GER (Baden)

Mannschaft
1. Großbritannien
2. Chile
3. USA
5. Deutschland (Fritz Thiedemann - Meteor, Georg Hölting - Fink, Hans Hermann Evers - Baden)

Stockholm 1956

Military – Einzel
1. Petrus Kastenman/SWE (Illuster)
2. August Lütke Westhues/GER (Trux von Kamax)
3. Weldon/GBR (Kilbarry)
15. Otto Rothe/GER (Sissi)
21. Klaus Wagner/GER (Prinzess)

Mannschaft
1. Großbritannien
2. Deutschland (August Lütke Westhues - Trux von Kamax, Otto Rothe - Sissi, Klaus Wagner - Prinzess)
3. Kanada

Dressur – Einzel
1. Henri St. Cyr/SWE (Juli)
2. Lis Hartel/DEN (Jubilee)
3. Liselott Linsenhoff/GER (Adular)
9. Hannelore Weygand/GER (Perkunos)
14. Anneliese Küppers/GER (Afrika)

Mannschaft
1. Schweden
2. Deutschland (Liselott Linsenhoff - Adular, Hannelore Weygand - Perkunos, Anneliese Küppers - Afrika)
3. Schweiz

Springen – Einzel
1. Hans Günter Winkler/GER (Halla)
2. Raimondo d'Inzeo/ITA (Merano)
3. Piero d'Inzeo/ITA (Uruguay)
4. Fritz Thiedemann/GER (Meteor)
11. Alfons Lütke-Westhues/GER (Ala)

Mannschaft
1. Deutschland (Hans Günter Winkler - Halla, Fritz Thiedemann - Meteor, Alfons Lütke Westhues - Ala)
2. Italien
3. Großbritannien

Rom 1960

Military – Einzel
1. Lawrence R. Morgan/AUS (Salad Days)
2. Neale Lavis/AUS (Mirrabooka)
3. Anton Bühler/SUI (Gay Park)
14. Gerhard Schulz/GER (Wanderlili)
18. Reiner Klimke/GER (Winzerin)
teilgen.: Klaus Wagner/GER (Famulus), Ottokar Pohlmann/GER (Polarfuchs)

Mannschaft
1. Australien
2. Schweiz
3. Frankreich
ausges. Deutschland

Dressur – Einzel
1. Sergej Filatow/URS (Absent)
2. Gustav Fischer/SUI (Wald)
3. Josef Neckermann/GER (Asbach)
7. Rosemarie Springer/GER (Doublette)

Mannschaft
- nicht ausgetragen -

Springen – Einzel
1. Raimondo d'Inzeo/ITA (Posilippo)
2. Pierro d'Inzeo/ITA (The Rock)
3. David Broome/GBR (Sunsalve)
5. Hans Günter Winkler/GER (Halla)
6. Fritz Thiedemann/GER (Meteor)
26. Alwin Schockemöhle/GER (Ferdl)

Mannschaft
1. Deutschland (Alwin Schockemöhle - Ferdl, Fritz Thiedemann - Meteor, Hans Günter Winkler - Halla)
2. USA
3. Italien

Tokio 1964

Military – Einzel
1. Mauro Checcoli/ITA (Surbean)
2. Charles Alberto Moratorio/ARG (Chalan)
3. Fritz Ligges/GER (Donkosak)
6. Horst Karsten/GER (Condora)
20. Gerhard Schulz/GER (Balza)
25. Karl-Heinz Fuhrmann/GER (Mohamet)

Mannschaft
1. Italien
2. USA
3. Deutschland (Fritz Ligges - Donkosak, Horst Karsten - Condora, Gerhard Schulz - Balza)

Dressur – Einzel
1. Henri Chammartin/SUI (Woermann)
2. Harry Boldt/GER (Remus)
3. Sergej Filatow/URS (Absent)
5. Josef Neckermann/GER (Antoinette)
6. Dr. Reiner Klimke/GER (Dux)

Mannschaft
1. Deutschland (Harry Boldt - Remus, Josef Neckermann - Antoinette, Dr. Reiner Klimke - Dux)
2. Schweiz
3. UdSSR

Springen – Einzel
1. Pierre Jonquères d'Oriola/FRA (Lutteur B)
2. Hermann Schridde/GER (Dozent II)
3. Peter Robeson/GBR (Firecrest)
8. Kurt Jarasinski/GER (Torro)
16. Hans Günter Winkler/GER (Fidelitas)

Mannschaft
1. Deutschland (Hermann Schridde - Dozent II, Kurt Jarasinski - Torro, Hans Günter Winkler - Fidelitas)
2. Frankreich
3. Italien

Mexiko 1968

Military – Einzel

1. Jean-Jacques Guyon/FRA (Pitou)
2. Derek Allhusen/GBR (Lochinvar)
3. Michael Page/USA (Foster)
11. Horst Karsten/GER (Adagio)
22. Jochen Mehrdorf/GER (Lapislazuli)
24. Klaus Wagner/GER (Abdulla)
25. Karl-Heinz Fuhrmann/GDR (Saturn)

Mannschaft

1. Großbritannien
2. USA
3. Australien
5. Bundesrepublik Deutschland (Horst Karsten - Adagio, Jochen Mehrdorf - Lapislazuli, Klaus Wagner - Abdulla)
7. Deutsche Demokratische Republik (Karl-Heinz Fuhrmann - Saturn, Uwe Plank - Kranich, Helmut Hartmann - Ingwer)

Dressur – Einzel

1. Iwan Kisimow/URS (Ilhor)
2. Josef Neckermann/GER (Mariano)
3. Dr. Reiner Klimke/GER (Dux)
5. Horst Köhler/GDR (Neuschnee)
8. Liselott Linsenhoff/GER (Piaff)

Mannschaft

1. Deutschland (Josef Neckermann - Mariano, Dr. Reiner Klimke - Dux, Liselott Linsenhoff - Piaff)
2. UdSSR
3. Schweiz
4. Deutsche Demokratische Republik (Horst Köhler - Neuschnee, Gerhard Brockmüller - Tristan, Wolfgang Müller - Marios)

Springen – Einzel

1. William Steinkraus/USA (Snowbound)
2. Marion Coakes/GBR (Stroller)
3. David Broome/GBR (Mr. Softee)
5. Hans Günter Winkler/GER (Enigk)
7. Alwin Schockemöhle/GER (Donald Rex)
26. Hartwig Steenken/GER (Simona)

Mannschaft

1. Kanada
2. Frankreich
3. Deutschland (Hans Günter Winkler - Enigk, Alwin Schockemöhle - Donald Rex, Hermann Schridde - Dozent II)

München 1972

Military – Einzel

1. Richard Meade/GBR (Laurieston)
2. Alessandro Argenton/ITA (Woodland)
3. Jan Jonsson/SWE (Sarajewo)
9. Harry Klugmann/GER (Christopher Robert)
11. Rudolf Beerbohm/GDR (Ingolf)
13. Ludwig Gössing/GER (Chicago)
16. Karl Schultz/GER (Pisco)
teilgen.: Horst Karsten/GER (Sioux)

Mannschaft

1. Großbritannien
2. USA
3. Bundesrepublik Deutschland (Harry Klugmann - Christopher Robert, Ludwig Gössing - Chicago, Karl Schultz - Pisco)
5. Deutsche Demokratische Republik (Rudolf Beerbohm - Ingolf, Jens Niels - Big Ben, Joachim Brohmann - Uranio)

Dressur – Einzel

1. Liselott Linsenhoff/GER (Piaff)
2. Dr. Elena Petruschkowa/URS (Pepel)
3. Dr. h. c. Josef Neckermann/GER (Venetia)
7. Karin Schlüter/GER (Liostro)

Mannschaft

1. UdSSR
2. Bundesrepublik Deutschland (Liselott Linsenhoff - Piaff, Dr. h. c. Josef Neckermann - Venetia, Karin Schlüter - Liostro)
3. Schweden
5. Deutsche Demokratische Republik (Gerhard Brockmüller - Marios, Wolfgang Müller - Semafor, Horst Köhler - Immanuel)

Springen – Einzel

1. Graziano Mancinelli/ITA (Ambassador)
2. Ann Moore/GBR (Psalm)
3. Neal Shapiro/USA (Sloopy)
4. Hartwig Steenken/GER (Simona)
8. Fritz Ligges/GER (Robin)
16. Gerd Wiltfang/GER (Askan)

Mannschaft

1. Bundesrepublik Deutschland (Fritz Ligges - Robin, Gerd Wiltfang - Askan, Hartwig Steenken - Simona, Hans Günter Winkler - Torphy)
2. USA
3. Italien

Montreal 1976

Military – Einzel

1. Tad Coffin/USA (Bally-Cor)
2. Michael Plumb/USA (Better and Better)
3. Karl Schultz/GER (Madrigal)
13. Herbert Blöcker/GER (Albrant)
19. Helmut Rethemeier/GER (Pauline)
teilgen.: Otto Ammermann/GER (Volturno)

Mannschaft

1. USA
2. Bundesrepublik Deutschland (Karl Schultz - Madrigal, Herbert Blöcker - Albrant, Helmut Rethemeier - Pauline, Otto Ammermann - Volturno)
3. Australien

Dressur – Einzel

1. Christine Stückelberger/SUI (Granat)
2. Harry Boldt/GER (Woyceck)
3. Dr. Reiner Klimke/GER (Mehmed)
4. Gabriela Grillo/GER (Ultimo)

Mannschaft

1. Bundesrepublik Deutschland (Harry Boldt - Woyceck, Dr. Reiner Klimke - Mehmed, Gabriela Grillo - Ultimo)
2. Schweiz
3. USA

Springen – Einzel

1. Alwin Schockemöhle/GER (Warwick Rex)
2. Michael Vaillancourt/CAN (Branch County)
3. Francois Mathy/BEL (Gai Luron)
10. Hans Günter Winkler/GER (Torphy)
36. Paul Schockemöhle/GER (Talisman)

Mannschaft

1. Frankreich
2. Bundesrepublik Deutschland (Alwin Schockemöhle - Warwick Rex, Sönke Sönksen - Kwept, Hans Günter Winkler - Torphy, Paul Schockemöhle - Agent)
3. Belgien

Moskau 1980   Boykott der Spiele durch USA, Bundesrepublik Deutschland, Kanada, Japan, China, Kenia und Norwegen!

Military – Einzel

1. Euro Federico Roman/ITA (Rossinan)
2. Alexander Blinov/USR (Galzun)
3. Yuri Salnikov/USR (Pintset)

Mannschaft

1. UdSSR
2. Italien
3. Mexiko

Dressur – Einzel

1. Elisabeth Theurer/AUT (Mon Cherie)
2. Yuri Kovshov/USR (Igrok)
3. Viktor Ugriumov/USR (Shkval)

Mannschaft

1. UdSSR
2. Bulgarien
3. Rumänien

Springen – Einzel

1. Jan Kowalczyk/POL (Artemor)
2. Nicolai Krorolkov/USR (Espadron)
3. Joaquin Perez de Heras/MEX (Alymony)

Mannschaft

1. UdSSR
2. Polen
3. Mexiko

Los Angeles 1984

Military — Einzel
1. Mark Todd/NZL (Charisma)
2. Karen Stieves/USA (Ben Arthur)
3. Virginia Holgate/GBR (Priceless)
12. Dietmar Hogrefe/GER (Foliant)
14. Bettina Overesch/GER (Peacetime)
15. Claus Erhorn/GER (Fair Lady)
39. Burkhard Tesdorpf/GER (Freedom)

Mannschaft
1. USA
2. Großbritannien
3. Bundesrepublik Deutschland (Bettina Overesch - Peacetime, Dietmar Hogrefe - Foliant, Claus Erhorn - Fair Lady, Burkhard Tesdorpf - Freedom)

Dressur — Einzel
1. Dr. Reiner Klimke/GER (Ahlerich)
2. Anne-Grete Jensen/DEN (Marzog)
3. Otto J. Hofer/SUI (Limandus)
5. Herbert Krug/GER (Muscadeur)
6. Uwe Sauer/GER (Montevideo)

Mannschaft
1. Bundesrepublik Deutschland (Dr. Reiner Klimke - Ahlerich, Uwe Sauer - Montevideo, Herbert Krug - Muscadeur)
2. Schweiz
3. Schweden

Springen — Einzel
1. Joe Fargis/USA (Touch of Class)
2. Conrad Homfeld/USA (Abdullah)
3. Heidi Robbiani/SUI (Jessica)
7. Paul Schockemöhle/GER (Deister)
11. Peter Luther/GER (Livius)
11. Franke Sloothaak/GER (Farmer)

Mannschaft
1. USA
2. Großbritannien
3. Bundesrepublik Deutschland (Paul Schockemöhle - Deister Peter Luther - Livius, Franke Sloothaak - Farmer, Fritz Ligges - Ramzes)

Seoul 1988

Vielseitigkeit — Einzel
1. Mark Todd/NZL (Charisma)
2. Ian Stark/GBR (Sir Wattie)
3. Virginia Leng/GBR (Master Craftsman)
4. Claus Erhorn/GER (Justyn Thyme)
6. Matthias Baumann/GER (Shamrock)
9. Thies Kaspareit/GER (Sherry)

Mannschaft
1. Bundesrepublik Deutschland (Claus Erhorn - Justyn Thyme, Matthias Baumann - Shamrock, Thies Kaspareit - Sherry, Ralf Ehrenbrink - Uncle Todd)
2. Großbritannien
3. Neuseeland

Dressur — Einzel
1. Nicole Uphoff/GER (Rembrandt)
2. Margit Otto-Crepin/FRA (Corlandus)
3. Christine Stückelberger/SUI (Gaugin de Lully)
6. Monica Theodorescu/GER (Ganimedes)
8. Ann-Kathrin Linsenhoff/GER (Courage)

Mannschaft
1. Bundesrepublik Deutschland (Dr. Reiner Klimke - Ahlerich, Ann-Kathrin Linsenhoff - Courage, Monica Theodorescu - Ganimedes, Nicole Uphoff - Rembrandt)
2. Schweiz
3. Kanada

Springen — Einzel
1. Pierre Durand/FRA (Jappeloup de Luze)
2. Greg Best/USA (Gem Twist)
3. Karsten Huck/GER (Nepomuk)
7. Franke Sloothaak/GER (Walzerkönig)
18. Dirk Hafemeister/GER (Orchidee)

Mannschaft
1. Bundesrepublik Deutschland (Ludger Beerbaum - The Freak, Wolfgang Brinkmann - Pedro, Dirk Hafemeister - Orchidee, Franke Sloothaak - Walzerkönig)
2. USA
3. Frankreich

Barcelona 1992

Vielseitigkeit — Einzel
1. Matthew Ryan/AUS (Kibah Tic Toc)
2. Herbert Blöcker/GER (Feine Dame)
3. Blyth Tait/NZL (Messiah)
11. Ralf Ehrenbrink/GER (Kildare)
13. Cord Mysegaes/GER (Ricardo)
34. Matthias Baumann/GER (Alabaster)

Mannschaft
1. Australien
2. Neuseeland
3. Deutschland (Matthias Baumann - Alabaster, Cord Mysegaes - Ricardo, Ralf Ehrenbrink - Kildare, Herbert Blöcker - Feine Dame)

Dressur — Einzel
1. Nicole Uphoff/GER (Rembrandt Borbet)
2. Isabell Werth/GER (Gigolo FRH)
3. Klaus Balkenhol/GER (Goldstern)

Mannschaft
1. Deutschland (Nicole Uphoff - Rembrandt Borbet, Monica Theodorescu - Grunox, Isabell Werth - Gigolo FRH, Klaus Balkenhol - Goldstern)
2. Niederlande
3. USA

Springen — Einzel
1. Ludger Beerbaum/GER (Almox Classic Touch)
2. Piet Raymakers/NED (Ratina Z)
3. Norman Dello Joio/USA (Irish)
teilgen.: Sören von Rönne/GER (Taggi)

Mannschaft
1. Niederlande
2. Österreich
3. Frankreich
11. Deutschland (Franke Sloothaak - Prestige, Ludger Beerbaum - Almox Classic Touch, Otto Becker - Lucky Luke, Sören von Rönne - Taggi)

Atlanta 1996

Vielseitigkeit — Einzel
1. Blyth Tait/NZL (Ready Teddy)
2. Sally Clark/NZL (Squirrel Hill)
3. Kerry Millikin/USA (Out and About)
7. Hendrik von Paepcke/GER (Amadeus)
16. Herbert Blöcker/GER (MobilCom Kiwi Dream)

Mannschaft
1. Australien
2. USA
3. Neuseeland
9. Deutschland (Bodo Battenberg - Sam the Man, Jürgen Blum - Brownie Mc Gee, Ralf Ehrenbrink - Connection L, Bettina Overesch-Böker - Watermill Stream)

Springen — Einzel
1. Ulrich Kirchhoff/GER (Opstalan's Jus de Pommes)
2. Willi Melliger/SUI (Calvaro)
3. Alexandra Ledermann/FRA (Rochet M)
20. Lars Nieberg/GER (For Pleasure)

Mannschaft
1. Deutschland (Ludger Beerbaum - Sprehe Ratina Z, Franke Sloothaak - San Patrignano Joly, Ulrich Kirchhoff - Opstalan's Jus de Pommes, Lars Nieberg - For Pleasure)
2. USA
3. Brasilien

Dressur — Einzel
1. Isabell Werth/GER (Gigolo FRH)
2. Anky van Grunsven/NED (Bonfire)
3. Sven-Günther Rothenberger/NED (Weyden)
4. Monica Theodorescu/GER (Grunox)
6. Klaus Balkenhol/GER (Goldstern)
9. Martin Schaudt/GER (ESGE Durgo)

Mannschaft
1. Deutschland (Isabell Werth - Gigolo FRH, Monica Theodorescu - Grunox, Klaus Balkenhol - Goldstern, Martin Schaudt - ESGE Durgo)
2. Niederlande
3. USA

Sydney 2000

Vielseitigkeit — Einzel
1. David O'Connor/USA (Custom Made)
2. Andrew Hoy/AUS (Swizzle In)
3. Mark Todd/NZL (Eyespy II)
19. Dr. Annette Wyrwoll/GER (Equitop Bantry Bay)
teilgen.: Marina Köhncke/GER (Böttcher's Longchamps), Kai Rüder/GER (Butscher)

Mannschaft
1. Australien
2. Großbritannien
3. USA
4. Deutschland (Ingrid Klimke - Sleep Late, Marina Köhncke - Sir Toby, Andreas Dibowski - Leonas Dancer, Nele Hagener - Little McMuffin)

Dressur — Einzel
1. Anky van Grunsven/NED (Gestion Bonfire)
2. Isabell Werth/GER (Gigolo FRH)
3. Ulla Salzgeber/GER (Rusty)
4. Nadine Capellmann/GER (Farbenfroh)

Mannschaft
1. Deutschland (Nadine Capellmann - Farbenfroh, Ulla Salzgeber - Rusty, Alexandra Simons-de Ridder - Chacomo, Isabell Werth - Gigolo FRH)
2. Niederlande
3. USA

Springen — Einzel
1. Jeroen Dubbeldam/NED (Sijem)
2. Albert Voorn/NED (Lando)
3. Khaled Al Eid/KSA (Khashm Al Aan)
4. Otto Becker/GER (Dobel's Cento)
4. Marcus Ehning/GER (For Pleasure)
4. Lars Nieberg/GER (Loro Piana Esprit FRH)

Mannschaft
1. Deutschland (Otto Becker - Dobel's Cento, Ludger Beerbaum - Goldfever, Marcus Ehning - For Pleasure, Lars Nieberg - Loro Piana Esprit FRH)
2. Schweiz
3. Brasilien

Athen 2004

Vielseitigkeit — Einzel
1. Leslie Law/GBR (Shear l'Eau)
2. Kimberly Severson/USA (Winsome Adante)
3. Pippa Funnell/GBR (Primmore's Pride)
5. Hinrich Romeike/GER (Marius)
9. Bettina Hoy/GER (Ringwood Cockatoo)
14. Andreas Dibowski/GER (Little Lemon)
teilgen.: Frank Ostholt/GER (Air Jordan)

Mannschaft
1. Frankreich
2. Großbritannien
3. USA
4. Deutschland (Hinrich Romeike - Marius, Bettina Hoy - Ringwood Cockatoo, Andreas Dibowski - Little Lemon, Frank Ostholt - Air Jordan, Ingrid Klimke - Sleep Late)

Dressur — Einzel
1. Anky van Grunsven/NED (Salinero)
2. Ulla Salzgeber/GER (Rusty)
3. Beatriz Ferrer-Salat/ESP (Beauvalais)
5. Hubertus Schmidt/GER (Wansuela suerte)
15. Martin Schaudt/GER (Weltall)

Mannschaft
1. Deutschland (Heike Kemmer - Bonaparte, Hubertus Schmidt - Wansuela suerte, Martin Schaudt - Weltall, Ulla Salzgeber - Rusty)
2. Spanien
3. USA

Springen — Einzel
1. Rodrigo Pessoa/BRA (Baloubet du Rouet)
2. Chris Kappler/USA (Royal Kaliber)
3. Marco Kutscher/GER (Montender)

Mannschaft
1. USA
2. Schweden
3. Deutschland (Christian Ahlmann - Cöster, Otto Becker - Dobel's Cento, Ludger Beerbaum - Goldfever, Marco Kutscher - Montender)

Hongkong 2008

Vielseitigkeit — Einzel
1. Hinrich Romeike (GER) Marius
2. Gina Miles (USA) Mckinlaigh
3. Kristina Cook (GBR) Miners Frolic
5. Ingrid Klimke (GER) Butts Abraxxas
8. Andreas Dibowski (GER) Butts Leon
25. Frank Ostholt (GER) Mr. Medicott
37. Peter Thomsen (GER) The Ghost of Hamish

Mannschaft
1. Deutschland (Hinrich Romeike - Marius, Ingrid Klimke - Butts Abraxxas, Andreas Dibowski - Butts Leon, Frank Ostholt - Mr. Medicott, Peter Thomsen - The Ghost of Hamish)
2. Australien
3. Großbritannien

Dressur — Einzel
1. Anky van Grunsven (NED) Salinero
2. Isabell Werth (GER) Satchmo
3. Heike Kemmer (GER) Bonaparte

Mannschaft
1. Deutschland (Heike Kemmer - Bonaparte, Nadine Capellmann - Elvis VA, Isabell Werth - Satchmo)
2. Niederlande
3. Dänemark

Springen — Einzel
1. Eric Lamaze (CAN) Hickstead
2. Rolf-Göran Bengtsson (SWE) Ninja
3. Beezie Madden (USA) Authentic
4. Meredith Michaels-Beerbaum (GER) Shutterfly
7. Ludger Beerbaum (GER) All Inclusive*

Mannschaft
1. USA
2. Kanada
3. Norwegen*
5. Deutschland* (Meredith Michaels-Beerbaum — Shutterfly, Ludger Beerbaum - All Inclusive, Christian Ahlmann — Cöster, Marco Kutscher - Cornet Obolensky)

* Bei Drucklegung war die genaue Entscheidung um die Medaillenvergabe und weitere Platzierungen noch nicht endgültig geklärt.

Alle Disziplinen

Nation	Gold	Silber	Bronze
Deutschland	37	20	23
Schweden	17	8	14
USA	11	20	16
Frankreich	10	10	8
Niederlande	10	10	2
Großbritannien	6	9	12
Italien	6	8	7
UdSSR	6	5	4
Australien	6	3	2
Schweiz	4	10	7
Neuseeland	3	2	5
Kanada	2	2	2
Mexiko	2	1	4
Polen	1	3	2
Spanien	1	2	1
Österreich	1	1	1
Brasilien	1	0	2
CSSR	1	—	—
Japan	1	—	—
Irland	1	—	—
Dänemark	—	4	2
Chile	—	2	—
Belgien	—	1	4
Rumänien	—	1	1
Argentinien	—	1	—
Bulgarien	—	1	—
Norwegen*	—	1	1*
Portugal	—	—	3
Ungarn	—	—	1
Saudi Arabien	—	—	1

Die deutschen Mannschaften führen den Medaillenspiegel in den Disziplinen Dressur und Springen an und sind somit die führende Nation im olympischen Reitsport. Und dies, obwohl die Deutschen seit 1912 viermal an den Olympischen Spielen nicht teilgenommen haben.

* Bei Drucklegung war die Entscheidung um die Vergabe der Bronzemedaille noch nicht endgültig geklärt.

Vielseitigkeit

Nation	Gold	Silber	Bronze
Schweden	7	3	3
USA	6	11	5
Australien	6	3	2
Deutschland	5	7	8
Großbritannien	5	6	7
Niederlande	5	2	—
Italien	3	3	2
Neuseeland	3	2	5
Frankreich	3	1	2
UdSSR	1	1	1
Dänemark	—	1	1
Polen	—	1	1
Schweiz	—	1	1
Argentinien	—	1	—
Norwegen	—	1	—
Mexiko	—	—	2
Belgien	—	—	1
Kanada	—	—	1

Dressur

Nation	Gold	Silber	Bronze
Deutschland	19	10	9
Schweden	7	5	7
UdSSR	4	3	3
Schweiz	3	6	3
Frankreich	3	5	2
Niederlande	3	5	2
Österreich	1	—	1
Kanada	1	—	—
Dänemark	—	3	1
USA	—	1	7
Spanien	—	1	1
Bulgarien	—	1	—
Portugal	—	—	1
Rumänien	—	—	1

Springen

Nation	Gold	Silber	Bronze
Deutschland	13	3	6
Frankreich	5	4	4
USA	4	8	5
Italien	3	5	5
Schweden	3	1	4
Niederlande	2	3	—
Kanada	2	2	—
Mexiko	2	1	2
Großbritannien	1	3	5
Schweiz	1	3	2
Polen	1	2	1
Spanien	1	1	—
UdSSR	1	1	—
Brasilien	1	—	2
CSSR	1	—	—
Japan	1	—	—
Irland	1	—	—
Chile	—	2	—
Belgien	—	1	3
Rumänien	—	1	1
Österreich	—	1	—
Portugal	—	—	2
Ungarn	—	—	1
Saudi Arabien	—	—	1
Norwegen*	—	—	1*

* Bei Drucklegung war die Entscheidung um die Vergabe der Bronzemedaille noch nicht endgültig geklärt.